社会工作在社会治理中的应用研究

SHEHUI GONGZUO
ZAI SHEHUI ZHILI ZHONGDE YINGYONG YANJIU

高敏 张琴 ◎ 著

中国社会出版社
国家一级出版社 · 全国百佳图书出版单位

图书在版编目（CIP）数据

社会工作在社会治理中的应用研究 / 高敏，张琴著
. -- 北京 ：中国社会出版社，2022.10
ISBN 978-7-5087-6769-7

Ⅰ.①社… Ⅱ.①高… ②张… Ⅲ.①社会工作－应用－社会管理－研究－中国 Ⅳ.①D63

中国版本图书馆 CIP 数据核字（2022）第 077374 号

出 版 人：浦善新
终 审 人：王　前
责任编辑：杜　康
责任校对：刘云燕
封面设计：郭　婷

出版发行：中国社会出版社
地　　址：北京市西城区二龙路甲 33 号
邮政编码：100032
编 辑 部：（010）58124864
网　　址：shcbs.mca.gov.cn
发 行 部：（010）58124864，58124845
经　　销：新华书店

印刷装订：北京虎彩文化传播有限公司
开　　本：170 mm×240 mm　1/16
印　　张：15.25
字　　数：220 千字
版　　次：2022 年 10 月第 1 版
印　　次：2022 年 10 月第 1 次印刷
定　　价：69.00 元

中国社会出版社微信公众号

中国社会出版社天猫旗舰店

前 言

社会工作是一种运用专业技能和知识帮助社会成员克服生活障碍，增强社会生活能力，提高生活质量的社会服务工作。社会工作者就是从事社会工作的专业人员。我国正处在社会经济转型期，社会矛盾和社会问题不断涌现，迫切需要社会工作者协助政府做好化解矛盾、解决问题的工作，促进和谐社会建设。

今天，我国迅速步入工业化、城市化和市场化的时代，由于历史和现实的原因，人们也必须要面对各种困难和问题，如老年人养老、对残疾人与失独家庭的关爱、对失足人员的矫正、对家庭和亲子问题的辅导等，单靠政府远远无法满足这些服务需求，还迫切需要社会建立现代化服务体系。而社会工作恰恰是以需求为导向，以服务为宗旨，由植根于基层的专业服务组织与社会工作者传递政策、反映诉求、链接资源，及时提供生活帮助、人文关怀、精神慰藉、关系调适、权益维护、潜能发掘等服务，这对缓解和解决社会矛盾、提升人民群众的幸福感、促使越来越多的人享受到社会进步带来的福祉，起着不可或缺的作用。

社会治理是国家治理的重要内容，是推进国家治理体系和治理能力现代化的重要任务。当前，我国改革处于攻坚期和深水区，发展处于转型期和关键期，社会稳定也进入了风险期，国家安全面临严峻挑战，社会管理面临许多矛盾和问题，必须通过全面深化改革，实现从传统社会管理向现代社会治理的转变。

社会治理是基于共同的社会规范，包括社会价值、行为规范和法律法规，来规范政府、社会组织、企业和公众行为，协调社会关系，解决社会问题，化解社会矛盾，消除社会冲突，防范社会风险的社会活动。基于对国家治理体系和治理能力现代化这一时代命题和中国特色社会主义这一现代化总体布局的理解，社会治理现代化包含了丰富的内容，它要求社会体制符合时代潮流，社会价值与社会体制相适应，社会组织符合现代理念，社会各类主体的积极性和主动性得到充分发挥，整个社会有能力及时解决面临的种种问题，尤其是使人民群众参与国家事务、经济社会事务和解决自身问题的能力和水平得到提升。

本书由三亚学院社会学院社会学系高敏、张琴共同撰写。其中高敏负责第一章至第五章，张琴负责第六章至第七章。

高敏　张琴

2021年12月

目录

第一章　绪论

第一节　社会工作概述

社会工作的思想源远流长，而作为一门新兴的专业和职业的社会工作，则是近现代社会的产物。19世纪末20世纪初，专业社会工作在西方发达国家诞生，其后渐次传播到其他国家和地区。一个多世纪以来，社会工作在解决社会问题、增进人类福祉的过程中逐步成长并发展成为一门学科。

一、什么是社会工作

（一）社会工作的定义

在我国，学科意义上的社会工作一词是由英文social work直译而来。在英语世界中social work指的是专门从事社会服务的职业性的活动，在有些国家和地区，又被称为社会服务或社会福利服务。长期以来，关于社会工作的定义有许多不同的表述。有的把社会工作看成是由政府机构或民间团体所提供的社会服务；有的把社会工作看成是解决社会问题的工作；也有的把社会工作看成是一种助人的方法和技术；还有学者认为，社会工作与社会福利、社会服务三个名词可一并使用，因为这三者是指同一件事情。社会福利是理想目标，社会服务是实现理想目标的各种活动，而社会工作则是社会服务活动的方法和技术。也就是说，必须运用社会工作专业方法和技术开展社会服务活动，才能达到积极的社会福利目标。1959年，由美国社会工作教育委员会资助的《课程研究》项目中，对社会工作提出如下定义：社会工作以个人与其环境互动所形成的社会关系为切入点开展工作，寻求增强个人的社会功能——既包括单独的个人，也包括群体中的个人的社会功能。联合国于1960年出版的《国家社会服务计划的发展》指出，社会工作是一种用以协助个人及其社会环境，以使其更好地相互适应的活动。

关于社会工作的不同表述，早在1947年联合国举行各国社会工作教育概况调查时，33个国家所提供的“社会工作”定义就达33种。我国台湾地区学者李增禄通过研究多种不同定义后认为，这些定义可分为三类，而这三类又分别与社会工作发展的三个阶段相吻合。

第一类定义是把社会工作视为一种个人的慈善事业，是中上层社会人士基于人道主义或宗教信仰的驱使，自觉为社会上贫苦及不幸者进行的慈善施舍。这一定义反映了社会工作初期阶段的实际内容。

第二类定义是把社会工作视为由政府或私人社团所举办，以解决各种因经济困难所引起的问题为目的的各种有组织的活动，包括对社会上失业、贫苦、疾病、衰老、残疾、孤寡等各种经济方面的扶助与救济事业，也包括科学的调查活动、对贫穷的预防和待救者的设施重建等。这在一定程度上反映了社会工作中期阶段的实际内容。

第三类定义是把社会工作视为一种由政府或私人社团所举办的服务事业。这种服务不分性别、年龄与贫富，以协助任何人发挥其潜能，使其获得美满有效的生活为目的。这个定义的要点在于：一是将社会工作的范围加以扩大，不仅包括对贫困者的扶助，还包括一个国家或政府保障人民经济安定与社会安全，以及促进社会福利的各种大规模或全国性的社会计划；二是将社会工作的中心不仅放在被救助者社会关系的调整和社会生活的改善上，而且放在整个社会制度与整个社会关系的调整和革新上；三是对被救助者的工作方式不仅限于物质的扶持，而且发展到专业的咨询服务，以协助其自主自立及其潜能的发挥；四是社会工作的对象不仅限于某些贫困者或遭遇其他社会问题的人，而是普及全体社会成员。

改革开放以来，随着社会学、社会工作专业的恢复与重建，我国学术界开始对社会工作的理论与实践进行探究。关于社会工作的定义，形成了一些不同的观点。费孝通先生于1981年指导和主持编写的《社会学概论》一书认为：社会工作就是在党和政府领导下运用各种社会力量（包括民间和各种群众团体的力量）对群众的社会生活福利事业进行管理，其中特别是对丧失或缺乏适应社会生活的人，采取适当措施，帮助他们恢复健全的社会生活，维持社会秩序，保持一定的社会制度的巩固与发展。①王思斌认为，社会工作是以利他主义为指导，以科学的知识为基础，运用科学的方法进行的职业性的助人服务活动。②李迎生认为，社会工作是遵循以人为本、助人自助、平等公正的专业价值观，在社会服务及社会管理等领域，综合运用专业知识、技能和方法，帮助有需要的个人、家庭、群体和社区，整合社会资源，协调社会关系，预防和解决社会问题，促进社会稳定和谐的专业和职业。③顾东辉认为，社会工作即福利部门和服务机构针对个人、团体（家庭或小组）、社区、组织、社会等与其外在环境的不当互动而形成的弱势情况，利用专门的方法和技术，协助当事人改变或推动环境的改变，促进两者的适应性平衡。④

概而言之，学术界关于社会工作定义的不同表述主要分为三类：一是基于方法的，重点强调社会工作具有专业的方法、技巧，是专业的助人活动；二是基于内容的，重点强调社会工作针对特定对象、问题而开展，希望达成特定的目标；三是基于综合的，重点强调必须综合性地对社会工作进行定义。笔者认为，一个学科的成立取决于它是否有稳定、明确的研究和工作对象，这种研究和工作对象规定了这一学科的本质。社会工作要取

①《社会学概论》编写组. 社会学概论[M]. 天津：天津人民出版社，1984：336.
②王思斌. 社会工作导论[M]. 北京：北京大学出版社，2011：5.
③李迎生. 社会学概论[M]. 北京：中国人民大学出版社，2010：6.
④顾东辉. 社会学概论[M]. 上海：复旦大学出版社，2008：21.

得自己在社会科学研究和工作中应有的地位与明确的角色，同样必须明确其研究和工作的对象。尽管社会工作可以普及为全体社会成员提供社会服务，但社会工作的核心对象应该是社会弱者。当社会成员的社会性特征出现偏差或缺失，进而引发社会问题、影响社会秩序时，由社会工作者对其采取专业的服务活动。认识到这一点，对于我们分析社会工作的介入领域很有帮助，比如孤寡老人、单亲孩子、留守儿童；代际冲突、亲子障碍、医患纠纷、劳资争议等，这些都是需要社会工作介入的问题，而这些问题本质上都是人的某一种社会关系出现了失衡。社会工作者的作用正在于运用专业方法帮助弥补这些缺陷，恢复正常的社会关系，增强社会功能。因此，宜将内容和方法相结合综合性地对社会工作进行定义。所谓社会工作，是指由社会工作者以利他主义为指导，运用科学原理和专业方法，帮助社会成员尤其是社会弱者解决生活困难，满足人们基本的物质和精神需求，预防和解决社会问题，以维持社会秩序，促进社会进步所采取的助人服务活动。在现代社会实践中，社会工作逐渐成为一门新兴专业和学科，形成了由社会工作的历史、理论、方法和实务等构成的完整知识体系。

（二）社会工作的基本要素及主要特征

1. 社会工作的基本要素

社会工作是社会工作者与服务对象的互动过程。作为一种专业助人活动，社会工作由服务对象、社会工作者、价值观、专业方法和助人活动等几个基本要素构成。

（1）服务对象。服务对象（也称受助者、案主或工作对象）是社会工作者直接服务或帮助的对象。服务对象的概念把社会工作者的工作看作是提供服务，接受服务者即服务对象。而受助者这一概念反映的是社会工作者向对方提供帮助，对方是遇到困难、自己不能解决并愿意接受社会工作者帮助的人。实际上，在社会工作中，提供帮助与提供服务具有基本一致的含义，即当事人遇到比较大的、自己难以解决的困难，需要别人帮助和支持。

服务对象或受助者的存在是社会工作得以发生的基本前提。没有服务对象或受助者，没有他们遇到的问题，社会工作就失去了对象，失去了必要性。所以，服务对象是社会工作的基本要素。社会工作的服务对象不只是个人，还可能是家庭、群体和社区等。对于服务对象，不应把他们看作是被动接受帮助的人，而应该把他们看作是有主动性、有潜能的人。

（2）社会工作者。社会工作者与服务对象（受助者）是社会工作存在的前提，没有社会工作者也就没有社会工作。那么，什么是社会工作者呢？英国国家社会工作协会对社会工作者的定义是：受雇于社会服务机构或相关组织，在其雇佣契约中明确规定其社会工作者身份，在社会工作实务领域内履行义务的专业社会工作者。美国社会工作者协会对社会工作者的定义是：毕业于社会工作学院，运用他们的知识和技巧为个人、家庭、社区、组织与社会提供社会服务的人员。社会工作者帮助人们提高解决问题的能力，帮助他们获得所需求的资源，促进个体与人们及其环境的互动，促使组织负起对社会的责任，影响社会政策。在英、美等这些已经建立了完备的社会工作制度的国家和地区，社会工作者的身份比较容易确定。这些人一般受过社会工作专业的高等教育和训练，他们在社会福利机构专门从事针对有困难、有需要人群的社会服务，并被社会工作专业组织认可。比如，在中国香港，社会工作者注册局办理社会工作者的“自愿”注册制度，注册的社会工作者必须有学士学位，并接受香港注册社会工作者工作守则的约束。《中国社会工作百科全书》对社会工作者的界定是：“从事社会工作的专业人员。”这是对社会工作者的一个简要的定义。根据我国社会工作的具体情况并借鉴国际经验，我们可以作出如下初步界定：社会工作者是遵循社会工作的价值准则，运用社会工作专业方法，从事社会服务职业的人员。他们是有一定专业知识并从事社会福利服务的人员。社会工作者是接受一定的专业教育或培训从事职业化社会服务的人。社会工作者的素质、能力和经验直接影响着社会工作的进程与成效。应该说明的是，社会工作者不只是一个个体概念，也是一个群体概念。从一定意义上说，从事社会工作的不只是指单个的社会工作者，也指一个机构和一个团队。

根据以上界定，社会工作者的基本特征是：认同并遵循社会工作价值准则。社会工作的基本价值观念是为有困难的人群提供服务并促进社会公正，在我国表现为有全心全意为受助者服务的思想。从事这项工作的人应该以助人为目的，而不是在助人过程中牟取私利；从事社会福利服务。从事社会福利服务是社会工作者的职业活动，服务是这种职业活动的本质，这与以控制和管理服务对象的行为有本质的区别，社会工作者不是靠权力控制和支配他人的行政官僚；掌握一定的社会工作专业方法。社会工作者开展服务工作不是靠个人经验，而是更多地使用作为普遍经验的专业方法。这些方法经过无数人的实践被证明是有效的，同时也是通过教育和培训可以学得的；在一定的组织框架内开展活动。社会工作是一种现代职业，需要一定的专业规范和组织约束。一般来说，社会工作者要在某种社会服务机构或社会行政部门工作，即使独立工作也应该受专业组织监督。

以上这些有利于我们将社会工作者同慈善人士、行政官员、志愿者等区别开来。社会工作者在助人过程中要扮演多种角色，其主要角色包括提供直接服务的基本角色和支持这种服务的拓展角色。

社会工作者的基本角色：支持者。社会工作者面对服务对象不但要提供直接服务或帮助，还要鼓励服务对象在可能的情况下自强自立，克服困难，即“助人自助”。因此，社会工作者应该成为服务对象积极反应的支持者、鼓励者，并应尽量创造条件让其能够自立或自我发展。在这里，对服务对象的授权和增能是社会工作者的支持者角色的重要组成部分。倡导者。倡导是社会工作者直接向服务对象提倡某种行为。在一定情况下，比如在服务对象必须采取新的行动才能有助于其走出困境但服务对象对新的行动又不了解时，社会工作者应该成为服务对象采取某种行为的倡导者，即向服务对象倡导某种合理行为，并指导他们以使其成功。当然，这里的倡导不是不顾服务对象接受程度的强行推动。

社会工作者的拓展角色：管理者。在社会工作过程中，社会工作者应该对该过程进行有效控制，同时，还必须对与助人相关的诸多资源、信息进行协调、安排和管理，以实现该过程的高效率，特别是不出现伤害服务对象等意外问题。管理者的角色不但对福利机构的运行来说十分重要，对个案工作、小组工作和社区工作也同样重要。资源筹措者。在许多情况下，社会工作者为了有效助人，常常需要联络其他政府部门、企事业单位和广大社会人员，向他们争取服务对象所需要的资源，并将它们传递到服务对象手中。为服务的顺利开展筹措资源是社会工作者的重要责任。政策影响者。由于某些社会问题并非由个人生理、心理因素所引发的，而是由社会制度因素造成的，因此，对造成这种问题的政策或制度进行改变就是必要的。社会工作者在服务过程中发现某些问题具有普遍性时，应该提出政策建议以改善社会政策，以避免社会问题的再次发生或缓解社会问题。专业研究者。从某种意义上说，每一个社会工作者都是研究者。实际上，细致地了解服务对象的问题并给出正确判断就是研究问题。另外，社会工作者作为一个有心人，对自己的实践经验进行研究，可以提高专业服务水平，发展社会工作专业知识与理论，可以为社会政策的制定提供依据。

（3）社会工作价值观。社会工作价值观是社会工作者所持有的助人观念。它包括社会工作对助人活动的看法、对自己和服务对象的看法。社会工作的价值观是利他主义，即以帮助他人、服务于他人、促进社会福利和社会公正为自己行动的目标。价值观是社会工作的灵魂，因为社会工作是在其价值观的指导下进行的。社会工作作为专业的、职业性的助人活动，只有在牢固的价值观的指导下才会自觉地、持久地进行，才会尽最大能力去帮助他人、服务于工作对象。由于社会工作是一种真心实意的服务，而不是社会工作者要行使手中的权利，所以利他主义的价值观十分重要。价值观不仅表现在社会工作者对自己工作的看法上，更反映在他的全部工作之中。

（4）专业方法。社会工作是专门的助人活动，助人方法作为达到助人目的的手段和措施，在服务过程中占有十分重要的地位。社会工作的助人方法不只是指在实际工作中所使用的一般方法，而且是指社会工作者群体在长期的助人实践中形成的、经过实践检验后行之有效的做法，它们作为一种知识被社会工作者共享，并有效地支持着社会工作者的实践。科学的助人方法是现代社会工作的核心组成部分，以致有相当多的社会工作者认为社会工作的核心就是一整套助人的方法。特别是在微观社会工作中，助人方法更凸显其重要性。总体而言，社会工作有个案工作、小组工作、社区工作等几种，但它们之中的每一个又由多种具体的方法组成。专业助人方法是社会工作者的基本功，也是社会工作者区别于一般助人者的明显之处。

（5）助人活动。助人活动是社会工作者依据其价值观向服务对象提供帮助或服务的行动，也是社会工作者与服务对象的互动及合作的过程。助人或服务活动将受助者的需求与社会工作者的服务活动连接起来，并通过连续的活动去实现社会工作的目标。由此看来，助人活动是社会工作最核心的部分，没有助人活动将各种要素连接起来也就没有社会工作。

当然，对于助人活动不能将其简单地理解为社会工作者对服务对象的单向支持，即认为它只是指社会工作者简单地提供帮助的活动。实际上，助人活动是双方围绕解决困难和问题而展开的持续互动。在助人活动中，社会工作者经过分析求助者或服务对象的问题，选择科学的、适合受助者需要的服务方法，向对方提供服务。而受助者则根据自己的需要和对来自社会工作者的帮助行为进行理解并作出反应。在这种互动过程中，双方互相理解对方的行动，相互合作，共同去达到克服困难、解决问题的目标。助人活动反映了价值观和工作方法，是社会工作的基本实践活动。

2. 社会工作的主要特征

学术界关于社会工作特点的概括有多种表述，如我国台湾学者李增禄将其归纳为：社会工作是一门学科，专以研讨有关帮助人群调整社会关系、解决社会问题为内容的学问；社会工作是一种专业，专以帮助人们发展内在潜力，运用外在资源以求得自立自主的生活；社会工作是一种技术，专以调适人际关系，维护个人和社会的和谐关系，以求得个人人格的充分发展，基本生活需要的充分满足；社会工作是一种方法，用以协调个人、家庭、团体及社区的关系，解决社会问题，革新社会制度，制定社会政策，颁发社会立法；社会工作是一种过程，专指社会工作者所从事的专业服务，以及改进个人的社会服务与社区福利的各种活动过程。一般认为，社会工作具有以下几个特征。

（1）科学性与专业性。科学是反映自然、社会和人类思维规律的知识体系。专业是指具有较高深、独特的专门知识与技术和专门从事的某种学业或职业。21世纪以来，社会工作在发展过程中形成了系统的专业理论体系，有严谨的科学方法，有明确的工作对象和研究内容，有独特的工作形式与职业道德，有系统的专业教育与专业训练，还有系统的专业文化和公认的专业权威。社会工作这种鲜明的学科性和专业性已经得到了社会的认可。

（2）技术性和艺术性。社会工作十分注重工作方法和技术，并把科学的方法和熟练的技术当作社会工作成功的基本条件。面对不同的工作对象，社会工作分别采用个案工作、小组工作、社区工作等，这些方法都有一定的理论依据，凝聚着丰富的实践经验，具有较高的技术性和可操作性。由于社会工作面临的任务是复杂的，每一个问题的解决都需要社会工作者审时度势、娴熟地运用各种方法和技巧，才能有效进行。因此，社会工作过程中充满了创造，具有艺术性。例如，同是心理抑郁，受助者可能出于不同的原因，社会工作者应根据个案工作或小组工作的原则，采用不同的具体方法和技巧去进行心理咨询，缓解受助者的心理抑郁。尤其是在社会发生急剧变化的时期，新的社会问题也不断出现，这就使得原有的工作方法、技巧可能不完全奏效而面临挑战，这样，社会工作者在已有社会工作原则、模式的基础上，以艺术性的创造去应对问题就显得更加必要。

（3）广泛性和动态性。传统的社会工作对象主要是指社会成员中的脆弱者，如失去依靠的鳏、寡、孤、独者，生活失去自立能力的残疾精神病患者，不能维持生活的贫困者等。随着社会工作由治疗型向预防型的转变，社会工作的对象逐步扩大，它不限于贫困者或遭遇其他社会问题的人，而是面向全体社会成员，它还包括政府和社会团体等对人民经济与社会安全的保障等。社会工作对象各自具有不同的特点，面临着不同的问题，这些问题并不是在短期内都能得到解决的，如个案工作，从立案、调查、会谈、制订治疗方案、评估到结案是一个程序化的过程。宏观的社会问题的解决周期更长。可见，社会工作面对的是不断变化的社会和个人，所要解决的问题也在不断发生变化，因此，社会工作是一个过程，具有动态性的特征，在社会工作的过程中，既要照顾到暂时利益，又要考虑到长远利益，做到标与本相结合。

（三）社会工作的分类和实务领域

1. 社会工作的分类

社会工作方法是指社会工作的实施方法，也就是如何去助人的过程与步骤。它是一个具有多层次、开放性的系统，随着社会工作的发展，社会工作的方法系统也在不断充实。按照不同的标准，社会工作可以划分为不同的类型。一般来说，按照社会工作者与服务对象接触的方式来划分，社会工作方法包括直接社会工作方法和间接社会工作方法两个方面。

（1）直接社会工作方法。直接社会工作方法是指社会工作者直接面对社会工作对象，在双方接触过程中，通过具体的、细致的、操作性的工作，取得社会工作服务效果的方法。直接社会工作方法主要有个案工作、小组工作和社区工作三种，它们是产生最早、被普遍采用的社会工作方法。

个案工作：个案工作是社会工作发展史上最早运用和推广的一种专业

方法。它是在社会工作中，采用个别的方式，向工作对象包括单个的社会成员或家庭提供服务，通过提供物质帮助、精神支持等方面的服务，协助个人或家庭解决困扰的问题，治疗心理或社会病态，预防其问题的复发，增强其适应社会生活的能力，增进社会福利，以达到维护和发展社会成员及其家庭健全功能的目的。

小组工作：小组工作又称团体工作，是以小组成员和整个小组为工作对象，运用社会工作技巧，通过小组过程以及社会工作者的协助，使这些成员和小组获得群体经验、行为的改变及社会功能的恢复与发展，以增进团体成员在身体和精神上的健康，从而发挥社会所希望的团体功能。

社区工作：社区工作以社区为服务对象，运用社会调查分析技术，了解社区的需求与问题，动员社区的各种资源，配合外力的协助，共同解决社区问题，以满足社区需求，增进社区福利和促进社区发展。社区工作主要包括社区组织、社区服务和社区发展等内容。

个案工作、小组工作和社区工作是社会工作的三大传统方法。这三种方法既有联系又有区别。从历史发展来看，社会工作最初是以个人为对象，采取个案工作方法发展起来的一种助人的专业。在此基础上，逐步发展成为以群体和社区为工作对象，并且着重解决和预防社会问题的专业学科。这三种方法从服务对象的数量和工作活动的方式上来看，是有一定区别的，但它们都以任何社会问题为同一的对象和工作内容，这就决定了三者之间客观上存在着必然的、有机的联系。在实际工作中，这三种方法是相互交叉的，小组工作、社区工作虽然不是对个别的服务对象进行工作的，但是在开展社会群体和社区工作的过程中，又是会经常需要采用个案工作的方法。在运用个案、小组工作方法时，也离不开个案、群体所在社区多方面的支持与配合，需要与社区工作协调进行。在一定的情况下，个案工作、小组工作可以说是依托在社区工作之上的，同时社区工作也离不开个案工作和小组工作。可见，个案工作、小组工作、社区工作各有其独特的地位和作用，又具有共同的系统功能和交互作用，这三种工作方法的结合是国际社会工作方法的发展趋势。这表明，社会工作专业需要具备对个人、群体、社区进行研究的能力，以形成对社会成员、家庭、群体和社区的整体观察、分析与解决问题的系统方法。

（2）间接社会工作方法。间接社会工作方法是由社会工作者通过间接地对社会工作对象进行服务的方法。主要有社会行政、社会政策、社会工作咨询、社会工作督导、社会工作研究等方法。

社会行政亦称社会工作行政：它是指通过各级政府的社会工作机构、国家与社会的福利保障单位、基层社区组织及其社会工作单位的行政管理，把社会政策转化为社会服务，其中包括对各种社会团体、群众性社区组织和大量群体性社会工作活动的领导、管理和提供服务，使机构顺利地实现工作目标，同时确保其工作对象得到服务。社会行政工作在社会工作和专业体系中居于主体形式的地位，相对于社会福利、社会教育、社会改造、社会自治等方面的内容而言，它是实现该内容的主体形式，起着支配全局的作用。

社会政策亦称社会工作政策：它一般是指开展社会福利、社会改造、社区服务、社会自治等社会工作，解决和预防社会问题，妥善处理社会矛盾的政策。它是一个国家的政府为了实现一定历史时期的路线和任务而在社会工作方面所规定的行动准则，经常表现为一些基本原则和策略性措施。社会政策是人们社会生活的管理规范，具有指导和约束社会生活的作用，其目标是完善社会功能，以增强人们社会生活的能力。

社会工作咨询：社会工作咨询是由具有比较丰富的专业知识和经验的咨询者（一般是专家），向在专业服务或社会工作中有问题需要帮助的受咨询者（一般也是专业人员），提供有关社会工作的知识和技术，以提高专业人员的服务素质，使受咨询者能够有效地处理工作中遇到的问题。社会工作咨询是一种知识性的专业服务工作。

社会工作督导：社会工作督导是通过领导者（督导者）对新上岗的社会工作者或实习生的督导指导，来提高他们的专业熟练程度，增强社会工作者的服务能力，提高社会工作及其专业教育的质量，使其获得良好的社会反映与支持，保证社会服务质量和水平的提高，切实保护服务对象的利益。这项工作的开展亦有助于社会工作的发展。

社会工作研究：社会工作研究是指以科学的研究方法对社会保障、社会服务方案、社会工作对象的需求与满足程度，社会问题及预防、解决的对策性研究。社会工作研究包括：社会调查、统计分析、个案研究、评估研究、实验设计等。社会工作研究建立在社会工作实践基础之上，在社会工作专业体系中处于指导地位，具有推动和提高社会工作的作用。

此外，按照社会工作方法介入的层面不同，社会工作可以划分为微观社会工作方法和宏观社会工作方法。前者主要有个案工作方法和小组工作方法，后者有社区工作、社会工作行政、社会政策等。

2. 社会工作实务领域分类

社会工作面广量大，内容丰富复杂，方法与形式各种各样，可以从不同角度、按不同标准，将社会工作实务领域分为不同的类型。常见的分类如下。

（1）按社会工作的对象来划分，可分为儿童社会工作、青少年社会工作、老年社会工作、妇女社会工作、社区社会工作、学校社会工作、企业社会工作、医务社会工作等。

（2）按社会工作面对的问题来划分，可分为解决贫困、失业、疾病、残疾、家庭纠纷、劳资冲突等进行的工作。社会工作在解决这些方面的问题中形成了不同类型的社会工作。

（3）按社会工作在解决社会问题中的功能，可分为治疗性社会工作、预防性社会工作和发展性社会工作。治疗性社会工作是问题出现后的诊治，其主要任务是医治受社会问题影响与损害的个人或团体，使他们得以恢复生存能力，正常地参与社会生活。治疗性社会工作的“病人”包括乞丐、妓女、罪犯等。预防性社会工作是防患于未然的工作，它是通过透视社会问题产生的原因，采取有效措施预防社会问题的产生，协调社会关系，以减少受害者。它主要通过社会政策、社会计划和社会行政、社会教育、社会预防等工作来实现这一目标。发展性社会工作主要是指开掘、发挥服务对象潜能的工作。

二、社会工作的功能

美国1972年出版的《国际社会科学百科全书》认为，社会工作的目标在于帮助社会上遭受损害的个人、家庭、群体和社区，为他们创造条件以恢复和改善其社会功能，使他们免于破产和绝望。社会工作的职能是帮助人们适应社会和改善社会制度。职业社会工作者的任务就是采取适宜的措施援助那些在经济上和社会环境中陷入困难的人，此外还参加社会福利政策与社会问题预防方案的制订。英国勃特里姆在其1978年出版的《社会工作的性质》一书中认为，社会工作与其他“助人专业”一样，目标在于通过预防和拯救苦难来提高人们的福利。社会工作从人与环境互动的角度看待社会问题，致力于解决人们在成长和发展中所遇到的各种困难。这种独特的视角和目标任务，使社会工作在发现问题、解决问题，促进人的发展与社会进步方面发挥着重要功能。

（一）预防问题的功能

社会工作采取积极、主动的态度对待社会问题，运用大量的卓有成效的预测和控制手段，可以预防各种社会问题的产生。在社会工作的实践中，预防功能表现在不同的层面上。它既可以预防个人之间、个人与团体之间以及团体之间相互作用中可能出现的社会问题，也可以预防社区组织中时常发生的社会病态。如通过婚前咨询，有助于使两个在气质、性格和生活背景各不相同的男女组建家庭后的夫妻调适，防止未来的夫妻冲突；通过充分利用社区资源，建立各种青少年活动基地，为他们的健康成长提供良好的条件，可以预防和减少青少年犯罪。

社会工作广泛分布于社会福利、社会救助、社区服务、就业服务、医疗卫生、扶贫开发、优抚安置、慈善事业、婚姻与家庭生活服务、教育辅导、司法矫正、劳动者权益维护、青少年服务、儿童保护、妇女及老年服务、精神健康服务、流动人口服务与管理等生活领域，不仅具体解决社会（民生）问题，而且是社会（民生）问题的发现者、预防者。他们最直接、最基层、最全面、最具体、最真实地接触社会，也最能首先发现各种社会问题的苗头，从而提前采取措施加以控制、防范，或协调有关部门共同加以应对，把问题扼杀在萌芽状态乃至根本杜绝问题的发生。

（二）恢复重建的功能

恢复重建的功能可以被简单地归结为解决问题。社会问题的出现是由于社会系统不能正常发挥其功能，因此必须针对社会病态的成因，采取有效的措施进行治疗，使之恢复和重建良好的社会功能。恢复重建同样表现在不同的层面上，在微观层面上是指对个人、团体的直接服务，以帮助它们恢复重建的社会功能，重组社会系统的互动关系。具体地说，是由社会工作者与案主（工作对象）建立专业关系，全面了解案主的情况，找到其存在问题的症结，然后社会工作者对症下药，根据不同的问题设计治疗方案，为案主提供直接服务，以求缓解并最终解决问题。同时，社会工作者还有责任帮助案主以健康的心态投身到新的生活中去，复原或再组与社会环境的关系，恢复常态的社会生活。例如，家庭社会工作可以帮助处于婚姻危机中的夫妇，学习彼此沟通的技巧，帮助他们寻找资源，解决生活中的实际困难，从而使他们彼此接纳，正常发挥各自在家庭生活中扮演的角色，以挽救濒临破碎的家庭。在中观或宏观层面上，就是解决社会问题。例如，用社区发展的方法帮助贫困地区的农民摆脱贫困，一方面政府在政策和资金方面予以扶持；另一方面则是组织农民学习科技知识，开发实用的农业项目，从根本上改变贫困面貌。通过社会工作的实施，可以减少导致社会功能失常的各种不利因素，使社会从无序状态走向有序状态。

（三）配置资源的功能

社会工作配置资源的功能有两个方面的含义。

其一，社会工作设置本身就是一种社会资源，它通过机构的设置、人员的配置、社会政策的制定、社会服务的计划与发送等一整套健全、完善的制度体系，调节个人与个人、个人与群体、个人与社会的关系。

其二，社会工作调节社会资源的分配，使之得到充分利用，特别是为困难人群、社会弱者所用。这具体又可细分为以下两个方面。

一是社会工作者通过自己的工作协调社会现有的各种资源，为社会弱者所用。现代社会一般都建立了针对社会弱者的社会福利制度。在发达国家，这种制度已经非常完善，但也比较复杂，不同的制度针对不同的社会弱者。社会工作者可以针对案主所面临的困难的性质和状况，向他们提供可资利用的福利资源的信息，并具体帮助他们了解申请社会救助的方式、方法或途径。如通过介绍特困者如何申请和领取困难救济，使其从社会中获得必需的生存资源。

二是社会工作者积极为社会弱者争取资源，以改变他们的生存状况。社会资源的分配往往是有利于社会强者的，这在初次分配中是不可避免的，但应通过再分配使之趋于相对合理，以确保社会弱者的生存权利、利益。社会工作者应当通过自己的工作，促使国家和政府积极修正、调整社会政策，完善社会福利制度，使之有利于社会弱者；应当积极动员并争取来自社会的、社区的、民间组织的、慈善机构的、富裕阶层的各种力量关心困难群体，增加物质、资金和设施的投入，帮助他们克服困难。

（四）稳定社会的功能

社会稳定是社会结构各组成部分之间关系的相对固定状态。这是社会正常运行和协调发展的基础与前提。当相当数量的社会成员的正当需要不能得到满足时，有可能导致社会的动荡与混乱，从而威胁社会的稳定。

有关研究表明，一个国家的人均GDP达到1000美元到3000美元的范围时，这个国家就将进入黄金发展期，同时也将进入社会矛盾凸显期。对大量出现的社会矛盾如果处理不当或不及时，就有可能使这个国家陷入动荡与混乱之中，断送发展的机遇。我国已进入改革发展的关键时期，经济体制深刻变革，社会结构深刻变动，利益格局深刻调整，思想观念深刻变化。这种空前的社会变革，给我国发展与进步带来巨大的活力，也必然带来这样那样的矛盾和问题。

社会工作常常扮演社会关系的协调及疏导者的角色，其在化解社会矛盾方面起着不可忽视的作用。社会工作在稳定社会方面所产生的意义，应是社会工作能够不断发展的原因之一。社会工作者通过自己的努力，对社会上贫、弱者施以援助，协调、化解各阶层之间的矛盾特别是贫富矛盾，不仅给人们的正常生活创造了条件，同时也起到了稳定社会的作用。[①]

（五）促进发展的功能

社会工作不但致力于社会问题的预防和解决，而且有利于促进人的发展和社会进步。人的发展既表现为物质生活水平的提高，也表现为精神生活水平的提高，以及在更深和更高层次上，人的潜能的发挥和人的自我实现。社会工作可以通过教育使人们理解当前社会的特征，认识新的变迁中的社会环境，从而调节自己的心态和行为，跟上新形势，适应新生活。同时，社会工作还可以采用科学方法，开发社会资源，发挥个人潜能，促进社会成员潜能的发挥。在社会生活中，社会工作尤其注意保护社会弱者的义务，社会工作者总是千方百计地寻求、发现和开发社会资源以运用于受助者的发展。社会工作还在大量调查研究的基础上，推进社会福利制度的完善，以提高整个社会的生活质量，促进社会的全面进步。

①李迎生. 社会工作概论[M]. 北京：中国人民大学出版社，2010：29.

第二节　社会工作的起源与发展

社会工作是近代工业化的产物，在落后的农业社会和封建社会制度下不可能产生现代类型的社会工作。各国和地区社会工作的历史演进虽各有其不同的起源与发展过程，但都源于慈善事业或救济事业。

一、社会工作产生的背景

（一）社会工作产生的经济条件

在传统农业社会中，生产规模狭小，社会结构封闭，人们在血缘、地缘关系的基础上，在家庭成员之间、团体内部和区域范围内进行互助、救济等分散的保障。到中世纪末期，教会在慈善事业中较为活跃。按照教义规定，救助贫民、老弱病残者，是拯救灵魂、积德行善的表现。教会举办一些慈善事业，有钱的教徒也给予需救助的人一些施舍。但是这些保障形式是封闭的、非制度化的、脆弱的，而且在极小的范围内实施。

英国的工业革命，使人类从农业社会向工业社会飞速发展。它不仅解放了生产力，而且改变了产业结构，就业人口从农业向工业转移，从而使得以往分散的保障形式已不能适应社会的要求。工人不再享有土地给农民的基本生活保障，工业竞争导致了社会性失业，工业生产过程中产生的突发事故等，这些工业的风险是社会化的，因而也就需要保障的社会化，而保障的社会化则呼唤着执行保障的社会工作的问世。

（二）社会工作产生的政治条件

随着资本主义生产方式的确定，阶级关系发生变化，社会形成两大对立的基本阶级即资产阶级和无产阶级，阶级矛盾日益激化。

19世纪中叶以来，随着西欧资本主义工业化的深入，产业工人迅速增加，工人的劳动条件极为恶劣。为了维持生存，工人阶级不断起来进行斗争。面对工人阶级的不断斗争和大量的社会问题的涌现，资产阶级采取镇压和怀柔两种手段来维护其统治。

随着工人阶级斗争的不断发展，工人阶级斗争的目标逐渐由改善劳动条件扩展到争取政治民主权利。1867年，英国在第二次改革后，部分城市工人获得了选举权。1886年的改革使60%的男性公民获得了选举权，工人阶级和广大劳动群众利用他们新获得的政治权利，迫使政府实行改革。保守党、自由党相继提出了各种社会改革方案，承认“财富分配极其不均的罪恶”，承认国家应负责救济贫困。新的社会保障形式开始逐步形成，职业社会工作开始出现。

（三）社会工作产生的思想文化条件

1. 古希腊、古罗马及希伯来时期的思想根源

早在古希腊时期，人们认为，幸福是与别人共享财富得来的，富人要想感到愉悦，获得别人的鼓吹与赞美，就应该提供一些财富给穷人。这种独特的幸福观表明，幸福在于与他人一起分享财富，而不在于由个人单独所有，这就为人们之间的互助以及富人帮助穷人提供了思想依据。

在古罗马时期，人们强调一种宗教的责任观，认为富人帮助穷人解除痛苦并不是可有可无的，而是一种责任，并且认为富人在帮助穷人时只有使穷人不失去尊严，才能更显出富人的尊贵，否则富人也没有什么尊贵可言。无疑，这种思想影响着富人对穷人的帮助，影响着人们对帮助他人的看法。

在希伯来时期，人们主张正义，认为人们应该公平地享有财富。托马斯·阿奎那认为，公正即大同与分配。也即强调公正既要考虑到个人的贡献，又要考虑到公平，这对后来社会工作中强调社会公平发挥了重要影响。

2. 宗教慈善思想

欧洲大部分人信奉基督教、犹太教。教义中关于利他、奉献、救人救

世、爱人助人及与人为善等思想有着广泛的影响。许多宗教观念着力宣扬“从善即是曲线利己”。如《圣经》中讲到“当爱你的邻居”，这里的“邻居”是指需要照顾和遇到困难的人，包括陌生人甚至你的敌人，而不仅仅是指你认识的特定的人。这种博爱思想客观上为社会工作的产生创造了有利的社会舆论。一些教士、信徒、达官贵人，依照上帝旨意救贫恤孤，对慈善事业很关心。教会和慈善组织举办的救济事业也逐渐兴起。这些慈善组织机构绝大部分是人们出资捐助的。在组织、管理、服务上，随着一些热心的信徒被选任为义务工作员，现代社会工作意义上的“志愿工作员”开始出现。

3. 人道主义的价值观

人道主义思想是资本主义社会经济、政治、文化状况的反映，同时，这些思想又影响着资本主义社会的发展。在资本主义社会，人道主义是同弱肉强食、损人利己的思想和行为相对抗的精神武器。欧洲早期的慈善事业深受人道主义思想的影响，欧洲各派社会主义思想也带有强烈的人道主义观念，认为以强凌弱、以少欺众是不合理的，应当加以改变。人道主义的价值观包括：

（1）承认每个人都是一个生物的、心理的与社会的有机体，人的行为可以用科学方法和智慧加以了解和研究。

（2）承认人生而自由。人是万物的灵长，是社会文化、社会制度的创造者和主人。每个人都应当享有信仰、言论、出版、集会、隐私及其他生活的自由的权利，以达到保护个人、关心个人的目的。

（3）承认人是生而平等的，每个人都享有与其他人同样的生存权利和追求幸福的权利，不管其生活环境、社会地位、种族肤色、宗教信仰、政治派别或行为模式怎样。

（4）个人与社会的生存是相互依赖的。人与人组合起来形成社会，个人有责任维持和促进社会的发展，社会整体也应该帮助个人实现其生存权利和追求幸福的权利，有责任维护个人的生存与发展。

（5）每一个人，不论其年龄、社会地位、贫富、文化程度、健康状况、种族、肤色，均享有人的尊严，而且这种尊严必须受到尊重。尤其是受社会变迁影响的少数人更应该得到人道的考虑和待遇。

（6）努力消除罪恶，预防社会病态，改变不公平的社会政治制度是人类的责任。人类既有共同的需要，也有各自不同的特点，努力协调这些普遍需要和特殊需要，是人道主义的表现。

（7）每个人都有追求自由平等、自我发展、自我决定以获取幸福的权利。这些权利包括生存权、健康权、工作权、教育权、居住权、休息权、选举权、参政权以及社会福利和人道服务的权利。

人道主义的这些价值观为社会工作的产生奠定了较为坚实的思想基础，有些后来成为社会工作价值观的直接来源。

二、社会工作的产生与发展

（一）早期济贫政策和民间慈善组织对社会工作的贡献

在人类社会历史的发展中，当今社会工作中的一部分内容首先是以慈善事业的形式出现的。从欧美社会工作的发展来看，英国《伊丽莎白济贫法》、德国汉堡制与爱尔伯福制、慈善组织会社以及睦邻组织运动等都是早期为社会工作的产生提供了直接前提的重要实践。

1. 英国《伊丽莎白济贫法》

英国的济贫事业大多是由教会举办的，但是随着贫民的增多，教会财力入不敷出，同时，由于宗教改革使得大量寺院被解散，向来依赖寺院供给食住的贫民失去了容身之处，许多惩罚、抑制性的措施在当时已难以解决日益严重的社会问题。因此，英国政府基于救助贫民及社会责任的精神，逐渐将济贫事业交由政府接办。在16世纪，英国每一教区皆需征募自由捐助以救济贫民，并设立济贫站。伊丽莎白女王执政以来，曾先后颁布了一系列有关济贫的法案。1601年，伊丽莎白女王颁布了在当时堪称最完备的《伊丽莎白济贫法》。该法案正式承认政府有济贫的责任，并建立了初步的济贫行政制度与救济工作方法。这是国家干预基本生活的保障问题的最早立法。有些学者把《伊丽莎白济贫法》视为现代社会保障制度产生的标志。其影响极为深远，至今各国和地区社会救济立法仍没有摆脱其影响。《伊丽莎白济贫法》主要包括以下内容：一是规定每一教区每周应向地主征收济贫税，政府抽税办理社会救济。二是规定贫民救济应由地方分区举办，每一教区设立若干监察员，中央政府设立监督人员，通过设机构、建制度来办理社会救济。三是规定凡有工作能力的贫民，必须参加工作，以工作换取救济，这是最早的工赈方法。教区设贫民习艺所，供男女儿童习艺，教区义务地代为介绍工作，或配给原料及工具，强迫生产。四是禁止无家可归及无业游民行乞游荡，设救贫站收容救济，强迫其在济贫所里工作。有家者给予家庭补助，使其仍在家居住。救济工作分为院内救济与院外救济两种。五是规定人们有救济其贫穷家人或亲属的义务，教区仅在贫民不能从家人或亲戚处获得赡养时，才给予救助。救助对象限于在该区出生的人或最近在该区住满3年的人。六是把贫民分为三类：第一类是体力健全的贫民，必须强迫其进入“感化所”或“习艺所”工作；第二类是不能工作的贫民，包括患病者、老年人、残疾者、精神病患者以及需抚育幼小子女的母亲们，令其进入“救济院”或施以“院外救济”；第三类是无依无靠的儿童，包括孤儿、弃婴，或因父母无力抚养的儿童等，设法领养或寄养。

《伊丽莎白济贫法》虽然为以后各国和地区政府办理公共救助开了先河，并使救助工作制度化，但该法也产生了极大的“后遗症”，造成了为数众多的贫民不予救济就不能生活的现象，养成了一些贫民的依赖心理，而且对贫民的自尊心和人格重视不够，干涉了贫民谋生的自由。因此，英国议会遂于1834年修正了《伊丽莎白济贫法》，通常称为《新济贫法》。其要点有三：一是救济设施须与全国一致，如各区应分别联合成立协会，每个协会须设立一个济贫站，由伦敦的委员下乡监察，负责拟定规则与审核账目。二是济贫站内给予被收容者的待遇低于一般工人。三是以院内救济为主，废除院外救济。后来，这一法案又经过多次修订，直到1948年，根据《贝弗里奇报告》（又称《社会保险与相关服务》）的建议，制定了《国民救助法》之后才告废止，其间一直施行了340余年，对社会工作的形成和发展影响甚大。

2. 德国汉堡制与爱尔伯福制

汉堡是德国的一个富庶的城市，工业革命以后，各地农工失业者日益增多，居民往来不定，贫民分化极为严重，市内乞丐和贫民人数很多，以至于列队游行，沿街乞讨，成为汉堡市一个最严重的问题。为了解决这一问题，1788年德国汉堡采取一种救济制度，对各国和地区社会救济制度与救济方法有很大影响。该制度是由布希教授起草的，其内容主要包括：一是该市设一中央办事处，综合管理全市救济业务，全市分为若干区，每区设监察员一人，赈济员若干人；二是救济方法为助人自助；三是为失业者介绍工作；四是将贫苦儿童送往职业学校习艺；五是将患病者送往医院诊治；六是对沿街乞食者不准施舍，以取缔无业游民并使贫民不养成依赖心理。该制度施行了13年，颇见成效。后来由于贫民不断增多，救济人员不足而趋于衰微。

1852年，德国另一小市镇爱尔伯福，仿照汉堡制并加以修正改良，提出了一种新的制度，即爱尔伯福制。该制度的实施结果大有成效，对于救济工作方法有较大贡献。爱尔伯福制的要点包括：一是将全市划分为564段，每段约有300人，其间贫民不得超过4人；二是每段设赈济员一人，综合管理全段救济工作；三是求助者都必须与赈济员接洽，赈济员要先到求助者家中进行家境调查，调查后确认有需要才给予补助，其后每两周调查一次；四是为不养成贫民的依赖心理，赈济款必须按照法律新规定的最低标准，并且赈济员须办理段内有关贫穷的预防工作，如介绍职业、训练与管理游民等；五是全市每14段为一赈济区，每区设监察员1人，负责领导区内各段赈济员的工作并向中央委员会汇报；六是中央赈济委员会由14段联合组成，每两个星期开一次会，由区监察员任会议主席，讨论全区济贫工作并形成报告、提案，交给中央委员会；七是中央委员会为全市最高救济机关，从总体上管理全市济贫所、医院及院外救济事项，中央委员会也是每两个星期开一次会。

上述德国汉堡制与爱尔伯福制的基本精神与做法，后来被许多国家采纳，并对社会工作制度和方法产生了直接影响。

3. 慈善组织会社

19世纪中期，英国失业与贫民问题日益突出，各种慈善组织纷纷成立，为了解决慈善组织之间缺乏联系，重复浪费，以至于相互冲突的问题，1868年，英国亨利·索里牧师参考德国汉堡制及爱尔伯福制的做法，建议成立一个组织，以协调政府与民间各种慈善组织活动。1869年，第一个慈善组织会社在伦敦成立，称为“伦敦组织慈善救济暨抑止行乞协会”，后易名为“伦敦慈善组织会社”。该协会接受了托马斯·查墨斯的理论，认为个人应对其贫困负责，接受公共救济将摧毁贫民的自尊心、进取心与道德观念，使他们依赖救济为生，协会主张贫民应尽其所能维持其本人的生活。因此，他们反对公共救济，特别强调以道德的影响来改变贫民的生活方式。

慈善组织会社的明确目标是：要使英国尤其是伦敦的慈善事业组织起来，使之配合联系，发挥最合理的作用。该会社的方法是：一是成立一个中央的管理与联系机构，并将伦敦全市划分为若干区，每区成立一个分支机构，每区有志愿委员会，主持救济分配工作；二是区里统一受理申请救助案件，主持登记工作，设立询问部，提供有关求助者的资料，防止同时向多处救济求助的“职业乞丐”钻空子；三是各区派员对于所有审理案件进行个别详细调查，也包括申请人的各种社会环境，如住房、健康、教育及工资等；四是提高救济款物配额，满足申请人的生活需要。

自从1869年伦敦慈善组织会社建立以后，英国的其他城市以及美国等其他国家的大城市群起效仿。1877年，美国纽约水牛城成立了该国第一个慈善组织会社。到1883年，美国的慈善组织协会达到25个，形成了一个风行英美的慈善组织协会运动。

慈善组织会社对社会工作的贡献在于：一方面，他们派“友善访问员”访问申请救济者，以了解其社会背景和确定应采取的措施。调查后，针对不同的案件，分别予以处理。这种强调“个别化”的方法促使了社会个案工作的产生。另一方面，他们为各地联合协调慈善救济机构，以促使社区问题解决作出了种种努力，促进了社区组织工作的产生和发展。

4. 睦邻组织运动

继慈善组织协会后，在英美又兴起了睦邻组织运动。该运动产生的原因有两个：一是当时英国社会科学研究者和社会工作者试图对社会问题进行实地研究和实际的解决；二是产业革命既促进了工业化和城市化，又造成了社会的贫富分化，有感于这一点，发起人认为让受过高等教育的人与贫民共同生活，既可使贫民获得接受教育和享受文化生活的机会，又可实现政治上的民主与平等，同时还可以促进对贫穷问题的深入了解和合理解决。在这种背景下，睦邻组织运动以社区睦邻服务所的建立为标志，以知识界人士的广泛、深入地参与社区生活，调动并利用各种社会资源服务于社区居民为特色，是社会工作萌发时期最有影响力的事件之一。它为社区工作方法奠定了基础。

睦邻组织运动或称社会公社运动，即社区改良运动。该运动始于1884年英国牧师巴涅特在伦敦东区贫民区所创立的“汤恩比馆”。巴氏任东伦敦郊区牧师期间，发现很多失业者、患病者以及住在污秽拥挤住宅中的人们，于是，巴氏发动牛津、剑桥大学两校对协助贫民有兴趣的学生前来该地为贫民服务，并与贫民共同生活，以了解贫民的生活情形。当时，有一位叫汤恩比的牛津大学经济学系讲师，是一位虔诚的基督教徒，与巴涅特兴趣相投，尽心尽力于共同的事业。不幸汤恩比年仅30岁时便因肺病去世。为纪念亡友的伟大牺牲精神，并为号召知识青年为贫民服务以继承汤恩比的遗志，巴涅特约集友人成立了社区睦邻服务中心，并取名为“汤恩比馆”。该服务中心成立后，影响很大。睦邻组织运动迅速向各地扩展，形成潮流，并发展成世界上许多国家和地区的一种社区改造活动。美国于1886年创立了第一个睦邻公社，到1939年时，全国已有500余个如汤恩比馆那样的睦邻服务中心，其特点主要表现为：一是设立贫民区，备有宿舍，所有工作人员与贫民共同生活，其口号为“工作者与工作对象相亲相爱”；二是没有既定的工作计划，视居民实际需要进行工作；三是尽量利用并发挥当地人力，培养居民自主自立、互助合作的精神，为地方服务；四是除使各地的社区睦邻中心成为当地的服务中心之外，还尽量设法将本国及外国文化向当地居民介绍，使之成为当地的文化中心。

睦邻组织运动对于社会工作有着重要的意义：一是它说明社会工作方式应从社会与个人两方面同时入手，以寻求个人与社会生活的改善；二是社会工作应随时依据社区实际需要规划工作，并应发动、组织或配合社会力量来共同进行；三是社会工作应以促进全面的社会福利为目的，从而要求把整个社区作为工作对象；四是社会工作进行的方法，不仅可用社会个案工作方法，而且还发展了社会团体工作与社区组织两种工作方法。

（二）全国性社会保障制度的建立对社会工作的影响

随着资本主义工业化出现的社会问题日趋严重，那些局部性、地方性、临时性的救济措施已不敷应用。为了稳定资本主义社会秩序，西方国家政府在所举办的系统的社会福利的基础上，创立了全国性的社会保障制度，为现代社会工作奠定了制度基础。

1. 德国的社会保障制度

历史上，最早建立社会保障制度的国家是德国。1883年，德国首相俾斯麦审时度势，改严厉为温和手段，创立强制劳工保险制度，并从1883年的疾病保险发展到1884年的职业灾害保险以及1889年的残疾与老年保险。

采取危险分担的保险原则，集合工人、事业主以及政府的财力，保障劳动者在遇有疾病、伤害、老残、死亡时，支付保险给付，以应付事故的需要，给劳动者以保障。这一制度实施以来，工人情绪趋于稳定，生活逐渐改善，社会渐趋安定。此后，德国又在这一制度的基础上采取了一系列新的社会保障措施。

2. 英国的社会保障制度

继德国之后，英国也开始建立了社会保障制度。英国于1911年通过了《国民保险法案》，设立疾病与失业保险。1925年通过《寡妇、孤儿及老年补助年金法案》。1934年通过了《失业法案》，扩大和加强了社会保险的项目与内容。1942年，英国发表了《贝弗里奇报告》，该报告书是一篇划时代的社会改革文献，对英国乃至西方现代社会保障制度的建立产生了极为深远的影响。该报告书强调四项主要原则：一是每个国民均须列为社会保险对象；二是主要的谋生能力丧失的危险——疾病、失业、意外伤害、老年、守寡、产妇——包括在一个单独保险中；三是采取均等费率，即不管纳费者的收入是多少，一律缴同等费率；四是采取均等给付，使每个人有相等的权利。该报告书还提出了一个满足国民基本需要的社会保险方案，即普及性的所谓“从摇篮到坟墓”的全面社会保障计划设想，从而成为现代“福利国家”模式的基础。到1948年，《国民保险法》《工业灾害保险法》《国民健康服务法》《儿童家庭补助法》《国民救助法》等，在英国相继制定并生效。初步完成了“从摇篮到坟墓”的社会福利体系，成为一个实施最完备的、全国性的社会保障制度的国家。与此同时，社会工作也成为一门独立的职业，以此来推行社会保障体系的实施。

3. 美国的社会保障制度

美国自1929年纽约股票交易所破产所引起的经济大恐慌之后，失业人数骤增，政府救济费用日渐沉重。当时，胡佛总统仍固守其信条，认为私人救济失业应继续为失业者解决问题。1933年罗斯福就任美国总统后，推行所谓“新政”，开始由政府负责办理全国性的社会救济与福利事业，改变了过去美国救济事业只应由地方和私人办理的老传统，先后成立了各种联邦救济行政机构，采取了联邦救济的各项措施，加强了民众需要一个“全国性计划”的观念，为美国社会安全制度的发展铺了一条新路。1933年12月颁布实行《联邦紧急救济法案》，此举改变了美国救济事业应由地方办理的传统观念，认为此种社会救济及福利事业应以全国人民为对象，政府应负责办理普及全国的社会福利行政。此后，美国于1953年制定了历史上著名的《社会保障法案》，从而在美国正式建立了全面的社会保障制度。其主要内容包括以下三个方面：一是社会保险方案，包括老年保险制度、失业补偿制度；二是公共分类救助方案，以老年人、贫苦穷人及失去依靠的儿童为救助对象，后来永久或完全丧失劳动能力的残疾人的救助也纳入该方案中；三是卫生及福利方案，包括妇幼卫生服务、残疾儿童服务、儿童福利服务、公共卫生服务及职业培训等。20世纪60年代中叶，林登·约翰逊总统运用“新政”的意识形态，采取了一系列扩大福利救济的措施。在此期间，世界上的许多国家开始引进和创建社会保障制度，到1979年止，已有134个国家在不同程度上建立了社会保障制度。

西方国家社会保障制度的发展说明，现代社会逐渐趋向重视维护民众福利的进步观念，政府进一步承担起了其对民众的责任。同时也促使了社会工作的出现，并逐步扩大了社会工作的范围，使社会工作成为一种由政府或私人社团举办的广泛性的社会服务。

（三）专业社会工作的建立与发展

专业社会工作产生于19世纪末20世纪初。人们一般倾向于认为，1917年玛丽·里士满《社会诊断》一书的问世，标志着专业社会工作的诞生。里士满在该书中创立了一个个案工作的社会诊断模式。《社会诊断》一书主要是从社会学观点出发，强调社会因素在了解个人行为时的重要性，把医学知识应用于社会工作专业，从而使社会工作走向多学科的融合。同时，该书还试图使社会工作方法与技术作为一套独立的知识系统加以传授，首次把这种助人的工作加以专门研究和讲授，这无疑是社会工作专业的一个正式起点和一个新的里程碑。由于里士满的突出贡献，她被人们誉为专业社会工作的创始人。1921年，里士满再次强调指出，社会工作需要一套伦理。1923年，全美社会福利会议正式讨论通过了可供社会工作者使用的伦理守则。在社会工作专业形成过程中，社会工作专业组织发挥了重要作用。第一个社会工作教育组织是成立于1917年的"美国专业社会工作训练学校协会"，后改名为"美国社会工作学校协会"，积极推动并落实硕士阶段的社会工作教育。同时，美国社会工作者交流组织扩大成为"美国社会工作者协会"，美国医院社会工作协会、美国团体工作研究协会、美国社区组织研究协会、社会工作研究小组等专业社会工作组织也相继出现。

受20世纪30年代世界经济大萧条的影响，美国失业人口剧增，形成了严重的社会问题。原有的私立机构因没有足够的经费应付广泛的问题，于是政府的各级公立机关也加入这一行列，由联邦政府提供资金，同时着手保险法案的立法。20世纪五六十年代，公立大学纷纷设立社会工作的科系、成立社会工作学院，该时期，有关社会工作专业形成的理论也获得发展。50年代后期，格林伍德发表了《专业的属性》一文，认为要构成专业的职业团体，必须具备以下5个特质：一套系统化的理论体系；专业权威；社区的认可；一套规定的伦理守则；一种专业的文化。依据这5点，格林伍德认为社会工作在当时已经成为一个专业，但许多人只倾向于把社会工作看作一个准专业。此时，美国的社会工作已经高度专业化，社会工作者在社会上像医生、律师、会计师等职业一样拥有专业地位，受到社会的尊重，建立了完善的社会工作员制度，强调有执照社会工作人员的专业精神和专业道德，明确了对无专业精神或缺乏公德的工作者的惩罚措施。

教育方面，从1919年到1953年，美国社会工作专业教育机构日趋完善，已逐步形成本科、硕士两个阶段的社会工作专业教育体系，培养了社会工作专业人才。

20世纪60年代以后，由于美国高度工业化、都市化以及科学技术的突飞猛进，导致传统的宗教信仰及家庭观念一落千丈，家庭形态乃至整个社会结构发生急剧变化，个人主义及存在主义盛行，形成了许多严重的社会问题，诸如青少年犯罪、吸毒、失业、酗酒、离婚、自杀、精神病以及儿童的教养、老人的安置问题等。这些问题通过传统的以直接服务为主的个案，社会工作是难以解决的，而以间接服务为主的社会行政工作、社会团体工作和社区工作因其解决社会问题的整体性、综合性而得到发展。同时，人们也开始注重预防工作，强调整个国家的社会规范、社会政策与立法及社会保障制度的作用。社会工作教育无论在规模上还是在内容上都发生了很大的变化。在这个时期，美国有11所新的社会工作学院成立。这些学院注重将分割的理论与实务进行综合，许多学院开始教授统一的社会工作理论与实务；有些学院尝试把传统的三种或五种方法整合成一种或两种课程，既承认其共同性，也承认每种方法的特殊性。同时，这个时期的专业教育除重视社会工作理论外，还强调社会工作研究，使得社会工作如同心理学、社会学、人类学一样，成为行为科学的一种；社会工作研究也由昔日描述性的报告向数量化与经验性的实证研究方向发展，社会工作向更整合、更广、更深的专业方向发展。

从20世纪初至今，西方的专业社会工作经历了几个重要的发展阶段。综合世界各国社会工作的发展趋势，可以概括为：①从非专业发展到专业化与学科化；②从较少有理论指导发展到有整合性的专业理论视角；③由消极的救济工作发展到积极的预防、保障；④由面向少数对象提供服务发展到面向全体社会成员；⑤由单纯的对少数人救济发展到多方面着手来提高全体人民的福利；⑥由传统个案工作为主发展到综合性、整体性的社会行政、社会政策与社会工作专业制度；⑦由不计成本的工作发展到讲究方案的评估及成本效益的分析；⑧由无组织、不成系统的志愿工作发展到有社会工作组织机构的专职工作。

三、新中国的社会工作

（一）改革开放前的社会工作

在社会工作专业教育和实务领域，我国走过了一条曲折的道路。1952年高等院校实行院系调整，社会学和社会工作专业被取消，专业人员转而从事其他工作，这两个专业被迫陷入停顿状态。在计划经济体制下，民间性的专业社会服务机构和社会工作实务基本消失。不过，在民政领域由政府主办的各项实际工作不断发展，传统型的社会服务对特定的社会群体发挥了重要的保障作用。新中国成立初期，旧社会遗留下来的大量严重的社会问题摆在中国共产党和人民政府面前，社会工作的任务是非常艰巨的。为解决这些问题，党和政府做了大量艰巨的、卓有成效的社会工作。

1. 救灾济贫工作

救济工作一方面是救灾，另一方面是济贫。针对救灾工作，党提出了“生产自救、群众互助、以工代赈、并辅之以必要的救济”的总方针。根据这一方针，党和政府依靠广大人民群众，一方面重视防洪、防涝、防旱等各项水利建设，搞好水土保持，减少灾荒，以保证农业生产的稳定发展；另一方面，派出大批干部深入灾区指导生产救灾工作，同时采取了许多行之有效的措施，如调粮救灾、公粮减免、抢救疫症、组织移民等，帮助灾区人民战胜灾荒所带来的各种困难。20世纪50年代初，针对大量的人们处于极端贫困状态，难以维持起码的生活条件的状况，民政、劳动等有关部门进行了大量的社会救济安置工作，使大批贫困人口解决了暖饱问题，有了基本的生存条件。

2. 救助残疾人工作

旧社会由于常年的战争，极端的贫困以及十分简陋的医疗条件，因此残疾人面广量大。这些残疾人生活在社会的最底层，到处流浪，有时还影响社区的秩序。针对这些情况，各级民政部门与街道组织有劳动能力的残疾人参加生产，进入福利工厂做工，使他们的生活有了保障。

3. 优抚工作

新中国成立之后，人民政府制定了一系列条例，保证优抚工作的实施。优抚的对象包括：烈军属、革命残废军人、复员军人以及因参战和参加经济建设而负伤、牺牲的民兵及其家属等。具体抚恤内容包括牺牲病故抚恤、残废抚恤、公费医疗、医疗费减免、生活补助等。这些项目的资金主要来源于国家财政拨款，也有向集体和个人的摊派。此外，国家还开办了烈士子弟学校、伤残军人学校、伤残军人休养院、复员军人慢性病疗养院等。

4. 改造工作

旧社会，中国的农村和城市存在着大量的失业人群，他们没有任何谋生的正当途径，不得不通过不正当的职业来维持生活，因此，土匪、流氓、乞丐、娼妓和许多迷信职业者等群体大量滋生。新中国成立后，为了将游民和娼妓改造成适应新社会的自食其力的新人，党制定了政治思想教育和组织劳动相结合，改造和安置相结合的基本方针。根据这一方针，各地人民政府在群众的支持下，断然取缔封闭了滋生丑恶的场所，包括妓院、赌窟、烟馆、流氓窝点；设立劳动教养所、新人习艺所、妇女教养所等教养单位，对妓女、流氓、乞丐等，通过说服动员与强制收容相结合，定期收容与经常收容相结合，以及外移乡村改造的方式，将他们集中到教养单位进行改造。根据“政治思想教育和组织生产劳动相结合，改造与安置相结合”的方针，帮助他们改变寄生思想和游堕习气，学会一定的劳动生产技能，使他们成为自食其力的新人。

新中国成立初期，我国开展的这一系列大规模的社会改造工作，不仅维护了社会治安，而且解决了旧社会遗留下来的许多社会问题，对于稳定社会秩序、巩固新生政权、恢复国民经济产生了不可低估的积极作用。但上述工作主要是一些政务性的改造工作，而非专业意义上的社会工作。

（二）改革开放以来的社会工作

1978年党的十一届三中全会以后，党在思想战线上恢复了实事求是的优良传统，从而为专业社会工作的恢复奠定了思想基础。1979年，社会学在我国得到恢复与重建，有关社会工作的课程也陆续在社会学系中开设。尤其值得一提的是费孝通教授于1981年指导和主持编写的《社会学概论》专设“社会工作”一章，开了我国恢复和重建专业社会工作的先声，专业社会工作逐步跨入发展的新时期。根据《中国社会工作发展报告》，改革开放后，社会工作自1988年正式开始恢复和重建以来，历经专业社会工作的恢复和拓展、社会工作实务和职业化探索、推进社会工作制度和体制建设等主要发展阶段，社会工作专业化、职业化取得了长足的发展，积累了本土化的初步经验，为全面建成小康社会和社会主义现代化建设作出了重要贡献。

我国专业社会工作的恢复和发展，以1987年民政部召开“社会工作教育发展论证会”为起点，以1988年国家教委批准在北京大学社会学系设立社会工作与管理专业为标志。此后，中国人民大学、吉林大学等也建立了同样的专业，北京大学于1989年开始招收首批社会工作与管理专业本科生和该专业方向的硕士研究生。中断了30多年的社会工作教育开始恢复，社会工作专业在各个高等院校得到了较快发展。经过多年的努力，高等院校的社会工作专业初步形成了大专、本科、硕士研究生三个办学层次。对专业社会工作实务的探索，以1997年上海市率先开展社会工作实务试验为起点；专业社会工作职业化的探索和初步规范，以2004年劳动和社会保障部颁布的《社会工作者国家职业标准》、2006年人事部和民政部颁布的《社会工作者职业水平评价暂行规定》和《助理社会工作师、社会工作师职业水平考试实施办法》为标志。在这期间，社会工作实务在各领域广泛开展，主要有社区社会工作、学校社会工作、老年社会工作、医务社会工作、家庭社会工作、救助管理社会工作、优抚安置社会工作、民族宗教社会工作、农村社会工作等实务。推进我国社会工作制度和体制建设以中共中央十六届六中全会提出加强社会建设、完善社会管理、建设宏大的社会工作人才队伍的任务为标志，党的十六届六中全会作出的《中共中央关于构建社会主义和谐社会若干重大问题的决定》指出，要“建设宏大的社会工作人才队伍。造就一支结构合理、素质优良的社会工作人才队伍，是构建社会主义和谐社会的迫切需要。建立健全以培养、评价、使用、激励为主要内容的政策措施和制度保障，确定职业规范和从业标准，加强专业培训，提高社会工作人员职业素质和专业水平。制订人才培养规划，加快高等院校社会工作人才培养体系建设，抓紧培养大批社会工作急需的各类专门人才。充实公共服务和社会管理部门，配备社会工作专门人员，完善社会工作岗位设置，通过多种渠道吸纳社会工作人才，提高专业化社会服务水平”。这就对社会工作制度建设作出了战略部署，并强有力地推动了我国社会工作专业化、职业化的发展。

近年来，社会工作得到了快速发展，为促进社会和经济协调发展作出了积极贡献。《中国社会工作发展报告》表明，在社会工作事业发展顶层设计、社会工作人才队伍建设、社会工作专业服务等多方面取得了骄人的成绩。在顶层设计方面，2015年3月5日，国务院总理李克强在政府工作报告中指出要“支持群团组织依法参与社会治理，发展专业社会工作、志愿服务和慈善事业”。“发展专业社会工作”首次被写入政府工作报告，纳入了政府议事日程，这是继2006年党的十六届六中全会提出“建设一支宏大的社会工作人才队伍”这一战略部署后，在社会工作发展史上又一个具有里程碑意义的大事。在人才队伍建设方面，截至2015年底，全国有321所高等院校开办了社会工作专业本科，70所高职高专院校开设了社会工作专业专科，其中具有社会工作硕士学位授予权的学校104所。同时，抓好普及培训，各地通过多种方式培训各类社会工作从业人员。深圳市要求社会工作者在每年度接受专业继续教育累计不少于15天或120学分。北京市纵向形成区、街道（乡镇）、社区三级培训体系，横向为社工构建了初任培训、岗位培训、进修培训和继续教育四大类课程体系的社工职业教育格局。持续推动社会工作者职业水平考试。报考2020年全国社会工作者职业水平考试的人数有60万，其中，10.2万人取得助理社会工作师证书，3.2万人取得社会工作师证书。截至2020年底，全国持证社会工作者共计66. 8万人，其中助理社会工作师50.7万人、社会工作师16.1万人，为社会工作发展提供了力量。在实务领域，社会工作服务范围不断扩大。在创新示范项目，预防青少年犯罪、参与救援行动，合力搭建协作平台、协调整合资源，探索禁毒社工工作模式，深化医疗改革、促进医务社会工作迈上新台阶等方面取得了显著成效。为了适应基层社会治理创新的现实需要，通过开展专题调研、经验交流、项目推进、模式探索创新等方式，积累了丰富的本土经验。

第三节 社会工作的价值观与专业伦理

在助人实践活动中，社会工作者对其行为的合理性及改进性的反思都涉及社会工作的价值观与伦理道德问题。树立正确的价值观对社会工作者具有举足轻重的意义。

一、社会工作的专业价值与伦理

（一）专业价值的内涵

“价值”回答“事物应该如何”的问题，表达了人们对事物的某种判断，它会影响人们的态度偏好和行为选择。“价值”可以通俗地理解为一种“是非判断”，如对错之分、好坏之别、轻重之差、美丑之异。而“价值观”则是围绕特定的判断对象，人们所形成的一套观念、态度及行为标准。价值观来源于人们的生活实践，人的需要、能力、地位、利益的现实状况构成了价值观形成的基础，不同社会地位与利益诉求、不同能力水平和社会需要的人会持有不同的价值观。价值观的形式表现为人们头脑中的信念、信仰和理想系统，即“人们究竟相信什么？想要什么？坚持追求和实现什么”。价值观的功能在于帮助人们建立内心对事物与自身的评价标准和评价体系。价值观的存在使生活在多重角色下的人们时常面临多种价值选择，不同角色规范对同一事物有着不同的评判标准，因此就每个个体生活实践而言，有时甚至会出现价值冲突。

专业价值观的存在体现了价值观多元化的特征，它是特定人群从事专业活动时所持有的一整套观念与规范。专业价值观形成于特定人群的专业实践过程，在无数次的是非判断与利弊权衡之间，指导特定人群有效、合理地达到活动目标的价值理念得到实践者的共识，并形成既定的价值观体系重又指导与规范专业活动。专业价值观的出现使特定人群的专业实践活动与普通大众的非专业实践活动相区分开来，同时也使相关的专业之间有了明确的区分，这有利于特定人群明确实践的目的、有效调配资源和合理选择途径从事专业化工作和积累专业化知识。

（二）社会工作的专业价值观

社会工作者是在一整套观念与规范的指引下开展服务，这些观念阐释了进行社会工作实践的目的与意义，而规范则包含了社会工作区别于非专业助人活动的行为准则与要求，以上所述这一套观念与规范即为社会工作的专业价值观。很显然，这套由社会工作者所信奉的专业价值，其内容和观点正是来源于社会工作专业的哲学基础与哲理传统。从崇尚以人为本到注重个人主义、理性主义，从追求平等、公正再到发展全面的权利观、独立观与正义观，西方社会工作者在实践与哲学的对话中确立了上述专业价值观。

1. 西方社会工作价值观

（1）以人为本。注重人性、强调人的价值与尊严、崇尚人的理性，反对神学对人性的压抑；承认人与生俱来的经济、政治、社会、文化各方面的权利；突出人类社会的经济自由与政治民主。

（2）公平与公正。公平与公正强调参与社会合作的每一个人承担着他应承担的责任，得到他应得的利益。如果一个人承担着少于应承担的责任，或取得了多于应得的利益，这就会让人感到不公平、缺乏公正。社会的公平以体现公正的法律作为根本保障，按照一定的社会标准（法律、道德、政策等）、正当的秩序合理地待人处事，是制度、系统、重要活动的重要道德品质。

（3）平等。人和人之间的平等，不是指物质上的“相等”或“平均”，而是在精神上互相理解、互相尊重，把对方当成和自己一样的人来看待。人人平等是法律的基础，是人类追求的共同目标。平等是人和人之间的一种关系、人对人的一种态度，平等地对待平等是一种平等，不平等地对待不平等也是一种平等。

（4）个人主义。除了包含“以人为本”的全部内容外，个人主义还强调“人的特殊性”即个性之不同，尊重个人的独特选择与私人空间，任何人都有潜能发挥自己的独特性和发展自我意识与价值观。

（5）正义观。根据正义理论最杰出的代表罗尔斯的观点，正义基于两个基本原则：平等自由的原则和机会公平的原则，并且第一原则优于第二原则。平等自由的原则指每一个人都有平等的权利去拥有可以与别人的类似自由权并存的最广泛的基本自由权。而机会公平原则是指对社会和经济不平等的安排应能使这种不平等不但可以合理地被指望符合每一个人的利益，而且与向所有人开放的地位和职务联系在一起。第一个原则用于确定和保障公民的平等自由，第二个原则用于规定和建立社会及经济不平等。

2. 西方社会工作价值观与中国传统文化的差异

（1）中国的“天下大同观”与西方的“社会福利观”之差别。“大同”思想提出了中国人对人类生存与发展的美好愿景，这与西方“福利社会”的美好愿景在内容上十分相似。但不同的是，中国传统社会的人际关联是立足于伦理纲常而建立的，因此“大同”强调家与国的整体利益得以保障而对个人独立性未予以充分肯定；西方社会福利观的实现则是以尊重个人独立性为基础再谈对他人的帮助和保障。当今社会，中国传统文化中“家和国兴”整体利益价值观仍然持续产生影响。“大同观”与“福利观”并不矛盾，都指向人类生活美好的最终目标，只是其文化基础与实现的手段有所不同。

（2）中国儒家思想中的道德伦理与西方社会工作价值观中的伦理差异。儒家文化由于在古代中国一直深受国家层面的青睐与推行，对中国人的道德观念与行为造成深刻的影响。儒家文化中对人的克己、忍让、尊卑、顺势、知足等心理和行为要求与西方社会价值观中的推崇个性、尊重个体现实感受、培养个体独立性的要求相矛盾。这就使得我国社会工作者运用西方社会工作伦理解决中国具体的人际与个人问题容易出现不适用的情形。反过来，中国儒家思想中注重家族与国家整体利益的观点事实上能够对西方注重个人而难以达成集体利益整合的弊端予以修正。从我国社会工作本土化实践来看，社会整体利益与个人利益均予以有效保障的思路才符合社会工作专业中“人在情境中”的基本观点。偏颇任何一方利益的过多满足都难以达到社会工作专业助人的真正目标。

（3）中国传统文化与西方社会工作价值观的差异。从表1-1我们可以看出，西方社会工作价值观应用于中国本土的服务对象时，会面临个人、关系、组织乃至社会多个层面的障碍。一些学者曾提出，应脱离西方的社会工作价值观系统，基于中国的传统文化来建构我国的社会工作价值观体系。但从与我国社会传统文化背景相同的中国香港地区、台湾地区以及海外华人社会实践西方社会工作价值观的经验来看，“中西调和”并非没有可能，从社会整体和谐的目标诉求来讲，西方社会工作价值观反过来需要向中国传统文化这一优良观点寻求修正。但要注意的是，社会工作专业如果要实现在中国的“扎根”，本土化发展尤其是完全适用于中国本土文化与意识结构，有助于真正解决本土社会问题的中国社会工作专业价值观独特体系的构建是必要的。它并不封闭与西方社工价值对话的窗口，而是更突出本土的特色。

表1-1　西方社会工作价值观与中国传统文化差异

西方社会工作价值对人的假设	人拥有绝对权利
	认识独特的个体
	人有改进的潜能
中国传统文化对人的假设	权利因亲疏而有分别
	人依附不同组织生存
	进步是整体的成就

（三）社会工作专业伦理

1. 社会工作专业伦理的含义

一般认为，“伦理”是有关人类关系的自然法则。伦理与价值观的概念虽然在内涵上有相通之处，但在实际应用当中又表现出相互之间的区分。价值观作为人们内心的评价标准和理念系统更侧重于一种“信仰”的意蕴，而伦理表现为行为规范，它是对“信仰”的一种操作。价值观虽然也有“规范”之意，但在被付诸人类的实践活动时更表现为一种取向要求，伦理将这种取向要求形成能够为人们约定俗成而自然遵守的行为准则。社会工作在本质上是道德的实践活动，从事助人服务的工作者要面临价值观的选择，同样会在具体的助人环境中面临伦理的决定。价值观对专业的社会工作人员来说已是一套相对稳定的基础理念，它在社会工作专业发展过程中以体系形式确定在该专业的实践要求当中，相对而言，社会工作的伦理遵循是充满挑战的，社会工作者、案主、施助与受助的情境、制度和机构、资源与权力等因素都有可能影响社会工作者关于“正确与否”和“恰当与否”助人行为的决定。社会工作者的伦理决定是助人实践活动最为关键的环节之一，这一过程的结果直接关系到受助人的利益，同样也关系到社会工作者的专业资质，更关系到社会工作机构以及行业的前途。

2. 社会工作专业伦理的基本原则

各国或地区的社会工作的伦理原则在细则上存在差异，但一些一般性的伦理守则还是得到了国际社会工作领域的共同认可，如接纳、尊重、个别化、自决权和知情同意、保密和非批判等，这其中主要涉及尊重人权和社会公平、正义两项大的伦理原则。包括社会工作者对当事人、对同事、对工作机构以及社会工作者作为社会工作专业人员的伦理责任和社会工作者对社会工作专业、对社会的责任六个方面。①

（1）社会工作者对当事人的伦理责任。主要包括：对当事人的承诺，帮助当事人解决问题；尊重服务对象的自决权；尊重服务对象知情同意的权利；在自己的能力范围内提供服务；妥善处理工作过程中可能发生的利益冲突；尊重服务对象的隐私权并加以保密；尊重服务对象取得记录的权利；谨慎对待与服务对象的肢体接触，不得对服务对象进行性骚扰；不能使用诽谤性语言；确保服务收费公平合理；采取合理步骤协助缺乏行为能力的服务对象；努力确保服务中断后的持续服务；遵守服务终止的原则等。

（2）社会工作者对同事的伦理责任。主要包括：社会工作者应尊重同事；遵守共有资料的保密责任；妥善处理跨学科的合作与可能引发的伦理议题；妥善处理发生在同事与服务对象间或同事间的争议；寻求同事的建议与咨询；当有必要时将服务对象转介给其他同事；不得对同事进行性骚扰；帮助同事妥善处理个人问题；协助同事提高工作能力；妥善处理同事有悖伦理的行为等。

（3）社会工作者对工作机构的伦理责任。主要包括：社会工作者应对被督导者提供符合自己能力的咨询与督导；对学生提供自己能力范围内的指导并作出公正的评价；对其他人的表现给予公平审慎的绩效评估；工作记录须正确、讲时效、重保密和妥善储存；遵守合理的服务收费与管理制度；

①中国社会工作联合会官方网站——社工中国，http://cncasw.swchina.org/.

落实当事人转介制度；担负行政工作责任以确保资源的充足和公平分配；强化继续教育与员工发展等。

（4）社会工作者作为社会工作专业人员的伦理责任。主要包括：社会工作者应注重自身能力的强化，提高服务技能；个人行为不干扰专业任务；诚实、不欺诈和不诱骗，不诱导或操纵服务对象；不让个人问题影响专业判断和表现；不使言行超越自身能力与机构授权的范围；不邀功等。

（5）社会工作者对社会工作专业的伦理责任。主要包括：社会工作者应致力于专业廉正（知识、技巧和价值）的追求，促进专业与廉正的发展；坚守评估和研究的相关伦理原则，促进和提高评估与研究的能力等。

（6）社会工作者对社会的责任。主要包括：社会工作者应积极参与公共事务；积极参与社会和政治行动；促进社会公平和正义；协助解决公共紧急事件等。

（四）社会工作专业伦理难题与伦理决定

1. 社会工作伦理抉择中的困境

社会工作涉及价值观问题，它不同于既定的知识具有恒定的规律与逻辑，只问“是什么”，而不问“应该”或“不应该”。因此在具体的助人服务实践活动中，社会工作者往往面临不同的价值取舍而陷入伦理抉择的困境。我国学者认为，社会工作伦理困境通常表现在四个方面：社会价值与专业伦理的冲突、专业伦理内部的冲突、专业伦理与工作者个人价值的矛盾、工作者个人价值与案主价值的矛盾①。社会工作的伦理困境也可归为“决策困境”和“结构困境”两种。

（1）决策困境。

①保密的程度与情况。例如，案主告诉社会工作者“他决定伤害某人以发泄心中的愤恨”，工作者就可能陷入“保密”则伤及某人安全、泄密则伤及案主信任的两难。

①陈钟林，黄晓燕．社会工作价值与伦理[M]．北京：高等教育出版社，2011：79.

②自决的权利与尊重。案主自决涉及“尊重个人”，即视“自决”为案主个人之权利；同时涉及“发展个人”，即视自决为案主有权选择的过程，而形成“消极自由”与“积极自由”之争论。

③自由意志与环境。个人行为出于人的自由意志，或出于环境影响，是哲学上讨论伦理价值中分辨善恶与争论人性的焦点。这常对社会工作者协助案主的处理方式造成不同判断，因而就有了治疗派与改革派的不同理论与利用。

④协助的方式与选择。重视过程者以“人”的发展为目标，不惜多用资源与时间，但求能发展案主的自主自决能力。重视结果者以“事”的解决为目标，考虑节约使用资源和时间，但求当前问题的解决。在助人过程中，凡此两种方式的选择，皆要以案主能力、案情性质与环境的实况为衡量标准，社会工作者在诊断和治疗的决策上，需谨慎思考，有时也可能陷入两难困境。

（2）结构困境。

①困难个人与强势社会的冲突。社会工作者经常代表困难个人与强势团体进行谈判，由于社会工作者既要维护个人利益，又要维护社会正义，当两者发生冲突时，社会工作者即陷于两难之境。

②案主需求与科层制的矛盾。社会工作者多受雇于福利机构，而为组织力量控制，其工作目标常取决于机构的政策而非案主的需求。常会发现他自己对案主不是“照顾”而是“控制”；不是“增权”而是“安抚”，社会工作者似乎只能考虑行政效率，而无法谈到道德责任。

③专业伦理与个人伦理的分歧。社会工作者是社会工作伦理责任的焦点，社会工作者除了受专业伦理影响外，还受到社会环境和文化背景的作用，从而在具体案例中专业伦理与个人伦理会产生冲突。

④西方经验与本土文化的差异。社会工作从西方传入中国并得到了一定发展，但由于中西方在助人思想、社会结构等方面的差异，就要求社会

工作者结合我国独特的文化，探索适合我国国情并能在我国推行和发展的社会工作本土理念和操作模式。

2. 社会工作中的伦理决定

社会工作的实践性特征促使“突破伦理决定的困境”成为社会工作界人士持续关注的主题。时至今日，国际社会工作领域虽然已形成了一般性的伦理规定，但在世界各国和地区的社会工作实践中仍然存在着伦理守则的微调。不仅如此，社会工作伦理守则也跟随社会变迁的事实不断进行修正，如在目前社会工作伦理守则内容最详尽的国家——美国曾于1960年、1980年、1993年和1999年多次修订颁布施行新的伦理守则。2004年10月，国际社工界在澳大利亚的阿德莱德举行的国际社会工作协会与国际社会工作教育学院协会大会上通过了《社会工作伦理、原则的声明》，此次会议就社会工作伦理展开讨论和发表该声明的主旨正在于：“鼓励全球的社会工作者去反省须面对的（伦理）挑战和两难的局面，以及在每一个特殊个案中作出合乎伦理的决定。”声明中所强调的伦理议题正是当前仍困扰社会工作者顺利开展服务的主要矛盾，分别包括：社会工作者的忠诚往往处于不同的利益冲突之中；社会工作者（对案主）同时作为帮助者和制约者；社会工作者要保护服务对象的利益，与社会讲求效率和实用的要求产生矛盾；社会上的资源有限。以上四个方面在社会工作实务中常具体表现为：保密问题、情理法相冲突问题、价值中立或价值介入的抉择问题、个人利益与社会责任相矛盾问题、自决原则与知情同意原则的应用范围等。

（1）两种不同的社会工作伦理取向。当代哲学家认为，伦理决定中有两条主要的理论途径：伦理相对主义和伦理绝对主义。[①]持伦理相对主义者在作出伦理决定时，以待处理问题或人所处的具体背景和可能产生的后果为判断依据。而伦理绝对主义者则认为，一些特定的道德原则具有无上的

①拉尔夫•多戈夫，弗拉克•M. 洛温伯格，唐纳•哈林顿. 社会工作伦理实务工作指南[M]. 北京：中国人民大学出版社，2005：29.

第一原则，任何情况下都要坚守这些特定的伦理要求。例如，一个试图离婚的妈妈打算将腹中的胎儿流产，并希望社会工作者不要告知她那位不愿意离婚且很想留下孩子的丈夫。一个伦理相对主义者可能会认为基于当事人已失去养育孩子的信心和摆脱错误婚姻枷锁痛苦的真实意愿，而严格遵守保密原则；而另一位伦理绝对主义者可能会认为孩子的生命保全与否是一个涉及孩子本身、丈夫、妻子以及多人利益的重要问题，因此出于尊重生命的道德伦理要求，而谨慎考虑是否在必要的时候告知相关人员。

（2）社会工作伦理抉择的一般途径。社会工作中面临伦理困境的现实，也警醒每一位专业助人者在实务活动中慎重地对待伦理的抉择。伦理决定的模式并非唯一，但一些基本的原则及途径可以供社会工作者作为一个一般性的参考。

第一，澄清不同层次的价值观。价值观是伦理在观念形态的要求，正如之前所述，伦理是操作意义上的价值观。因此澄清涉及助人活动中各个层面价值观的具体指向，是进行合适、有效伦理抉择的根本性前提。这些价值观包括：个人的价值观、群体的价值观、社会的价值观、专业的价值观。任何社会工作者在开展一项服务之前，围绕案主的问题及相关资料都要进行各层次价值观澄清工作，以便于在服务过程中清楚伦理决定的价值观依据与来源，并能不断地寻找专业价值观与其他层次价值观之间的契合点来避免伦理决定中价值观冲突的问题。

第二，深谙专业社会工作者法定的责任和义务。任何职业工作者，均要遵从本职业所设定的法律责任与义务要求。社会工作者如果要避免受多重价值观干扰而作出错误的伦理抉择，这些法定的要求则可以成为某种基本的伦理依据。如照顾的义务、尊重隐私的义务、告知的义务等。

第三，伦理评估与筛查。在多重伦理决策困扰中，一些由社会工作者通过实践摸索出来的经验原则有利于我们在具体的实务活动中进行伦理的评估与筛查。如“保护当事人权利与福利”“最少社会伤害”“效率与效果并行保证”等。一些学者还提出了伦理抉择的次序要求，如“保护生命”作为第一原则就优先于“保护隐私和保密”原则。

第四，评估不同伦理决策思路的可能结果。不同的伦理决策模式在很大程度上也形成了不同的助人方案。在案主参与和允许的情况下，社会工作者可以邀请机构督导、同行或相关专业人士共同讨论、评估不同伦理抉择下的助人方案的实施风险和成效，以便于从中选出相对最优的方案。

第五，伦理决定后的跟踪评估与修正。伦理决定也是一个经验积累的过程，资深的社会工作者能对复杂案例作出正确的伦理决定，正是缘于他们对历次伦理决策得失的理性总结与及时修正，因此对伦理决定的跟踪评估与内省十分重要。

二、社会工作的职业操守

与遵守社会工作的伦理原则相对应，社会工作的从业人员还必须遵循其职业道德，即社会工作的职业操守。职业操守是社会工作者在服务实践中直接涉及的工作行为准则，它来源于社会工作价值观与伦理原则对工作者提出的要求，也可以认为是社会工作伦理原则下的实施细则。

（一）国际社会工作领域的职业操守

当前，国际社会工作领域提出的职业操守主要包括：

社会工作者应发展及保持其工作所需的技巧和技能；

社会工作者不容许其技巧用于非人道的目的，例如酷刑或恐怖主义；

社会工作者应行事正直，包括不滥用服务对象的信任、明确私人生活和专业之间的界限，以及不利用其身份取得个人利益；

社会工作者应以爱心、同理心和关怀的态度对待服务对象；

社会工作者不应将个人的需要或利益置于服务对象的需要或利益之上；

社会工作者有责任照顾其在工作岗位以及社会上的专业和个人生活，以确保他们能提供合理的服务；

社会工作者应为服务使用者保密，任何例外只能是基于更高的道德要求；

社会工作者须承认他们对服务对象、与其工作的人士、同事、雇主、专业团体以及法律都有责任，而这些责任之间有时候会出现冲突；

社会工作者应愿意与社会工作教育机构合作以支援社会工作专业学生取得优质的实习训练和最新的实用知识；

社会工作者应推动和参与在同事及雇主之间有关伦理的讨论，并且为因伦理而作出的决定负责；

社会工作者应准备好解释他们根据伦理考虑而作出的决定，并承担该选择和行动所带来的责任；

社会工作者在其受雇机构以及身处的国家中创造环境，以推动讨论、评估及维护上述原则及细则。

（二）中国社会工作领域的职业操守

参照国际社会工作界提出的职业守则指引，我国社会工作者协会根据我国情形拟定了相应的中国社会工作者职业守则，它包括以下几个方面。

1. 总则

中国社会工作者继承中华民族悠久的历史、文化传统，吸收世界各国社会工作发展的文明成果，高举人道主义旗帜，以促进社会稳定和全面进步为己任。中国社会工作者通过本职工作，提倡社会互助，调解社会矛盾，解决社会问题，改善人际关系，为社会物质文明和精神文明建设服务。

2. 职业道德

主要包括：

（1）热爱社会工作，忠于职守，具有高度的社会责任感和敬业精神。

（2）全心全意为人民服务，为满足社会成员自我发展、自我实现的合理要求而努力工作，并不因出身、种族、性别、年龄、信仰、社会经济地位或社会贡献不同而有所区别。

（3）尊重人、关心人、帮助人。为保障包括人的生存权、发展权在内的人权而努力。注意维护工作对象的隐私和其他应予保密的权利。

（4）同工作对象保持密切联系，主动了解他们的需要，切实为之排忧解难；

（5）树立正确的服务目标，以关怀的态度，为工作对象的困难与问题的预防和解决，以及其福利要求提供有效的服务。

（6）清正廉洁，不以权谋私。

3. 专业修养

主要包括：

（1）确立正确的社会工作价值观和为专业献身的精神。

（2）努力学习和钻研业务，不断提高专业技术水平和专业服务质量。

（3）通过参加专业培训和进修，努力实现专业化，提高工作效率和服务效能。

（4）运用专业的理论和知识与方法技能，帮助社会成员改进和完善社会生活方式，不断提高生活质量，以利于民族素质的提高。

（5）从广大群众的集体力量和创造精神中汲取专业营养，促进专业的发展与创新。

4. 工作规范

主要包括：

（1）重视调查研究，深入了解社会成员的困难和疾苦，并采取有效措施，切实帮助他们摆脱困境。通过不断调查研究，提高社会工作的服务水平。

（2）对待工作对象，应平易近人，热情谦和，注意沟通，建立互相信赖的关系，努力满足他们各种正当要求，并帮助他们在心理和精神等方面获得平衡。

（3）对待同行，应互相尊重，平等竞争，取长补短，共同提高。在业务上，诚意合作，遇有问题时，互相探讨，坦诚交换意见，或善意地进行批评和自我批评，以促进专业水平、工作效率和服务效能的提高。

（4）向政府有关部门、社会有关方面反映社会成员需要社会工作解决的问题，以及对工作的意见和建议。

（5）向社会成员宣传贯彻国家有关社会工作的政策、方针和法规，鼓励和组织社会成员积极参与社会事务。

（6）对待组织和领导，应按照民主集中制的原则，主动献计献策，提供咨询意见，并自觉服从决定，遵守纪律，维护集体荣誉，努力使领导和单位的计划实施获得最佳效果，圆满完成社会工作的各项任务。

在社会工作实务中，遵循伦理原则与职业守则是社会工作者为受助人提供专业化服务的重要保障。我们所看到的如此详尽的细则并非来自人们的想象与预设，它们的产生来自无数个社会工作案例曾经遭遇的困境以及每一个从事社会工作的人士坚持自我反思的结果。社会工作者是严格而不是机械地去遵循条例所规定的原则与守则，这意味着：首先，社会工作者要将伦理原则和职业道德遵守的过程看作是提升自身道德水准的过程，如果从事道德实践者自身道德素养不过关，就不可能为他人提供合乎道德要求的帮助；其次，社会工作伦理原则和职业道德的遵守更强调社会工作者的一种责任意识，对受助者、对机构、对同事、对自己所从事的职业和专业以及整个社会，他（她）都必须以一种责任感去支持和监督自己的专业行为；最后，尽管伦理原则和职业守则为每一个社会工作者指出了抉择助人方案时的大标准，但现实问题的复杂性不免会让同样作为常人的社会工作者陷入价值冲突与伦理困境。例如，如何把握好私人信任关系与良好专业关系的尺度，如何解决案主自决与最佳方案决定者不统一的矛盾，还有社会工作者发现自身能力有限而产生摆脱案主想法的烦恼等。这些问题说明，社会工作者在面对由价值伦理抉择所带来的困惑时，对社会工作专业精神坚持的重要性——维护社会公平与正义、保护受助人的利益，这是社会工作所有伦理原则与职业守则之上的根本的价值观。

第二章　社会运行与社会治理

第一节　社会治理概述

在我国现行的社会、政治体制下，社会治理是指党委和政府以及其他社会主体运用法律、法规、政策、道德、价值等社会规范体系，直接或间接地对社会领域的各个方面、各个环节进行服务、协调、组织、监控的过程和活动。其主要特点：一是强调党委、政府、社会、公众等多元主体的共同参与，而不是单纯依靠政府的力量；二是强调用法治思维和法治方式来治理社会，而不是采取人治的方式；三是强调综合运用法律、行政、经济、道德等多种手段来统筹社会利益关系，而不是主要依靠行政手段；四是强调从源头上、根本上来解决社会领域的各种问题，而不是等出了问题才被动处置。社会治理的根本目的是维护社会稳定、促进社会和谐，基本任务是协助协调各种社会关系、解决社会问题、规范社会行为、应对社会风险、化解社会矛盾、促进社会公平公正、保持社会和谐稳定，创造既有活力又有秩序的社会发展环境。

2013年11月，党的十八届三中全会通过《中共中央关于全面深化改革若干重大问题的决定》，首次把完善和发展中国特色社会主义制度、推进国家治理体系和治理能力现代化作为全面深化改革的总目标。习近平总书记在《切实把思想统一到党的十八届三中全会精神上来》一文中，对国家治理体系和治理能力进行了系统阐释和全面论述，明确指出推进国家治理体系和治理能力现代化，是完善和发展中国特色社会主义制度的必然要求，是实现社会主义现代化的应有之义。十八届三中全会开始的全面深化改革，就是从国家治理体系和治理能力的总体角度考虑的。党的十九届四中全会聚焦于国家治理体系和治理能力建设，系统地总结了“中国之治”的13项制度原则。这些制度原则的确立，凝聚了新中国成立以来尤其是党的十八大以来党中央治国理政的政治智慧，已经成为支撑经济快速发展、维护社会长期稳定的基本制度安排。推进国家治理体系和治理能力现代化，既要守护这些制度原则，也要推进改革创新，着力固根基、扬优势、补短板、强弱项，构建系统完备、科学规范、运行有效的制度体系。

“社会治理”的提出是中国经济社会发展到全面实现小康社会、中国共产党提升执政能力、回应广大人民群众更高期待的必然要求，也是对我国改革开放的经验总结，对各领域改革目标的科学提炼，是中国应对日益激烈的全球竞争、实现国家长治久安的迫切需要。一般来说，作为一个执政党和人民的政府，实现对国家事务的管理，要经历三个阶段，即从“管理”到“治理”再到“服务”。从传统的“管理”到现代的“治理”，虽只有一字之差，但这一个关键词的变化，是治国理政总模式包括权力配置和行为方式的一种深刻的变革，它体现了生产力对生产关系、经济基础对上层建筑的必然要求，表明我国在完善和发展中国特色社会主义制度、推进国家治理体系和治理能力现代化建设等方面具有革命性的变革，是新时期中国发展理念、发展方式的飞跃，标志着中国进入改革开放的新阶段。

在社会治理实践中，推进社会治理体制机制创新，是坚持以人为本，加强党的执政能力建设的一项重大举措，是对中国特色社会主义制度的丰富和完善。建立健全有效的社会治理体制、机制和制度，实施有序的社会治理，对于推进社会整合、激发全社会的创造活力，对于协调各方面利益关系、化解社会矛盾，对于调节收入分配差距、维护社会公平和正义，对于保障社会安全、促进社会稳定，对于推动社会发展进步、实现社会和谐都具有重要的作用。

虽然“管理”和“治理”只有一字之差，但境界却大不相同。无论是工作理念、工作方法、工作体制、工作机制、工作效果，都将发生巨大变化。一是主体的差异。“管理”主体是一元的，强调和突出主体的权力；“治理”主体是多元的，更加突出强调了人民群众的主体地位，要求充分体现客体的权利。二是路径上的差异。“管理”是纵向的、垂直的，从上而下，由政府管群众；而“治理”是扁平化的，包括法治、德治、自治、共治等内涵，如党的十八届三中全会中讲到社会治理方式的时候所说的，“实现政府治理与社会自我调节、居民自治良性互动”，注重互动运行，强调社会治理的横向延伸。三是维度上的差异。“管理”常常是单向度的，突出政府的行政权威；而“治理”则是系统的、体系化的，包含着群众的自治、社会的自治和具有反馈回路的治理，主张更多地发挥NGO组织的调节作用。四是结果上的差异。“管理”必然导致官本位，“治理”则要求民本位。因此，所谓“治理”，是指多元的、扁平化的、系统的机制，是传统“管理”机制的一种提升和嬗变。也就是说，社会治理不是把社会管住、管死，而是着眼于增加社会活力，社会治理的最高境界是实现社会和谐。当然在特定时期、特定地区必要的“管”与“压”是不可缺少的，但“管”与“压”只能是权宜之计，只能是局部行为。如果整个社会都是“管”与“压”，不仅不可能有长治久安，还会埋下不安定的种子。

社会治理有两种类型：一种是问题驱动，一种是精英驱动。问题驱动是指某个地方发生了严重的群体性事件，促使当地的社会治理制度改弦更张，比如贵州的瓮安事件、云南的孟连事件、广东的乌坎村事件等，地方政府面临问题、压力、危机时不得不创新社会治理。精英驱动是指地方领导事业心强，从为人民做事谋利出发，主动推进社会治理创新。当然，在实践中，这两种类型往往是混合交织在一起的。

对社会治理来说，治理是手段，服务是目的。为实现社会服务确实需要一定的管制与审批，需要一定的治理形式，但归根结底治理是为了更好地服务，而不是相反。要通过强化服务意识、提高服务水平、做好公共服务来实现社会治理的创新。

从根本上来说，人民群众自愿参与的社会治理才是真正有效的社会治理，人民群众共同创造的社会稳定才是真正的社会稳定。当然，创新社会治理，吸引社会公众参与社会治理有一个不断成熟的过程。从公众“不说话”到“要说话”，这是进步，但如何“说话”是大有讲究的，当越来越多的社会公众以理性的行为参与社会治理时，社会治理的效果也必然会越来越好。

第二节　社会治理的理论体系

我国正处于深刻的社会转型期，这种社会转型的特点之一，就是国家与社会的关系处于不断的改革和调整过程中。大多数人对社会治理持一种自相矛盾的态度。一方面，社会治理模式中所蕴含的传统意识形态，已随着体制改革的深化而变得似是而非；另一方面，改革中出现的新旧体制、新旧观念的冲突，又使得加强国家社会治理职能更具有现实性。在经过明确的市场化改革之后，政府开始意识到市场机制并不能够一劳永逸地解决所有的社会问题。市场机制并不能消除我国人口的巨大压力，不能自发解决我国的二元经济矛盾，它对我国劳动力资源的配置作用极为有限，也难以自发整合政治及文化的冲突。目前市场的作用往往在宏观调控中被扭曲，出现了所谓“市场失灵的国情特性”。构建与我国社会主义市场经济体制相适应的社会治理理论已十分紧迫。

一、国外社会治理理论

100多年前，马克思基于历史和政治经济学的分析研究，促进了社会主义运动的兴起，也促进资本主义制度的调整。在这期间，社会结构中产生的各种矛盾因素开始受到西方社会的关注，于是创造了福利国家理论、多中心治理与政策网络治理理论、“第三条道路”理论等社会理论，体现出资本主义社会治理的制度弹性，并在具体的社会治理中不断修正。

（一）福利国家理论

在资本主义工业化大生产的发展过程中，自由资本主义逐渐向垄断资本主义过渡，社会财富迅速集中到极少数人的手里，国内商品市场日益萎缩，市场经济的资源配置功能遭到破坏，导致了资本主义世界经济危机的发生。同时，工人阶级由于不断被资本家压迫和剥削，普遍陷于生活贫困和饥寒交迫之中，人民群众怨声载道，这时期各种工人运动频频爆发，工人们自发组织起来为争取政治和社会权利与资本家展开激烈的斗争。其中著名的有法国里昂工人大罢工和英国的宪章运动。为了转移国内危机，资本主义工业垄断组织与金融垄断组织联合起来与无产阶级展开斗争的同时，开始谋求向全球扩张。于是国内工农阶级和资本家之间的矛盾逐渐转化为列强之间的矛盾，最终导致了第一次世界大战爆发。为了应对战后两大阵营新的国内外危机，在西方开始福利国家理论及其制度的实践。1941年，英国政府开始谋划英国的社会福利改革和英国国家的合法性重建，成立了社会保险和部际协调委员会，并于1942年向时任英国首相丘吉尔政府递交《社会保险与相关服务》的报告，即《贝弗里奇报告》。[①]此后，英国政府针对此报告进行了一系列立法，构建了福利国家制度体系。

福利国家的建立，使普通民众都能够享受到国民的待遇，促进了社会公平，重新构建了资本主义国家的合法性，对国内社会民主和经济的持续发展产生了积极意义。但由于资本主义国家的高福利政策，造成了福利负担过重，政府财政赤字加大，福利开支增速远高于经济增长速度，政府提

①黄亮，于海峰. 西方国家社会管理理论的脉络与话语分析[J]. 当代世界与社会主义，2012，18(8):45.

供的社会保障和社会服务对自由资本主义的政治格局造成了极大的冲击。

（二）“第三条道路”理论

西方社会福利国家形成之后，资本主义世界发生了深刻的变化，阶级矛盾得到缓和，中产阶级人口比例扩大。他们认为社会治理依靠的是国家权力下放基础上的政府、市场和公民的伙伴关系，社会的政治已经由过去的“革命政治”转向“生活政治”，政府职能集中到经济和社会治理领域，形成了“第三条道路”理论。①

（三）多中心治理与政策网络治理理论

西方社会治理理论对社会产生了深远影响，在政府治理方面，依据公用品特性和政府与市场的理性局限，分析市场失灵和政府失灵的现象，在“不完全性的合同”基础上或在“一般的规则体系内”关注治理问题。它们在竞争性关系中相互重视对方的存在，相互签订各种各样的合约，并且从事合作性的活动，或者利用核心机制来解决冲突，这种表现方式为多中心治理理论。②

20世纪90年代全球兴起的治理思潮认为，现实社会是多中心、多领域、多层次、多维度、多变量、多主体的复杂有机体。治理理论有两个口号，即“更少的统治，更多的治理”和“政府的职责是掌舵而不是划桨”。治理理念的核心是社会“共治”，其实质是社会全体活力的协调治理。

二、中国的社会治理思想

（一）中国古代的社会治理

中国古代哲学有丰厚的治理思想土壤。在我国两千多年的封建社会统治中，出现了许多杰出的社会治理人才，他们在经济、文化、军事、教育、政治与外交等领域积累了丰富的治理经验。著名的“商鞅变法”“文景之

①杨斌，余吉安．公共治理范式：基于埃莉诺•奥斯特罗姆的研究成果分析［J］．求索，2010，18(8)：76-78.

②杨志军．多中心协同治理模式的内涵阐释［J］．四川行政学院学报，2010，15(8)：15-19.

治”“贞观之治”为国家稳定、社会经济繁荣作出了很大的贡献。《史记·太史公自序》说：阴阳、儒、墨、名、法、道德等百家都是“务为治者”，由此而形成了中国源远流长的“治道”传统。根据新制度经济学的委托—代理理论，“治道”与统治不同：如果将国家比作“公司”，“治道”相当于由代理人治理国家与社会的办法。

春秋战国时期天下大乱，中国迅速形成了人才和思想市场。各家各派围绕当时中国社会和文化的走向展开争鸣，形成了三种主要观点：儒家向历史学习，承认既定宗法社会，追求损益周礼，复兴西周文明；道家要求批判和超越传统，主张道法自然，返璞归真，因任天下，各安性命，另辟蹊径；墨家首创兼爱伦理，追求公共利益和劳动价值的最大化。此外，法家主张依法治国，而杂家主张走包容和综合治理的道路。

（二）中国古代的社会治理思想

1. 道家

在我国古代，作为先秦道家学说的创始人，老子的思想体系中不仅有着深邃的哲学思想，还有政治、经济、文化、军事等多方面的治理思想。如“无为而治”等，几千年来一直是中外治理思想的主要内容。

道家哲学的核心是道，道的本质是“自然”，道的功能是无为而无不为。道家历来关注政治和社会。老子说：“和大怨，必有余怨，安可以为善?”如何铲除剥削、压迫、腐败制度这些“大怨”?《淮南子·原道训》总结说，“治在道，不在圣”，就是说需要“以道治国”。道家治理哲学的要点有：

（1）以天下看待天下。庄子说：“夫有士者，有大物也。有大物者，不可以物。”意思是：天下不是一般事物，只有超越占有者、主宰者的心态，与人民共有、共治才能守得住，所谓“藏天下于天下”。

（2）因任自然。《淮南子·泰族训》说：大禹治水是顺应水势，后稷稼穑是顺应地势，汤武革命是顺应民愿，所以治国贵在“因任”，能因任则省力而功效大。因任民性是政令省约和畅通的规则，脱离或违逆自然本性的治理是南辕北辙。

(3) 治理需分层次，不能千篇一律。老子说："故以身观身，以家观家，以乡观乡，以邦观邦，以天下观天下。"对象和治理方法错位注定失败。

(4) 慈爱是治理天下的必备要求。大道像尽责的母亲一样厚德载物，产生万物而不奴役它，养育万物而不标榜功德，引导众生而不做主宰者。圣人或统治者应该效法大道，统治是且仅仅是为了百姓、依靠百姓、与百姓共享。老子说"慈"是治理天下"三宝"中的第一法宝。如果一个社会光讲公正不讲慈爱就成了冷冰冰的社会。

(5) 让百姓自正、自化。老子说："太上，不知有之"，即最理想的社会，统治者只是原理的象征，人民对谁是统治者无所谓。道家强烈要求统治者以"无为"自律，反对妄为和干扰。老子说："民之不治，以其上之有为，是以不治。"道家认为柔弱胜于刚强，否定威权专制、刚烈和暴力统治的合法性。

(6) 为环境治理提供文化基础。道家持有机整体世界观和天人相关的立场，将人类放在自然整体中看待，关注人和自然的互动，反对违逆自然和损坏自然，有保护环境的先见之明，对今天的环境治理有指导意义。

2. 儒家

孔子是儒家学派的创始人，他的"轻千乘之国，而重一言之信""政者正也""子帅以正，孰敢不正""子欲善而民善"以及其以德治国的思想是我国传统思想的主流。[①]儒家治理哲学的内容主要有：

(1) "以礼治国"。儒家认为先王之道以礼乐为盛。《礼记・曲礼上》说，放弃礼，则道德、风化、法律、人伦、教育、军政、宗教都会失灵。

①陈元辉. 儒家的多元化社会治理思想初探[J]. 西南民族学院学报(哲学社会科学版)，2001,22(7):178-181.

实际上，礼仪制度是社会风俗和认知长期进化的产物，成为行之有效的社会治理办法是顺理成章的。

（2）礼制与德治相配合。儒家注重物理、事理、心理、情理的交融，不尚空谈，寓礼于教，仁礼结合。

（3）角色和责任统一的伦理。儒家深信民本主义，孟子说民贵君轻。民本有上下协同治理的意思。《大学》将个人的正心、诚意和齐家、治国、平天下绑到一起，将天下平治落实到社会成员的身上。孔子说“君君、臣臣、父父、子子”，指出每一种社会角色都要担当起相应的义务和责任。

（4）儒家追求永久太平的理想。儒家讲“大同”“小康”。“大同”社会中天下一家、天下为公，是一个自然平等和利好共享的社会。“小康”是“家天下”社会。家天下时期必须用礼仪治理。儒家为社会治理制定了理想的蓝图。

（5）儒家认为缔造现实的美好社会是可能的。这要靠重用贤能之士，使人转变成君子。

（6）战国末期，儒家逐渐除去迂阔的特征，转向治理的现实和效果。荀子开始提倡隆礼重法、化性起伪。后世儒者为了经世致用，认同儒法合流，乃至步入庙堂、介入社会，为社会治理作出了贡献。

3. 管子学派

管子的“以人为本”“与时变”的治理思想和“德”与“能”不可偏废的选贤标准，在今天成为构建社会主义核心价值体系的重要内容。管子学派旨在发展管子的治理思想，荟萃百家，改革强国，完善治理，复兴姜齐霸主雄风。

（1）礼法兼用。《管子》的主体思想是社会和国家治理，核心是齐法家。齐法家在总体上既不像鲁国那样纠结于宗法制的周礼，也不像三晋法家那样绝弃礼义仁恩，而是存礼用法。在对礼的继承和发扬方面，《管子》说：“凡牧民者，欲民之有礼也”，“国有四维，何谓四维？一曰礼，二曰义，三曰廉，四曰耻”。齐法家也重法，《管子·任法》云：“圣君任法而不任智，任数而不任说，任公而不任私，任大道而不任小物，然后身佚而天下治。”难能可贵的是，齐法家对法的有限性有清醒认识。《管子·小问》记述，齐桓公请教管仲如何能征服人民，管仲不客气地回敬说：“此非人君之言也”；齐法家还反对法律的严苛和繁重，《管子·正世》认为，如果人民不堪重负，则“诛罚重而乱愈起”。

（2）以民为本。管子学派善因人情，强调民心、民力、民利的重要性。今日“民情”“民心”“民意”“民事”“民利”“民养”“富民”“民富”“民用”等，都是《管子》的常用语。“以人为本”这个著名的命题即出自《管子·霸言》。《管子·治国》说：“民富则易治也，民贫则难治也。”《管子·牧民》说：“仓廪实则知礼节，衣食足则知荣辱。”

（3）天人贯通。阴阳、五行观念在《管子》中首先合流。《管子·四时》以阴阳配生杀、德刑，说“德始于春，长于夏；刑始于秋，流于冬，刑德不失”。《管子·五行》要求“人与天调”。阴阳五行是古人整体与动态思维的模式，是中国政治文化的一大特色。

（4）分类的治理思想。它提倡分层次管理，认为不同层次、不同对象的治理不能错置，所谓：“以家为乡，乡不可为也。以乡为国，国不可为也。以国为天下，天下不可为也。以家为家，以乡为乡，以国为国，以天下为天下。”《管子》对国际、国家、行政、市场和经济、农牧业、土地、军政、舆论、文化、价值观、教育等众多方面的治理都有详细论述。

（5）民风建设。《管子·八观》说，“入州里，观习俗，听民之所以化其上。而治乱之国可知也”，意思是观察地方风化，可以了解一个国家的国情是治是乱。《管子》要求统治者制定政令时体察民情、尊重风俗，注意“与时变，与俗化”。

4. 墨家

代表劳动阶层的墨家是自发性社会团体，崇尚侠义，爱好和平，自苦救世，不惜自我牺牲。其治理哲学是：

（1）以天下大利为先。墨子伦理观是利他主义的功利主义，原则是“天下皆得其利”“兴天下之利，除天下之害”。围绕这个中心，墨子提出治理天下的十大主张，即兼爱、尊天、明鬼、非攻、尚贤、尚同、节用、节葬、非乐、非命。

（2）从国情出发。“凡入国，必择务而从事焉。国家昏乱，则语之尚贤、尚同；国家贫，则语之节用、节葬；国家憙音湛湎，则语之非乐、非命；国家淫僻无礼，则语之尊天、事鬼；国家务夺侵凌，则语之兼爱、非攻，故曰：择务而从事焉。”说明墨家善于对症下药谈治理。

（3）“兼爱”“非攻”的国际和社会正义观。“兼相爱”是为了国际和社会“交相利”，“非攻”是为了国家间“交相利”的大端。“兼”和“交”体现了主体间性，是互利共赢的思想。“兼相爱”使社会良性互动，“别相恶”导致社会恶性循环。

（4）尚贤、尚同。尚贤是战国时期从亲亲、尊尊、贵贵的世袭政治向新的贤能政治转变的反映。尚同思想体现了墨子对国家起源和本质的思考。墨子认识到精英对社会治理的重要性，是春秋战国之际贤能政治最著名的提倡者，他说：“故官无常贵，而民无终贱，有能则举之，无能则下之，举公义，辟私怨。”尚同，指“同天下之义”，包含天意、稳定、制度、公义等。尚同思想是对国家起源的新看法。《墨子·法仪》说：禹汤文武兼爱天下，其利人多，所以得到天助被立为天子；《墨子·尚同上》说古代处于自然争夺的状态，所以选拔贤才当天子。意思是国家和统治者是应协调社会冲突的需要而出现的。“尚同”还包括“天志”。墨子说国家要符合民意，也要符合天意，“天意”代表天神的正义，能约束天子。

（5）在社会生活和风俗方面，墨子提倡“非命”“节用”“节葬”“非乐”，倡导勤劳实用，反对奢侈、厚葬久丧和沉湎于音乐。

5. 法家

法家认为，古代“法”的概念集刑法、法理、法典和法的政治哲学于一体。得名“法家”是因为法家人物特有的法的政治哲学观。在专制的屋檐下，法家力求公平、程序化和正当，对国家治理产生了巨大作用，百家中无出其右者。法家代表人物都亲身主持过变法运动，了解社会治理。

（1）韩非总结了法、术、势。韩非之前，慎到重“势”，势即权力、地位、威势。他说尧是匹夫，不能差遣身旁的人；做了天子就能令行禁止，所以势位是关键。申不害重视“术”，术是最高统治者考课用人的手段，不等于阴谋权术。商鞅重法，制定一揽子法律，重创世袭制度，变革了秦国积习。韩非综合了法家前辈的成果。他反驳慎子，说夏桀、商纣势不可谓不大，照样失败，可见专言“势”不可。他批评申子，认为法令没有深入人心就杜绝不了奸诈，偏重术是有限的。商鞅认为法治是根据“必然之理”而来的“必然之政”，韩非最欣赏的是法。

（2）人性恶。韩非认为，人和人之间只有赤裸裸的利益关系，人性恶是君主可以操纵和利用人的机制，无关乎道德；父子之间只有计算之心并无别样恩泽。韩非说君主治理要利用人的心理。

（3）国家和法治的必要性。韩非认为，国家是为保护人民安全、改善人民生活应运而生的。法可以声张国家的意志，树立公法的绝对威望，君主面前人人平等。他认为谋求富国强兵必须变法改革。

中国现代的治理思潮使古代民本主义和治道传统获得新生。治理哲学和中国古代治道都主张重视人民和社会自主治理。这对当代国民素质的提高提出了重要的任务。严复曾经说：“是故贫民无富国，弱民无强国，乱民无治国”，民智、民力、民德三者是自强之本，“不为其本，则虽治其标，而不久亦将自废”。如果我们要回归社会，推行共同治理，最大限度地发挥社会化正能量，就需要大力发展国民教育，日新公民——日新其德、日新其能。

孟子的性善论的人性观、施“仁政”的治理准则以及“修其身而天下平”等思想，为完善我国社会治理思想发挥了重要作用。

孙子是我国古代著名的军事家，他的传世之作《孙子兵法》中“知己知彼者，百战不殆”“出其不意，攻其不备”“不战而屈人之兵”“上兵伐谋”“必以全争于天下”等思想几千年来都是治理者学习和实践的核心，并且越来越受到治理者的重视。

（三）现代中国的社会治理理论体系

社会治理理论体系是对社会治理本质的不断深化和认识的思维成果，是在社会实践过程中逐步完善和发展的具有社会发展阶段性特征的开放和理性的表达，任何理论体系都不可能为社会治理提供一成不变的良方，这是由社会实践本身的复杂性和多样性决定的。各国、各民族所采用的社会治理理论不可能完全一致。我们不能拿西方的社会治理理论生搬硬套到我国的社会治理中，我国的社会形态具有特殊性。①因此，在现阶段，我国的社会治理研究只能走自己的道路，社会治理的理论体系也只能在社会治理实践过程中构建。

若要构建具有中国特色社会主义的社会治理理论体系，需要从理论和实践两个大的方面切入：一方面，社会实践时刻处于动态发展变化中，社会治理的理论体系也不可能永远是静止不变的，需要时刻保持一个动态的研究探索过程；另一方面，我国的社会体制决定社会治理必须由政府来主导，社会组织的基本存在形式和运行方式，是在政府的宏观调控和管理中运行，社会组织的优劣需要由社会来检验。因此，在构建我国社会治理理论体系时，要结合我国的具体国情和体制特点，使理论价值的现实性和超前性有机结合起来。

我国社会经历了漫长的人治过程，在近现代不同时期社会转型的现实中，随着社会发展复杂性的加剧，社会治理日益显得必要和重要。社会治

①朱景文．社会治理体系的法治化：趋势、问题和反思[J]．社会学评论，2014，2(3)：21.

理方式方法的创新也正在成为社会治理理论研究的热点。社会治理理论体系的建立正在向着社会化、法治化、科学化、标准化、信息化、职业化、专业化、创意化的目标推进，在这一过程中，构建社会治理体系的三大要素成为政府社会治理的主要制度性要素。

1. 社会治理体系中的制度要素

所谓制度，就是法治，用法治的手段来保障社会公正和公平。我国的社会治理工作如今已经基本建立起具有中国特色的法制体系。不少保障性法规的制定也开始向民生方面覆盖，以人为本的社会治理价值观在社会治理实践中得到体现。

2. 社会治理体系中的范围要素

社会治理是由社会各阶层参与的社会化治理过程。①这个过程具有复杂性的特点，政府需要强化服务意识，工作重点向民生视角转变，在治理层面实行去行政化，将权力意识转变为服务意识，走服务化之路。注重培养社会民众和社会自治组织有效参与和监督社会服务，在社会治理运行中不断创新，集中民智推进治理社会化，建设服务型政府。

3. 社会治理体系中的方式要素

现代社会发展已经步入快车道，社会信息更新加快，社会分工越来越细，公民素质不断提高，建立专业化的治理团队和社会组织，能满足不同行业的专业要求，有效提高社会治理的专业水平，保障社会治理更好地服务于社会、服务于大众。

①张康之. 政治文明与社会治理体系的核心价值[J]. 社会科学研究，2004，11(2):20-24.

第三节　社会运行需要良好的社会治理模式[①]

为了维护最广大人民根本利益，增加和谐因素，增强社会发展活力，全面推进平安中国建设，维护国家安全，确保人民安居乐业、社会安定有序，就需要确立良好的社会治理模式。

一、社会转型要求改进社会治理方式

新中国成立后，我国城市逐步建立了以“单位制”为主、以基层地区管理为辅的社会管理体制。国家通过单位这一组织形式管理职工，通过街道、居委会管理社会闲散人员、民政救济和社会优抚对象等，从而实现对城市全体社会成员的控制和整合，达到社会稳定和巩固政权的目的。从某种意义上说，“单位制”对于当时高度集权的政治体制的运作，对于高度集中的计划经济体制的实施，对于整个社会秩序的整合发挥了重要的功能。

改革开放以来，中国社会发生了剧烈的变迁，尤其是社会主义市场经济体制的确立，使得“单位制”失去了生存的土壤，给社会管理提出了严峻挑战。一方面，社会管理出现了空位现象。随着社会结构的变化，户籍制度逐步松动，旧的劳动用工制度被打破，社会流动速度明显加快，大量人员逐渐游离于原有单位系统之外，成为所谓“体制外人员”。体制外人员的主要活动大都在现有社会管理体制的调控范围之外。这种管不到也管不住的现象，成为社会管理的“盲点”。另一方面，社会管理职能却出现了缺位的现象。面对社会成员由“单位人”转变为“社会人”和大量体制外人员的形成，政府不能再用过去高度集中的权力体制管理社会事务和控制社会成员。但是在我国现阶段，社会组织体系发育不成熟，难以全面承担中介和管理职能。这一矛盾的结果，造成部分社会管理职能出现“真空”现

①青连斌．创新社会治理体制，提高社会治理水平[N]．河南日报，2013.

象，即政府不应继续承担但社会又无力接纳这些职能，因而很容易出现社会无序乃至混乱现象，导致社会管理危机。

“单位制”的瓦解必然要求构建新的社会管理格局，创新社会治理方式。为此，党的十八届三中全会《决定》提出，要“加强党委领导，发挥政府主导作用，鼓励和支持社会各方面参与，实现政府治理和社会自我调节、居民自治良性互动”。

二、创新社会治理要激发社会组织活力

社会组织是社会治理的重要力量，在社会治理和社会服务方面发挥着重要作用。要创新社会治理，必须改革社会组织管理体制，激发社会组织活力，鼓励和支持社会组织积极参与社会治理，提供社会服务。

（一）加快实施政社分开

由于历史的原因，我国不少民间组织行政化倾向比较严重。必须加快实施政社分开，特别是要厘清行政机关和行业协会商会的职能边界，行政机关要将适合行业协会商会行使的职能转移给行业协会商会，行业协会商会要去除行政色彩，真正回归民间。党的十八届三中全会《决定》明确提出，要“正确处理政府和社会关系，加快实施政社分开，推进社会组织明确权责、依法自治、发挥作用”。要“限期实现行业协会商会与行政机关真正脱钩”。

（二）适合由社会组织提供的公共服务和解决的事项交由社会组织承担

长期以来，我国政府扮演着全能型政府的角色，承揽了许多不应该承担也承担不好的职能。面对大量的社会治理和公共服务需求，政府必须转变职能，把社会微观治理和服务的一些职能交给社会组织。党的十八届三中全会《决定》提出：“适合由社会组织提供的公共服务和解决的事项，交由社会组织承担。”这就必须建立健全政府购买公共服务的机制，加大政府购买公共服务的力度。非基本公共服务领域，要更多地发挥社会组织的作用，凡适合社会组织承担的，都可以通过竞争性选择方式交给社会组织来

承担。基本公共服务领域的教育、医疗、就业、社会保障、文化体育等也要逐步加大政府购买服务的力度。

（三）支持和发展志愿服务组织

志愿服务在沟通政府与民众的关系、弥补政府和市场的缺失等方面发挥了重要的“第三只手”的作用。相较经济社会迅速发展而言，我国社会服务领域的改革进展则相对缓慢。发达国家的经验告诉我们，当经济社会发展到一定阶段时，必然会出现许多社会问题，这些问题是政府和市场都不可能全部解决或解决不好的，解决这些问题的一条有效途径就是大力发展志愿组织。

（四）重点培育和优先发展行业协会商会类社会组织

现在，发达国家的行业协会商会类社会组织比较完善，许多原来由政府管理的事情转由它们自律管理。随着改革的不断深化，政府将逐步从大量具体、琐碎、繁杂的事务性工作中解脱出来，由此出现一个“缺位”的问题，而建立和发展行业协会商会类社会组织就是解决政府缺位问题的有效形式。

三、创新预防和化解社会矛盾体制

任何社会都不可能没有矛盾。面对大量而复杂的社会矛盾，特别是利益矛盾，我们要更加积极主动地正视矛盾、有效预防和化解矛盾，增进社会和谐。

（一）健全重大决策社会稳定风险评估机制

在大量和频发的社会矛盾中，一些重大工程项目建设和重大政策制定实施往往成为触发群体性事件的诱因。重大决策包括涉及面广、与群众利益密切相关的重大政策、改革改制方案、社会管理措施以及建设规划的出台；重大项目包括基础设施项目、公益性项目、工业项目、房地产开发项目；其他重大事项包括影响大、涉众广、情况复杂的大型活动等三大领域引发的社会矛盾呈高发态势。为此，党的十八大和十八届三中全会《决定》都强调，“健全重大决策社会稳定风险评估机制”。要完善公共决策社会公示、公众听证、专家咨询论证制度，健全民主决策程序，凡是同群众切身利益密切相关、影响面广或容易引发社会不稳定的重大决策事项，都要充分听取群众意见，对大多数群众不理解、不支持的事项要暂缓出台或不出台，防止因决策不当损害群众利益。

（二）建立顺畅有序的有效预防和化解社会矛盾机制

一要建立顺畅有序的诉求表达机制，为各利益主体提供充分的表达利益诉求的制度性平台，使各个利益主体的利益诉求能够通过正当的、规范的渠道进入公共决策过程中。从当前来讲，应该进一步完善和充分利用民意调查制度、信息公开制度、听证会制度、协商谈判制度、公民投票制度等，完善诉讼、仲裁、行政复议等诉求表达机制，发挥人大、政协、人民团体、社会组织、基层群众自治组织以及新闻媒体等的社会利益表达功能，畅通和拓宽群众诉求表达渠道。要改革信访工作制度，把涉法涉诉信访纳入法治轨道解决。二要建立有效的心理干预机制。建立心理干预机制，这是在我们党的重要文献中第一次提出。通过心理干预，使处于心理危机状态的个人能够及时得到适当的心理援助，从而尽快摆脱心理危机。通过建立心理危机干预预警机制，防范和降低心理危机引发的社会风险。通过健全个人心理医疗服务体系，开展个人心理咨询、疏导、调节、治疗服务。通过开展专项社会关爱行动，对精神病人、艾滋病人、刑满释放人员等特殊人群进行专业心理疏导和矫治，帮助他们回归社会。三要完善矛盾调处机制，依法、及时、合理地处理社会矛盾，特别是利益矛盾。从当前来讲，尤其是要“完善人民调解、行政调解、司法调解联动工作体系，建立调处化解矛盾纠纷综合机制”。四要健全群众权益保障机制。在当前，尤其是要解决好土地征用、房屋拆迁、企业改制、劳动工资、教育、医疗、社会保险、环境保护、安全生产、食品药品安全、城市管理等方面群众反映强烈的问题，切实维护好、发展好、实现好群众的切身利益。

四、从社会治理走向社会现代化

社会治理并不是一种制度，而是国家政府、社会组织与市场持续的互动过程。社会治理是中国社会现代化不可逾越的重要阶段，是奠定政治体制改革和促进现代国家文明的需要。从社会治理走向社会现代化，是当下中国社会治理的发展方向。

社会治理是继工业化和城市化发展后工业社会的要求，迈向社会现代化。现代社会是经济全球化、政治多元化、生活多样化、社会信息化的时代，要实现社会现代化，社会治理必须跟上时代的步伐，适应时代要求。现代化是一个从传统社会向现代社会整体性、全方位变化的过程，同时也是一个阶段接着一个阶段有序治理的过程。美国学者亨廷顿提出："现代化是一个多方面的变化过程，它涉及人类思想和活动的一切形式。"从传统社会开始，到现代社会建成是一个长期的过程。而这个过程中，社会治理起着建构性的中介作用。社会治理是顺利推进社会建设，实现现代化的重要环境保障。当经济发展到一定程度的关键时期，就必须通过有目的、有规划、有组织的治理活动，实现社会、政治、文化、生态等方面的现代化。社会治理理念虽然强调还权于民，还政于民，是未来社会发展方向，但当前阶段不是不要政府，而是要一个"善治"政府，它不仅是规则的制定者，也是公共平台的搭建者，更是社会对话的组织者，这对政府的治理能力提出了更高的要求。

社会现代化的实质就是建设和谐社会，社会治理是实现社会现代化的基本手段。社会治理的核心，就是要构建一个现代化的社会结构，促进社会各阶层和谐有序，实现公平正义，保障人的基本权利，保证安全发展，缩小贫富差距，达到社会和谐。社会治理须协调公平合理的社会利益关系，实现社会资源合理配置；谋求社会公民的共同福祉，以社会整体利益为本；优化社会结构，形成"中间大两头小"的橄榄形社会结构，化解经济社会不协调的矛盾，社会各阶层和谐共存。通过社会结构调整，改善社会环境，方能创造社会财富，激发社会经济活力，促进社会和谐发展，实现社会现代化。

第四节　我国社会治理问题研究[①]

社会治理是当前和今后实现我国经济社会协调发展的一项重要挑战。地方政府决策咨询系统直接接触和影响社会治理政策和实践，是反映社会治理理念进展与现实问题的有效渠道。为集中了解地方政府在推进社会治理方面存在的困惑、认识与建议，国务院以举办2017年全国政策咨询系统干部研修班为契机，[②]组织了专题研讨会，并回收了105份专题问卷，结合赴江苏、山东、贵州等地的主题调研，总结了地方政府政策咨询系统人员关注的当前我国社会治理的九大焦点问题，并据此提出了创新社会治理的四大思路。

一、转型期社会治理的困惑

当前我国正处于人口、经济与社会的重大转型阶段，社会管理向社会治理转变正从理论走向实践，大转型给社会治理带来了诸多困惑。

这其中首要的便是理论困惑。一方面，越来越多的人认为，现有西方主导的教科书式的理论，尤其是社会中心主义的理论，与我们的实践脱节，社会治理实践亟须社会治理理论方面的创新与指导，而且建立中国特色社会治理理论的土壤也被认为已经具备；另一方面，从实务界到学界普遍困惑于建设怎样的中国特色社会治理理论来指导实践。以“小政府、大社会”

①国务院发展研究中心“我国社会治理创新发展研究”课题组．当前我国社会治理的难点、热点问题与对应思路[J]．发展研究，2018(4)：5.

②来自全国31个省级和地市级45家政府政策研究机构（省/市发展研究中心或政府政策研究室）的145人参加，其中包括23家单位的领导同志。问卷调查中，科级以下人员占49%，处级人员占46%，厅级人员占4%。

的讨论为例，虽然不少人认为深圳等地社会治理的重要经验便是“小政府、大社会”，但鉴于这些创新地方的经济发展程度、社会文化、人口结构和公民素质的特殊性，该模式在其他地区特别是相对落后地区能否实行尚有疑问。一些学者则直接指出，不同地区、社会结构、历史处境下的社会治理模式应该是不一样的，在一个14亿多人口的国家实现“小政府、大社会”显得不切实际。

伴随理论困惑的是社会治理主体的无所适从。不同于经济发展，社会治理有维持社会秩序和活力、再组织社会、凝聚共识、满足公共服务需求、引导预期的多重目标，这增加了具体工作的难度。比如，地方政府在发展社会组织的态度上时常存在疑虑和摇摆，标准不一，结果是走向功利化，选择性发展在政府看来有用的或者自身力所不及的。再如，执法系统在执法过程中有时对自身缺乏准确定位，社会治理中不作为与乱作为现象并存，由此产生的选择性执法影响损害了公众对政府的信任。

二、亟待整合条线治理力量、调动地方政府积极性

政府是最重要的社会治理主体。有84%的地方政府决策咨询人员将政府视为最重要的社会治理主体，另外分别有71%、70%的人选择基层自治组织和社会组织。而对于怎样建设一个符合社会治理现代化要求的政府，过半的受访者认为要“分清政府职能，厘清职责”以及“精简机构，提高政府办事效率”。

围绕政府治理的两个核心问题被反复提及，问题一是“如何有效整合条线力量，形成治理合力”。体制上，社会治理归口综治系统领导，属于党委口，但在党政部门中，社会治理方面的职能交叉很多，力量缺乏整合，削弱了社会治理的力度和成效。以执法为例，城管之外还有许多部门，多头执法难以治乱。在一些新兴治理领域集中体现了多头管理的技术要求与综合治理的目标要求间的矛盾，进而形成社会治理的重要“灰色地带”。以电动自行车治理为例，有关监管工作涉及公安、工信、城管、环保、住建、

工商、质监等部门，一些地方选择了禁止性措施，更多地方索性放弃管理，类似“灰色地带”亟待规范。问题二是“如何调动地方重视和探索社会治理的积极性”。仅从地方政府决策系统的机构设置和人员配置来看，目前地方政府决策系统以研究和探讨经济为主，对社会治理领域较为陌生，缺乏专门研究和深入探讨，社会治理成为政府决策研究的重要短板。自中央到地方各级政府，许多发展研究中心或政策研究室反映尚未专门设置社会领域的处室，民生领域原本涉及面宽，研究处室和人员少必然影响研究的广度和深度。作为缩影，地方政府对社会治理领域的重视程度可见一斑。

三、亟须建立健全社会组织和公众充分参与治理的制度和社会环境

中央提出“完善党委领导、政府负责、社会协同、公众参与、法治保障的社会治理体制”，但社会协同和公众参与仍是重要短板。在问卷调查中，当被问及“您所在地区社会治理存在的最突出问题是什么”时，选择最多的两项是“公民参与社会治理意识或能力不足”和“社会组织等主体参与治理不充分”，占比分别为55%和50%，其次才是政府发挥职能与重视程度方面的问题。调查显示，只有19%的地方政府决策咨询人员对我国社会参与情况明确表示满意。在“当前如何推进社会治理现代化”问题上，有最高比例的受访者认为应“培育公民意识”。

在社会协同方面，地方决策咨询人员反映，政府花了大力气培育社会组织，社会组织数量增多，但真正发挥作用的少。因而，如何有效调动社会组织参与社会治理依然是重要任务。以养老为例，一些政府决策系统人员指出，政府现在主要通过购买服务等方式在引导，但在街道和社区层面参与养老服务的社会组织依然非常有限。具体分析到社会组织参与社会治理的瓶颈，地方决策咨询人员认为最主要的不在于政府持警惕控制态度，也不在于政府不重视，而在于参与社会治理的法律法规不健全和组织基础不牢固，占比分别为51%和48%。由此可见，建立社会组织参与治理基本制度和组织架构的重要性。

社会治理要靠党委和政府，也要靠社区和公众。“朝阳群众”、中山“全民健身”等案例从正面表明，社会治理的经验出自基层，基础是群众。毕节等地有关留守儿童出现的极端事件，则从反面反映出家庭监护责任的不可或缺。为维护适龄少年儿童享受义务教育的权益和社会的长久稳定，云南省一些地方政府将辍学学生家长告上法庭，依法重申家庭的义务。正反两方面推动社会参与的典型案例值得认真总结，以形成公众参与的制度和社会环境。

四、尽快完善、规范多元共治的社会治理体制

多元共治理念有待法治保障。调查结果显示，仅次于“培育公民意识”，但高于“培育社会组织”和“政府简政放权”，有69%的受访者认为应该“建立多元共治体制”“全面推进依法治国”，从而推动社会治理现代化。地方政府决策咨询人员认为，缺乏法制保障，就无法明确“谁来治理”“怎么治理”“怎么进行多元共治”这些基本问题，社会治理过程中出现的很多典型经验就难以形成制度化成果，很多治理风险就难以规避。比如，有很多政府决策咨询人员仍简单将社会治理等同于“天网工程”“雪亮工程”和网格管理这些事项；在乡镇（街道）层面，实际参与执法的部门不少超出法律范围，既影响了基层政府治理的能力，也损害了基层政府的形象。

五、在保障与改善民生中加强和创新社会治理

东部发达地区经验表明，发展可解决群众的诉求，提升社会文明程度，从根本上保障人民的获得感、幸福感和安全感。而对于中西部部分贫困地区，当地政策咨询人员指出，脱贫攻坚就是最大的社会治理。比如，外出务工被认为不仅能够改善经济状况，也能大幅提升公民素质，进而改变社会行为；发展对就业的保障则直接减少了社会不稳定群体。以贵州六盘水推行的“资源变股权、资金变股金、农民变股东”的“三变”改革为例，该举措不仅为实施精准扶贫找到了新路径，也被认为构建了乡村治理的新体系。在黔东南地区，一些苗寨的旅游开发提高了苗民的生活水平，也一

度因拉大了山上山下居民的收入差距，进而打破了原有的和谐，当地政府每年从景区门票总收入中提取18%的资金，根据对吊脚楼等民族文化的保护评估情况，对居民发放民族文化保护费，化解了由发展和收入分配产生的新的社会矛盾。

一些国家的社会治理经验还表明，各种社会政策工具如果引导得当，可以形成维持社会秩序与活力的强大向心力。比如，新加坡普遍采取政府购买服务形式，由政府出钱，让社会力量甚至宗教组织提供服务和参与治理，社会服务做得好，成为治理良好国家的典型。再如，新加坡政府对子女与父母近距离居住的家庭提供政府补贴，反之则不给，引导年轻人发扬儒家文化的优良传统，构建养老、孝老、敬老的政策体系和社会环境，也成为寓治理于社会政策的成功案例。

正因如此，我国一些地方着力保障与改善民生，力推民生工作和民生工程，以期以民生推民治。然而，民生保障不善或者不公也极易引发公众不满，诱发干群与群体间矛盾，产生社会稳定风险。地方反映保障与改善民生仍面临理论、体制、政策层面的疑惑。理论上，应如何界定民生事业和民生产业，为了避免教育、医疗过度市场化式的教训再次发生，应如何确定社会民生领域向市场开放的范围和程度？体制上，就业、教育、卫生、社保等民生领域的重大改革受顶层设计约束较多，地方自主权有限，在这种情况下应如何平衡顶层设计与地方探索的关系，在整体有序条件下激发基层改革探索的活力？政策上，民生保障是系统工程，更需长效机制，一些地方政府把民生事务实事化、项目化、指标化是否科学合理？正确认识处理这些问题同样影响到社会治理目标的实现。

六、真正实现社会治理的重心向基层下移

基层社会治理新旧矛盾交织，关键挑战在于建立治理重心下移的激励机制。基层社区治理人才仍相对不足，越到基层越明显。我国社会治理采取五级行政管理体系，上下并非一条线贯通，基层以处理小事为主，但小

事有小事的逻辑，需要有足够而且专业的人真正去发扬我们优良的宗族邻里传统，去巩固党群关系。而目前我国社区工作人手少，工作人员不具有公务员和事业单位编制身份，虽然以“大学生村官”、挂职借调等形式吸纳了一些年轻人，但他们的稳定性不够，也不熟悉社区情况，能否承担起基层治理的责任受到质疑。上海等地进行了将居委会党组织书记纳入事业编制的探索，但整体上人才还是缺乏。与此同时，党的十九大报告提出“第二轮土地承包到期后再延长三十年”，但在人口空心化的农村如何实现自我管理和服务成为越来越严峻的挑战。政府“放管服”以后，小区盖章事项大幅减少，仍要承担防控、维稳等行政事项，挂牌依然很多，去行政化依然任重道远。城市小区物业类纠纷和公共问题增多，则成为社区治理的新增难点。一些企业凭借现代专业信息技术参与智慧社区建设，展现出强大功能和良好社会效益，但需要一定成本，企业行为的稳定性无法保证。

当然，基层治理创新的空间和实践也是最多的。在城市，上海等地创新基层治理的重点是把资源尽可能下放到基层，推动城市治理的精细化；太仓等地的经验是政府购买社会组织和企业的专业服务，实现社区、社会组织和社会工作的联动。在农村，一些地方引入村民理事会，实现乡村治理的一事一议，决定扶贫资金使用、每家几人吃喝喜酒等大小公共事务。整体上，在对社区自治的态度上，多数政府决策咨询人员持支持态度，认为每个人都有发言权，只有极少数持反对态度，认为会导致混乱。

七、创新社会矛盾化解的渠道和机制

诉求渠道畅通与政务公开是化解矛盾的有效保证。调查显示，只有48%的地方政府决策咨询人员认为群众诉求反映渠道畅通。对于如何加强政府与群众的交流，被认为较为重要的依次是“充分利用新媒体同群众交流”“干部多调研、多下基层了解情况”“定点定时安排领导与群众座谈交流”“发挥政府门户网站的作用”。这其中，“完善信访制度”排序相对靠后。

八、合理利用现代信息与大数据技术服务社会治理

在数据共享和信息技术可及的诸多领域，大数据在治安排查、风险监测、应急救灾、贫困识别、法院判决、特殊人群管理服务等方面都发挥了很好的作用，节省了人力，提高了效率，推动了治理精细化。

但有关的两个重要问题被普遍反映：一是数据共享尚未在制度层面打通“最后一公里”。以地方政府政策咨询系统从事的社会治理研究为例，研究数据来源少、收集难，成为困扰研究者的难点之一。统计局系统提供的相关指标很少，部门数据使用止于内部，公开可用的多为总结性数据。二是地方普遍引入的视频监控、人脸和手机信号识别比对、卫星遥感、实时人群特征统计分析等系统和技术，在提升治理水平方面卓有成效，但所面临的依法维护数据和隐私安全、保护公民人格权方面的压力也越来越大。

九、发挥传统文化在社会治理中的积极作用

民族风俗和宗教是传统文化的重要载体。近年来民族宗教地区社会治理有了很大改善，部分地区寨老、榔规、民约、乡贤等传统自治机制持续发挥作用。但怎么形成稳定的长效机制，如何尽快提升少数民族的社会治理能力，如何充分发挥传统文化的治理作用，依然是一个重要课题。从国外治理经验看，无论是在东亚儒家文化圈的新加坡，还是在基督教文化主导的西方，宗教组织是慈善服务的重要主体，在社会治理中发挥重要引导作用。我国一些宗教团体有热衷商业营利的倾向，如何引导他们弘扬公益慈善精神参与社会治理也有待破题。

十、转型期创新社会治理的思路与建议

总的来看，地方政府决策咨询系统人员认为，社会治理现代化的关键要素依次是“建设法治社会”“公民素质的提升”“公共服务的有效均等供给”和“社会主体的培育壮大”。

回应对上述社会治理重难点问题的关切，结合正在分领域开展的研究，我们初步提出创新社会治理的如下思路。

第一，要有立足中国转型实践创新社会治理理论的务实行动。在面对我国社会转型前所未有之大变局、西方普遍面临治理困境、人类社会其他社会治理形态被证明无法套用的大背景下，应对社会治理现实的需要，我们唯有扎根中国实践，梳理中国治理传统，认真调查研究，自觉创新社会治理理论。

第二，坚持在发展和保障改善民生中推动社会治理。现行的综合治理重在治标，核心还在解决民生问题。社会治理中出现的问题要在发展中解决，与政府阶段性重点工作创新融合，要大力推进公共服务的有效均等供给。

第三，社会治理创新须完善政府治理，需群众和社会主体基础，须依法推进多元共治体制的形成。

社会治理创新是一个系统工程，需要有效政府、活力社会和市场机制，需要社会组织来平衡和弥补“看得见的手”和“看不见的手”。政府层面要真正做好“放管服”，提升公众对政府的信任。监管不是目的，要以引导服务为主，依法推进，形成利好群众和社会组织参与、促进公共服务均等化、维护社会和谐和活力的法规和政策体系。

第四，注重现代技术手段与传统文化、民间力量相结合。现代技术手段擅长于监测、预警与应急处置，传统文化重在自治约束。真正实现社会管理向社会治理的跨越，按照党的十九大精神“保护人民人身权、财产权、人格权”，应实现包含大数据在内的现代信息技术与传统文化、民间自治力量的结合。

第三章　社会治理与政府公共职责

第一节　政府职能与社会治理

从宏观上来说，地方政府职能和社会治理是一对历史范畴。所谓政府职能，也叫行政职能，是国家行政机关依法对国家和社会公共事务进行治理时应承担的职责所具有的功能。政府职能反映着公共行政的基本内容和活动方向，是公共行政的本质表现。

社会治理是我国进入改革发展关键时期构建社会主义和谐社会的一项重大而紧迫的战略任务。社会治理相对于国家治理，更多的是它表现出的基础性和微观性，正确界定政府和社会的关系、加快政府职能转变，对于社会治理具有重要意义。在地方政府的政治、经济、社会、文化四种职能中，社会治理是本质任务，实施行政体制改革，推进社会治理，推动政府加强社会治理和加强社会自治良性互动，是促进社会和谐的必经之路。随着社会的变化，政府职能在性质、方向、内容和手段等方面都有相应的改变，这种改变在体制内部相互制约，相互适应，共同推动着社会的发展与进步。

当前，我国正处于社会发展的重要战略机遇期和社会矛盾凸显期，经济社会的发展和变化给社会治理带来很多问题和挑战。解决民生问题，需要从源头上减少和化解矛盾。政府对社会进行治理，投入和创新是不可或缺的。社会治理的多元化，不同利益诉求的产生，需要从多方面来解决。

例如通过多媒体、信息化等技术手段建立信息化社会治理模式；以法治手段引导和规范社会治理创新，健全社会治理的法律体系，使社会治理成果能够长期稳定有效；从民生入手，建立现代服务型政府的治理理念，完善社会治理服务体系；完善行政程序立法，保障公民享有充分的知情权、参与权、表达权和监督权，等等。

在新的历史时期，我国政府在社会治理过程中存在的突出问题是："全能型政府""管制型政府"还大量存在，从近年爆发的云南"普宁事件"、广东"乌坎事件"等群体性事件来看，政府对社会治理的缺位现象仍然较为普遍；公共权力在某种程度上运行不够规范，依法监管意识和能力薄弱。党的十八届三中全会指出社会治理要"发挥政府主导作用"。这一提法将之前的"政府负责"改为"政府主导"，对建立现代化政府、实现政府善治有了更加明确的要求。为此，全面正确地履行政府职能，推动政府职能向提供优质公共服务、创造良好发展环境、维护社会公平正义转变，成为当前政府工作的重要内容；而改进政府公共服务提供方式，社会事务性管理服务向社会放权，通过合同、委托等方式向社会购买服务，是提高政府公信力、执行力和服务力的重要途径，对于建设效能型政府、人民满意政府具有重要意义。

一、转变政府职能，创新社会治理

行政体制改革是全面深化改革的关键环节，是政治体制改革的重要内容。我们要克服制约经济社会全面、协调和可持续发展的体制机制障碍，就需要理顺政府与市场的职能边界问题，强化政府公共服务和社会治理职能，建立合理的政府组织结构，畅通协调运行机制。

转变政府职能，关键是要围绕职能内容进行调整、完善与优化，对交叉、重叠，运行效率低，界限不清，履行不到位，评估与监督乏力等导致的社会治理失范的各个领域和典型问题采取再造、整合、转接、兼顾、撤销等形式进行改革。[①]其中再造就是对政府部门之间的管辖范围、组织流程、上下衔接等工作内容作出清晰的设定，保持行政程序运行通畅；整合是对部分行政职能相似、交叉重叠的部门进行整合，并在整合过程中进行职能取舍，按照市场经济体制和现代社会治理需要重新设置新的政府职能；转接，即纠正过去政府缺位的地方，该由政府独立履行的职能不能让渡给社会组织，让渡出去的要收回，对由社会组织或私人组织承担的职能可以采取合作的办法或最大限度地交由第三方实施；兼顾，根据工作实际需要，兼顾社会治理新体制和市场经济新体制的时代要求，将其统筹到地方政府职能转变之中；撤销，是对不适应新时期社会治理需要的部门予以撤销或者将其部分职能归并到其他相关部门。[②]

第一，推进政府职能转变。现阶段行政体制改革的重点是切实将政府职能转移到社会治理和公共服务上来，积极建立市场主体自律与社会组织协调机制，实现经济、社会、资源、环境的全面协调可持续发展。一是要切实减少和规范行政审批事项，加大简政放权力度。清理压减行政审批事项，加快推动政府治理权限向社会转移，加大力度向下级政府放权。二是进一步优化政府职能体系。改善宏观经济调控，规范市场监管，改善公共服务，加强社会治理。三是强化政府履职行为。加强行政权力监督，规范和约束行政权力，完善科学民主决策机制。四是加快培育发展和规范治理社会组织。搭建政社合作平台，扩大政府购买服务范围，鼓励社会组织发展公益事业，加强对社会组织的治理。五是积极改进政府治理服务方式。健全综合政务服务体制，完善行政运行机制，创新行政审批服务方式。

第二，优化政府结构。一是深化大部门体制改革。按照精简、统一、效能的原则，加大机构整合力度，构建大规划、大经济、大监督、大卫生、大农业、大交通、大建设、大文化等大部门格局。二是深化简政强镇事权

①唐铁汉．强化社会管理职能的思路与对策[M]．北京：国家行政学院出版社，2007：21.
②杨述明．现代社会治理：地方政府职能转变的历史使命[J]．江汉论坛，2014，17(2)：14-21.

改革，加大简政放权力度，积极主动向下级政府放权。根据不同层级政府的职能定位，按照社会服务治理职能重心下沉、关口前移的原则，下放权力、明晰责任，充分发挥基层政府就近治理、便民服务的作用。

第三，建设法治政府。用法律法规调整政府、市场、企业的关系，依法行政，政府依法治理经济和社会事务，推进政府工作的制度化、规范化和程序化，确保行政权力在法律范围内行使。各级政府、各部门严格按照法定权限和程序制定规范性文件，规范政府行政权限，定期清理现行政府规章和规范性文件，并向社会公布。

第四，加强社会建设。实现行政体制改革与社会建设相互促进，转变政府职能，实现政社分开，扶持、发展各类社会组织，承接政府公共服务职能，实现社会组织去行政化、去垄断化改革，形成社会组织提供服务、政府购买服务的社会治理格局。

二、创新社会治理，构建“小政府、大社会”格局

第一，优化政府职能结构，推动政府职能从“以经济建设为中心”向经济建设与社会建设并重转变。加快发展混合所有制经济，促进政资分开、政企分开，企业不承担行政职能或加挂行政机构牌子。推动政府人力、物力、财力进一步向社会建设领域倾斜。

第二，简政放权。实行行政审批事项改革，厘清政府与社会的边界，切实推动从“管制型政府”向“服务型政府”转变。通过授权、委托、购买服务等方式，推进政府的社会管理职能向社会转移。有条件的地区率先将政府行业治理与协调、社会微观事务治理与服务、技术和市场服务等职能转移给具备资质条件的社会组织。各级政府有关部门要按照规定程序明确转移社会治理与服务事项，确定购买服务的项目目录，重点加大政府购买社会组织和社区服务力度，年度购买项目支出按规定纳入财政预算。

第三，改革社会组织监管体制。鼓励发展教育、科技、文化、卫生、体育、社会福利等公益性社会组织，特别是积极促进以志愿服务、慈善公

益、老龄工作等为主要内容的联合性、专业性社会组织发展；以服务经济建设为目标，着力提高行业协会、商会的市场化运作水平，坚持公平竞争原则，突出行业代表性，扩大行业覆盖率。扩大社会组织直接向民政部门申请登记范围，通过政府购买服务并以竞争性方式，加强对公益慈善类社会组织财政支持。加快社会组织去行政化进程，引导社会组织加强自身建设，健全法人治理结构，充分发挥社会组织的积极作用，把社会组织培育发展成为社会建设的重要力量。

第四，拓宽群团组织社会职能。要增强群团组织提供社会援助、增加社会福利、保障生产生活安全、反映服务对象诉求等社会服务职责，优化资源配置，推动群团组织服务向社区延伸。通过群团组织广泛联系群众的桥梁枢纽作用，大力发展志愿服务事业，培育发展志愿者组织。加大社会工作人才的培育，壮大社会工作人才队伍。充分发挥群团组织的政治优势、人才优势和群众优势，进一步扩大群团组织的工作覆盖面，拓宽社会治理职能，发挥其在社会治理和公共服务中的重要作用。

三、政府视域中的社会治理体制

我国的社会治理现阶段还处在由上往下的垂直管理模式，在地方政府的政治、经济、社会、文化等基本职能中，随着管理层级的逐渐下移，地方政府的经济和社会职能越来越集中，社会治理体制变革主要向社会职能和经济职能的方向转变，其中社会职能转变是建立新型的社会治理体制，经济职能转变是发挥市场机制的调节作用。在社会组织方面激发活力，实现合作共管，对“政府失灵”和“市场失灵”的公共事务领域发挥第三方作用，使政府职能从繁文缛节的事务中脱身，把主要精力投入社会建设中去。社会组织作为社会治理的第三方，在服务社会、维护社会秩序、实现社会和谐方面可以充分发挥自身的优势，提高社会组织的公信力。政府社会职能转变的内容、方向和途径可以在以下四个方面中得到体现。

第一，分层级的社会治理体制。中央政府对重大领域社会秩序控制、普惠性基础政策制定、维护地区间均衡、确保公平正义、重大社会问题的应对和对地方有序治理的底线保障等方面进行宏观统领、统筹、监督和保障。地方政府作为社会治理的主体，是一个地区社会秩序维护与和谐社会建设的最重要的力量，担负着社会治理的直接责任，现阶段我国实行的是五级政府体制，即中央、省（自治区、直辖市）、市（自治州）、县、乡（镇）。省一级政府所辖区域土地面积广阔，人口规模较大，社会领域宽泛，担负着统筹全局和微观指导服务的职能，在社会治理体系中其地位和作用十分重要；市级政府在目前以市代管县的体制下，其辖区内直接承接了省级政府的基本职能，因而相应地担负着与省级政府相近的重要职能；县级政府和乡级政府是基层政权，是社会治理的直接主体，在社会秩序的维护、社会稳定、社会服务、建立与社会组织合作治理关系以及推进社会事务、提供公共产品等方面都负有直接的责任。从我国现有体制来看，县乡级政府应是社会治理最重要的地方政府。

第二，分类制的社会治理体制。地方政府职能的转变是针对政府职责内容的变化而调整的，见图3-1。

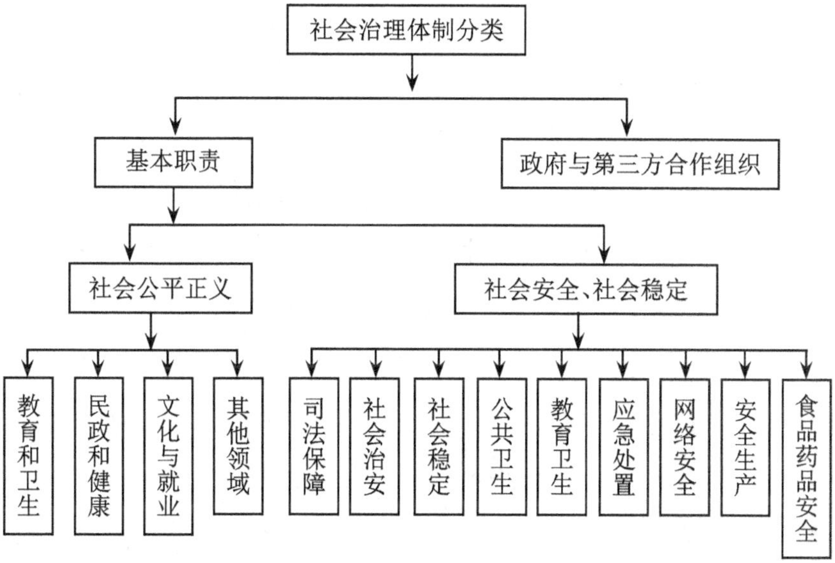

图3-1　分类制的社会治理体制

第三，分权制的社会治理体制。地方政府分权制的社会治理方式，是指县乡级政府基础主导职能和能力提升一般由省级政府直接督导来完成，市级政府不再管辖县域社会治理事务，而是把重点转移到城市社会治理当中；各地建立以县一级政府职能为主体的新体制，突出纵向分权的管理模式。主要包括三方面的内容，即放权、分权、收权。其中，分权是指地方政府与第三方组织分权合作治理。将政府的治理权限由现在的无限政府收缩为有限政府，发挥社会力量的作用，共同开展社会治理。放权，即在事权、人权、财权和评价权等关键权力方面放权，按国家法律和省级政府的管理程序界定职权边界，提高县乡级政府的治理权限，使其在辖区内充分拥有履行政府社会治理职能的自主权，减少行政程序，建立一项事务由一级政府承担，对实际存在的问题采用责任倒查机制，由社会评价政府绩效，明确责权关系。收权是指在政府职能转变过程中重新界定对由原来财政“分灶吃饭”的中央政府与地方政府以及地方政府之间的事权配置进行规范，对事关社会公平正义，具有战略性、全局性、基础性的重大职能权力上收，包括基础教育、分配制度、社会安全、社会保障、重大社会问题和重大社会公共产品供给，等等。

第四，分段制的社会治理体制。地方政府职能转变需要经历两个阶段：一是社会组织发育和政府职能逐步转变阶段。这一阶段的主要任务就是通过政府职能的转变开放社会治理领域，引导和激励社会组织加快发展，扩展规模，完善机制，增强力量。同时，地方政府职能要发挥主导作用，政府要对社会组织在政策方面给予更大的支持，使其尽快地发育成熟，逐步走上与地方政府对等的平台。基层自治组织要理顺与政府之间的关系，建立起平等合作的关系，充分利用“第三只手”等理念。二是政府与社会组织平等合作阶段。这一阶段社会组织、自治组织和私人组织等充分发展成熟，政府、公民、市场、社会在社会治理中建立起了和谐、合作、互动的关系，真正建立起了法治政府、服务政府和理性政府，市场机制在资源配置中发挥决定性作用，社会治理的体制架构开始与世界接轨，治理理念、治理网络、治理能力和治理手段基本实现了现代化。社会机制建立在平等、公正、有序和效能的基础上，这一阶段标志着在一定的历史时期社会治理达到了相对稳定和成熟的高度，这也是我国国家治理体系和治理能力现代化的伟大梦想。

第二节　行政体制改革与社会治理机制创新

近年来，在行政体制改革方面，我国虽然经历了几个不同的阶段，在治理模式的改革和体制机制的理论研究中不断深入，也取得了显著的成效，但在治理方式上还存在着许多与社会主义市场经济体制不相适应的地方。体现在政府职能转变不到位，政府机构设置不尽合理，行政审批事项较多，民主科学决策机制尚未确立，因此，实行行政体制改革，可以为社会治理提供更多的制度支撑。

一、切实促进政府职能转变

行政体制改革是推动上层建筑适应经济基础的必然要求。在市场经济中，当企业成为独立的市场主体、法律主体和经济建设的主体的时候，政府应该适时退出对市场机制和市场主体经济活动的具体干预，把政府职能转变到搞好宏观调控、创造良好的市场环境和改善经济发展环境上来，深入推进政企分开、政资分开、政事分开、政社分开，建设职能科学、结构优化、廉洁高效、人民满意的服务型政府，从而更好地发挥市场配置资源的决定性作用。

二、推动国家治理体系和治理能力的现代化

在国家治理的宏观体系中，国家治理体系和治理能力是一个国家制度和制度执行力的集中体现。在我国，国家治理体系就是在党领导下管理国

家的制度体系，包括政治、经济、文化、社会、生态文明和党的建设等各领域的体制机制、法律法规安排。①国家治理能力是运用国家制度管理社会事务的能力。体现社会主义制度的优越性，必须从各个领域推进国家治理体系和治理能力的现代化。

行政体制改革是推动上层建筑适应经济基础的必然要求，是坚定走中国特色社会主义政治发展道路和推进政治体制改革的重要内容。党的十九届四中全会提出，坚持和完善中国特色社会主义行政体制，构建职责明确、依法行政的政府治理体系。党的十九届四中全会提出，完善国家行政体制改革，以推进国家机构职能优化协同高效为着力点，优化行政决策、行政执行、行政组织、行政监督体制。健全部门协调配合机制，防止政出多门、政策效应相互抵消。创新行政管理和服务方式，加快推进全国一体化政务服务平台建设。

国家治理体系和治理能力现代化，需要通过深化行政体制改革，妥善处理好政府和市场的关系，使市场在资源配置中起决定性作用和更好地发挥政府作用。要坚持市场优先原则，进一步划清政府与市场的职责边界，把市场这只“无形的手”和政府“有形的手”有机结合起来，推动社会主义市场经济更有效率、更加公平、更加可持续地发展。凡是市场机制能够发挥作用的领域，就充分激发市场主体活力和创造力，减少政府对资源的直接配置，解放和发展生产力，释放改革红利。同时，使市场在资源配置中起决定性作用，并不是否定或忽视政府作用。科学的宏观调控，有效的政府治理，是发挥社会主义市场经济体制优势的内在要求。这就需要政府在尊重市场经济规律的前提下，改善经济调节和市场监管，加强和优化公共服务，创新社会治理，保持宏观经济稳定，维护市场秩序，促进共同富裕，弥补市场失灵。

①黄新华．建立健全基本公共服务体系的路径选择——基本公共服务供给创新的若干思考[J]．学习论坛，2013，15(10)：78-82.

国家治理体系和治理能力现代化，就是强化政府的社会治理和公共服务职能，正确处理政府和社会的关系，保障和改善民生、促进社会公平正义，履行政府社会治理职能，更好地发挥政府主导作用，规范社会行为、协调社会关系、促进社会认同，不断提高政府驾驭社会矛盾、化解社会风险的能力，把由事业单位、群众团体、市场中介组织承担的职责转移出去，积极培育和发展社会中介组织、拓展人民群众参与社会治理渠道，实现政府治理和社会自我调节、居民自治良性互动，为社会发展创造既有秩序又有活力的基础运行条件，推动社会和谐发展。

三、以行政体制改革促进社会治理创新

在全面深化改革的总体布局中，行政体制改革与各领域改革都有紧密联系。

（一）改革政府管理模式

行政体制改革的核心是转变政府职能。社会主义市场经济的职能体系在改革开放以来虽然基本建立，但还存在市场作用发挥不够，政府“越位”和“缺位”并存等问题。改革政府管理模式，就是要尽快从“越位点”退出，把“缺位点”补上，建立与经济社会发展水平相适应的公平公正、惠及全民、比较完整、可持续发展的公共服务体系，更加有效地提供公共产品。减少政府对微观事务的干预，激发市场、社会创造活力和内生动力。加强社会治理，维护社会公平正义，创造良好的社会发展环境，提供优质的基本公共服务，这也是有效政府治理的内在要求。

（二）优化组织结构

合理的组织结构是实施政府有效治理、推进国家治理体系有效运转和治理能力提高的重要保障。改革开放以来，通过多次集中的政府机构改革，基本形成了较为完整的政府组织架构，但在组织运行的实际过程中，仍然存在着机构设置过细、职责交叉、党政群机构改革协同不够、运行不顺畅等问题，直接影响国家治理的效能。因此，必须深化机构改革，优化组织

结构，进一步完善职能配置，优化机构设置、工作流程，建立决策权、执行权、监督权相互制约又相互协调的行政运行机制。理顺条块关系，改革垂直管理体制和政府机构设置。在有条件的地方探索省直管县（市）体制改革，如广东省佛山市顺德区实行的行政体制改革，通过省直接管理的方式，探索大部制的改革方式，减少了政府内部的行政层次，有效防止和纠正了变相的机构升格、干部高配问题。在基层社会治理中，按照新型城镇化和发展基层民主的要求推进所管辖范围内经济发达镇的行政体制改革，创新了基层社会治理体系。

中国特色社会主义行政体制是中国特色社会主义制度的重要组成部分，是党和国家决策部署贯彻落实的重要保障，在促进经济社会持续健康发展、满足人民日益增长美好生活需要、推动美丽中国建设等方面发挥着重要作用。优化政府组织结构是坚持和完善中国特色社会主义行政体制的必然要求，是推进国家治理体系和治理能力现代化的重要举措。持续推动政府机构设置更加科学、职能更加优化、权责更加协同，是优化政府组织结构的主要目标。党的十九届四中全会审议通过的《中共中央关于坚持和完善中国特色社会主义制度、推进国家治理体系和治理能力现代化若干重大问题的决定》，全面阐述了坚持和完善中国特色社会主义行政体制，构建职责明确、依法行政的政府治理体系总体要求，为优化政府组织结构指明了方向、提供了重要遵循，要认真学习领会，坚决贯彻落实。

（三）创新行政管理

行政管理方式创新，是适应经济社会发展变化的需要，能提高政府管理科学化水平，方便群众办事，提高行政效率和服务质量，是党的十八届三中全会提出的新要求，也是增强政府公信力和执行力的有效途径。建设法治政府、法治市场、法治社会，就是构建服务型政府，全面推进依法行政。确保行政权力在法律范围内行使，让法律真正成为政府治理的准绳。

国家行政管理承担着按照党和国家决策部署推动经济社会发展、管理社会事务、服务人民群众的重大职责。党的十九届四中全会《中共中央关于坚持和完善中国特色社会主义制度、推进国家治理体系和治理能力现代化若干重大问题的决定》对“坚持和完善中国特色社会主义行政体制，构建职责明确、依法行政的政府治理体系”作出专门部署，强调必须坚持一切行政机关为人民服务、对人民负责、受人民监督，创新行政方式，提高行政效能，建设人民满意的服务型政府。

第三节　社会治理与基本公共服务创新

加强和创新社会治理，是解决人民群众办事难、促进政府职能转变、维护基层和谐稳定、助推经济发展的重要内容。社会治理理念首要选择就是强化公共服务导向，将政府向社会本位、民本位转变。

一、基本公共服务的制度创新

基本公共服务均等化在社会治理中能否顺利推进，关键在于行政管理体制改革是否到位。一套规范有效、科学合理的行政管理体制是构建基本公共服务体系的基础。而推进行政管理体制改革，实现“管制型政府”向“公共服务型政府”转变，需要明确政府角色定位，消除体制性障碍，形成完善的政府组织机构和体制机制，把公共服务和社会治理放到更加重要的位置，在实现职能优化的基础上加强机构整合，强化公共服务机构设置，实现城乡基本公共服务体制的一体化，努力为人民群众提供方便、快捷、优质、高效的公共服务。明确行政体制改革的发展方向，把政府主要职能转变到社会治理、公共服务、经济调节、市场监管上来，依法界定政事之间、政企之间、政资之间、政府与市场中介组织之间的权力界限，建立城乡统一的社会保障体系，增加对困难群体的政策性关注，加大对贫困地区的生活保障与养老保险的转移支付力度，形成统一规范透明的财政转移支付制度，在“省管县”和“乡财县管”的基础上，规范和完善以基本公共服务均等化为导向的省级以下财政转移支付制度。实现区域间基本公共服务供给能力的适度均等，保障基层政府实施公共管理的基本条件。

二、基本公共服务的机制创新

政府作为公共服务的主体，不能单一地依靠自身的力量来独自承担全部的公共服务内容，必须改革基本公共服务提供方式，引导全社会来参与基本公共服务，创新体制机制，扩大购买服务，实现提供主体和提供方式多元化，在明确不同的基本公共服务的特点以及不同群体需求的基础上，充分运用合同外包、项目委托、购买服务、凭单制、特许经营、志愿服务等方式，将部分公共服务交由第三方部门如企业或者非营利组织来提供，形成以政府为核心的一主多元的供给机制。

构建多元主体参与合作的公共服务供给机制，可有效避免公共需求全面快速增长下公共服务不到位、供需结构失衡、基本公共服务短缺的问题，公共服务合作机制强调社会力量的参与，强调政府公共服务职能向社会组织转移。因此，政府有意识地培育社会组织，能提高整个社会的组织化程度，保障社会组织的经营和管理自主权，使社会组织在法律范围内享有较为广阔的自主活动领域，尤其是在社会组织不发达的情况下，使政府、市场及社会通过更加灵活的、超组织边界的权力分化与资源整合来支持服务目标的实现。[①]

三、基本公共服务内容创新

（一）建立健全公民参与机制，实现公共服务的民主化

政府提供公共服务的目的是最大限度地满足公众的社会需求，鼓励公民积极参与对社会治理的监督，以保证政府公共服务的有效提供。引入公

①郑恒峰．新型城镇化进程中地方政府公共服务能力建设研究：基于公共供求关系视角的分析[J]．中共福建省委党校学报，2013，22(3)：56-59.

民参与机制，就是把政府决策建立在民主化的基础上。公共服务的供给必须建立在共同价值观的基础上，在公民和社会团体之间体现利益高度一致。

（二）引入市场竞争机制，实现公共服务的市场化

提高政府服务效能，必须引入市场竞争机制。在社会公共服务领域适当引入市场竞争机制，利用市场竞争压力，降低服务成本，提高服务质量。

（三）公共服务均等化

统筹公共服务制度规划，是构建社会治理服务体系的根本。首先，从城乡二元结构体制来看，公共服务体制建设应该以农村公共服务体制建设作为突破口。建立农村公共服务体制是我国实现公共服务均等化的重点和切入点。[①]其次，从公共服务种类和构成来看，解决社会成员最急需的公共服务供给问题，关键是要为建设公共服务型政府提供基本公共产品，同时加大公共服务指标在政府业绩考核中的权重，包括社会保障、义务教育、公共医疗、就业、公共安全等。公共产品的供给主要包括扶贫、就业、教育、卫生与养老等。最后，从地区差异来看，要突出解决中西部和贫困地区的公共服务均等化问题。在地区间的差距日益扩大的情况下，应当充分估计公共服务均等化在缩小地区间差距中的积极作用。

（四）拓展社会治理服务功能，畅通民意渠道

一是整合公共服务职能。在社会治理中，治理是手段，服务是根本。政府公共服务事项，涉及千家万户，如何在行政服务中既兼顾与群众生产生活关系密切的社会治理，又顾及其他政府职能部门，形成真正的“政务超市”，发挥集中效益和规模优势，克服“门难进、脸难看、话难听、事难办”“东跑西跑重复跑、你批我批多头批”的尴尬环境，需要建立一支高效精干的行政管理队伍。二是拓展便民富民职能。打造农村政策咨询平台、证照办理平台、劳动就业服务平台、农业生产技术服务平台、“三资”监管平台、社会生活信息服务平台，为群众提供审批、政策信息、劳务信息和

①项继权．我国基本公共服务均等化的战略选择[J]．社会主义研究，2009，27(1)：41-47.

市场信息，确保群众办事方便。三是畅通民意民情渠道。[①]注重征求群众对政府、“三农”政策、党风廉政等方面的意见和建议，使便民服务成为党委、政府关注民生、倾听民声、了解民意的重要渠道，使农民群众话有地方说、理有地方讲、难有地方帮，实现办证服务不出村、纠纷调处不出村、信息提供不出村、扶贫帮困不出村、致富服务不出村，促进农村和谐、稳定发展。

（五）创新服务机制，实现优质高效服务全覆盖

一是优化流程，联审联办。对在行政服务中心办理的行政审批事项，逐个优化审批流程、压缩办理时限，除需集体研究、现场勘测或技术检测的外，由主管领导现场审核审批，实现即办件的“马上就办、马上办好、立等可取”。针对办件互为关联、互为前置的“连环套”症结，由行政服务中心负责统一受理，各职能部门实行信息共享、默认前置、并联审批、联合勘察、现场出图、结果反馈、内部完善，解决环形前置问题，提高审批效率。二是网络服务，建立网上行政审批系统和电子监察系统，将分散的审批过程信息和结果信息集中到网上办事大厅的审批资源共享库，构建一个“永不下班”的行政服务中心。

（六）创新监管模式，健全奖惩机制

实行“阳光政务”，公开办事程序。通过各种渠道将办事程序、政策依据、申报材料等内容全部公开。为激发工作人员的积极性，规范行政人员评议考核、人员治理、服务规范、业务操作、监督检查、协调联系的治理制度，严格按要求治理。凡被群众投诉经查属实的窗口人员实行年度考核一票否决制，退回原单位，通报批评。对窗口和工作人员实行百分制考核，评选“红旗窗口”“服务标兵”，人文治理，和谐共赢。着力培育创新、奉献、和谐的治理文化，强化团队精神，激发工作人员的服务热情和工作潜能，增强向心力、凝聚力和创造力，打造一支团结奋进的和谐团队。

①李巍．社会管理创新与公共服务体系建设研究[J]．行政与法，2012，24(3)：68-71.

第四章 社会治理与社会组织

第一节 社会组织的现状与问题

一、我国社会组织的现状

在管理体制上，我国近年来相继出台了不少社会组织登记管理的法律法规，《社会团体登记管理条例》《中华人民共和国公益事业捐赠法》《民办非企业单位登记管理暂行条例》《基金会管理条例》等为框架的社会组织配套政策不断健全完善，引导我国各类社会组织发展。

在市场经济的大潮中，我国社会各阶级阶层结构发生了深刻的变化，开始出现各种利益关系多元化，利益差距和矛盾日益复杂化、扩大化，过去由政府统一包办一切的社会治理体制已不能适应当前快速发展的社会治理需要。在这种状况下，社会组织有了更加广阔的生存发展空间和发挥作用的舞台。面对强大的国家机器，组织的利益表达在形式上比个人的利益表达要有效很多，因此，社会成员要想在各种利益互相交织的社会环境中得到发展，必须依托社会组织才能更好地适应社会的变化，这种社会大环境为社会组织的发展提供了社会基础。我国的社会组织近年来不断得到发展，数量大幅度增加。这些社会组织遍布全国城乡，涉及社会生活的各个领域，不但门类齐全，而且组织规模越来越大，经过几十年的持续发展，已经初步形成了不同层次、不同行业、覆盖城乡、成员庞大、分布广泛的社会组织体系。截至

2020年底，全国共有社会组织89.4万个。

二、我国社会组织面临的问题

尽管我国在社会治理中已形成了门类比较齐全的治理体系，在复杂的社会环境中日益显示出强大的社会治理功能，但从社会治理的具体表现形式来看，由于监管体系不到位、制度的限制、法律的缺位、资金渠道的狭窄，我国社会组织发展中的诸多问题与我国快速发展的经济社会新形势和构建社会主义和谐社会的要求还有一定的差距。

我国地域广阔，各地经济发展水平很不平衡，加上一些地方和部门对社会组织的发展规律认识不足，没有把社会组织真正纳入经济社会发展的总体布局，没有从根本上认识新形势下社会组织发展的意义，在工作中没有把培育和发展社会组织的工作纳入议事日程，社会组织发展普遍滞后。许多社会组织带有明显的行政化倾向，无论在章程的制定、权力的运用，还是内部运行机制、激励机制、监督机制等方面都存在着规章制度不完善的问题。有些地方甚至没有完整的规章制度，在日常工作中以口头规定来进行管理。有的社团组织虽有详细的管理制度，但财力有限，工作人员不足，难以实现社会组织的目标和宗旨。

改革开放以来，随着市场经济的发展、社会结构的变动和政府职能转变，我国社会组织获得了较大的活动空间，在提供公共服务、创新社会管理、维护公平正义等方面发挥了独特的作用，已经成为我国社会经济发展的一支重要力量。但是，长期以来，由于受独特的历史条件影响，我国社会组织的产生和发展与国外相比，尚处于起步阶段，在发展中也面临着诸多问题。

根据当前社会治理面临的形势，党的十九届四中全会提出，要“完善党委领导、政府负责、民主协商、社会协同、公众参与、法治保障、科技支撑的社会治理体系，建设人人有责、人人尽责、人人享有的社会治理共同体，确保人民安居乐业、社会安定有序，建设更高水平的平安中国”，充分体现了共建、共治、共享的要求。其中，共建突出了制度和体系建设在社会治理格局中的基础性、战略性地位；共治强调将党总揽全局、协调各方的政治优势同政府资源整合优势、企业市场竞争优势、社会组织群众动员优势有机结合；共享要求社会治理成效更多、更公平惠及全体人民。贯彻落实这一重要部署，需要多方面、多层面形成合力，综合施策。

（一）社会资源和成长动力问题

社会组织承担着一定的社会管理功能，要正常运行，需要一定的社会资源支持作保障。无论是处于孵化期、生长期还是发展期的社会组织，资金和人才都是极其重要的资源。宽松的政策、充足的资金和专业的人才是社会组织得以维持和发展的基本动力，但是，受传统观念、社会政策、分配制度等因素的影响，社会组织面临着缺钱、缺人、缺政策的"三缺"困境，成为困扰社会组织发展的主要难题。

（二）社会组织资金供给与需求问题

社会组织需要有足够的资金支持才能维持运转，吸引高素质专业人才，建立有效的组织机构，完成其具体的社会使命。资金筹措渠道狭窄、缺乏资金支持是当前我国社会组织面临的一大难题，已成为我国社会组织发展的瓶颈。

1. 社会组织过度依赖政府资金资助

霍普金斯公民社会研究中心的研究表明，发达国家非营利组织的收入来源，主要有公共部门、会费收入和慈善捐赠三大块，其中公共部门占40%、会费收入占49%、慈善捐赠占11%。目前，中国社会组织的资金来源主要包括政府资助、社会捐赠、提供产品和服务以及投资收入等。社会组织通过提供产品和服务而获得收益是社会组织可以掌控的自创性收入，但稳定的收入需要以高质量的专业水平和服务对象的认可为前提。当前社会团体和民办非企业存在能力不足的通病，导致这一收入来源难以保证。公众的慈善精神不高和公益组织面临信任危机导致社会捐赠比较有限，而且主要集中在少数基金会，其他类型的社会组织获得捐赠的机会比较少。投资收入既需要足够资金又面临巨大风险，贡献甚微。结合我国实际，政府资助对社会组织来说显得尤为重要，这就造成了一家独大的局面，增强了社会组织对政府的依赖性。资源依赖理论表明，社会组织在资金资源方面对政府资助有很强的依赖。此外，虽然社会组织主要依靠政府的资金存活，但是目前能够获得政府的公共资金也很有限，其中社会服务机构（民办非企业单位）的资金状况总体欠佳，常因资金短缺而很难维持“生计”，陷入发展的困境。在清华大学NGO研究所组织的调查中，只有五分之一的社会服务机构（民办非企业单位）认为组织的资金状况良好，有37.3%的民办非企业表示资金缺乏。

2. 政府资助资金不固定，覆盖面狭窄

如上所述，政府的资助对于社会组织开展公益活动是十分重要的社会资源，但是除了人民团体、事业单位和少数政府重点支持的社会组织外，大多数社会组织没有正常渠道获得来自政府的公共资金。近年来，上海、深圳、广州、北京等一些地方政府以“费随事转”、项目发包和公开招标三种操作方式开始探索政府购买服务。政府将一定领域的公共服务委托社会组织提供，相应提供一部分公共资金，但所提供资金的规模并不是很大，资金来源也不固定，主要还停留在探索创新阶段，而且缺乏相应的制度保障。政府购买社会组织服务项目的资金来源主要有专项资金、预算外资金和预算内资金三种，从目前的实际情况来看，专项资金、预算外资金使用比例相当高，政府购买社会组织服务的财政资金没有全部纳入公共财政体制。

（三）政策与社会组织之间的需求问题

要依赖政府在各方面的大力扶持，对社会组织而言，政策资源是推动其发展的重要因素。虽然从中央到地方在社会组织登记、管理和培育方面已经颁布了许多政策，发挥了一定的作用，但是还没有形成完善的政策体系，还不能满足社会组织发展的需要。当前，完备的社会组织扶持政策体系尚未建立。2012年民政部、财政部联合发布《关于政府购买社会工作服务的指导意见》，终于使政府购买服务有章可循，但是与之相配套的微观层面政府部门职能转移目录、社会组织的服务评估政策等还未出台。现行的《社会团体登记管理条例》《基金会管理条例》和《民办非企业单位登记管理暂行条例》已经无法适应社会组织登记注册需要，修订工作由于牵涉到国务院多个部委的职能调整，至今尚未完成。另外，政策出台和执行过程中也是阻力重重，效果不明显。由于观念、社会条件、政策制定科学性等方面的原因，导致现有推动社会组织发展的政策既难以出台又难以执行，效益不高。以上两方面的问题都直接导致了社会组织能够利用的政策资源十分有限。

（四）适应社会组织的专业人才队伍建设问题

目前社会组织人才队伍建设面临的主要问题表现为以下三点。

1. 相关配套制度不够完善

社会组织人才队伍建设立法滞后。社会组织从业人员保障相关的规章制度等也不尽完善，社会组织的人员编制、职称评定、养老保险、医疗保险、税收减免、收费许可等方面也缺乏完善的、相配套的法规与政策，使得多数社会组织的队伍不稳定，缺少应有的活力。①

2. 人才总量和结构无法满足社会组织发展需要

社会组织工作人员主要分为专职从事社会组织工作的人员、兼职人员和志愿者三类。统计数据显示，目前我国社会组织专职人员较少，人才总量明显不足，无法满足社会组织服务社会管理的需求。

3. 社会环境不利于人才在社会组织的聚集

从外部环境来看，社会组织与其他经济组织、政治组织相比，不属于

①严振书. 中国社会组织发展问题研究[J]. 江苏省社会主义学院学报，2010(2):50-55.

社会主流所关注的对象。对社会组织的关注缺乏和对其作用认识不到位等直接导致社会对其行业从业人员不了解、不认可，外界对社会组织从业人员的职业声望评价也不够高。从内部环境来看，低薪问题成为大多数社会组织从业人员面临的现实困境。内外部环境因素影响了他们的工作热情和人才队伍的稳定性。一些有高学历同时拥有丰富工作经验的优秀人才会将社会组织视为追求更成功事业的跳板，在积累了人脉资源和专业经验后，便投身到政府部门或大企业等谋求更好的职业发展。

（五）制度建设问题

作为承担一定公共责任的社会组织，其成立要受到法律的保护和规制，发展要得到政府的扶持，在法律框架内享受相应的优惠政策并接受相关政府部门的监管。社会组织健康发展的重要保障，需要有完善的法律制度、与社会组织发展相适应的管理体制以及适宜的税收制度等。但是，我国有关社会组织的制度构建表现出一定的滞后性，对社会组织的发展造成了阻碍。

（六）社会组织规范发展的法律制度问题

虽然我国社会组织已初步形成较为全面的法律制度框架，但是与社会组织科学发展的需求尚不匹配，需要进一步改革创新。整体而言，我国社会组织现行法律法规存在法律位阶不高、涵盖面不够、操作性不强、相关条款彼此间的衔接不畅等问题。联系实际，这些问题主要突出地表现为以下三个方面。

1. 社会组织相关法律位阶不高，调整范围有限

我国现有的对社会组织影响比较大的是三部行政法规，即2016年修订颁布的《社会团体登记管理条例》，1998年颁布的《民办非企业单位登记管理暂行条例》，2004年颁布的《基金会管理条例》。其余的专门性规范文件都是以政府部门规章的形式出现。目前我国还缺少统一的社会组织专项法律，调整规范社会组织的只有三部行政法规和一些部门规章、地方性法规，

法律体系架构不科学，法律层级与社会组织的地位和作用不相符。

2. 社会组织相关法律之间缺少衔接，存在矛盾冲突，需要协调一致

我国现行的法律法规是分别制定的，为了应付现实问题，出台政策性的条例或政策，相互之间缺少衔接，且有些与现行的法律法规之间衔接也不够，相互间存在冲突和矛盾。例如，有关社会组织的三部行政法规，都明确规定社会组织的财产不得被侵占、私分和挪用；如果违反，责任人应承担刑事责任。我国现行的刑事法律并不存在与此规定相对接的条款，因此，即使实践中发生侵占、私分和挪用社会组织资产的行为，也会因为缺乏操作性规定而无力进行依法惩治。此外，《民办非企业单位登记管理暂行条例》规定了社会服务机构（民办非企业单位）有法人、合伙、个体三种形式，但是个体、合伙的法律形式根本与非营利目的相矛盾，受到社会各界的广泛批评。

3. 相关法律法规的执行效率不高，管理不完善

以中国青少年发展基金会（青基会）遭遇天价税单事件为例，因发起实施了“希望工程”这一民间公益事业而获得了广泛声誉和社会认可的青基会，在2008年底却收到了税务机关开出的5500万元的天价税单。虽然收税是按照《中华人民共和国企业所得税法》规定，无可厚非，但是青基会早就申请了免税资格认定，但认定过程之复杂远远超过人们的预期。一直到2009年8月20日，由三部委公布的“2008年度第一批获得公益性捐赠税前扣除资格的公益性社会团体名单”才姗姗来迟，同期还公布了“2009年度第一批获得公益性捐赠税前扣除资格的公益性社会团体名单”，只有3家非营利组织榜上有名。由此可见，当前的针对社会组织的税收优惠制度还需要进一步完善，使其发挥更大的政策效益。

（七）社会组织健康发展的体制问题

在管理制度方面，以控制为主的思维制约了社会组织健康发展的脚步。

双重管理体制是在市场经济尚未充分发育的特殊条件下形成的产物，已经不适应当前的社会形势。

1. 双重管理体制是公民自发成立的草根社会组织获得合法身份的最大困境

这种管理体制无形中使社会组织处于职能机构的控制下，导致了社会组织的合法困境。合法困境主要是指双重管理造成了很多草根社会组织无法“合法注册”，进而在接受捐赠、会计制度、税收、购买服务和其他政策上均面临问题。

2. 双重管理体制加重了合法登记社会组织的政治色彩

能够合法登记注册的某些社会组织与政府存在着关系，主管单位对其同意挂靠的社会组织的态度是支持同时干预，形成了隐性的上下级关系。有些社会组织虽然实行了脱钩改制，成为名义上独立的法人，但在具体运作过程中，由于政府是其资源的主要提供者和对其负责的主管部门，这些社会组织为了自身的生存和发展，便主动寻求政府部门的支持。而一些政府部门在既得利益的驱使下，也愿意把有隶属关系的社会组织变成自己的附属物，以监督指导的名义对民间组织进行全面而直接的干预，有的业务主管部门将部分政府职能转移给民间组织的同时，将民间组织置于“二政府”地位而进行全面控制。①

3. 双重管理体制造成了社会组织监管乏力的事实

现有的管理制度实际上是一种“重登记、轻管理、轻执法”的做法，注重对人口的管理，放松对日常过程的管理，且对社会组织缺少社会监督，导致管理上出现困境，不利于社会组织的发展。困境之一是业务主管单位和登记管理机关推诿监管责任和重复监管，登记管理机关和业务主管单位在申请登记的审查、年度检查、违反有关条例规定的查处等方面进行重复

①郑丽箫．关于社会组织管理创新的思考[J]．经济研究导刊，2012，19(12)：52-55.

工作。困境之二是对社会组织日常监管不严格，缺乏对行为和过程的监管。政府对社会组织的监督管理中，社会组织年检制度是主要方法之一。年检主要对社会组织开展的工作、活动和社会组织的财务状况进行年度审计，一年一次，是一种结果的监管，很容易被社会组织采用突击准备的方式应付过去，加上管理机关普遍面临着人手不够的现实问题，缺少行业内专家的持续参与，很难真正发挥对社会组织的评估监督作用。而且对于未在民政部门注册登记但实际开展活动的社会组织，不适用于年检制度，也没有相应的日常监管。困境之三是监管手段单一，缺少其他职能部门的协助。西方国家政府都比较重视通过“强化等级管理、税务、审计、检察、司法等各部门的职责与功能”，形成多个部门携手的多元监管格局。我国政府对社会组织的监管是相关部门各自为政，而且仅限于行政手段，缺乏市场、法律等多元化的监管方式。

（八）内部治理机制与社会认可度问题

社会组织要成为社会管理的参与者，成为公共服务的重要提供者，就必须不断完善内部治理，加强机构自身能力建设，提升自身发展的竞争力。我国社会组织总体上是健康的，但因尚处于发展的初级阶段，自身发展仍然存在诸多问题，主要表现在自治性不强、内部管理欠科学和自律机制薄弱这三方面。

1. 社会组织自治

非政府性是社会组织的基本属性之一，这是它区别于政府的根本属性。然而，实际上许多社会组织身上有政府的影子，变成了“二政府”，异化现象严重。中国有相当一部分非营利组织是由各级党政机构直接创办的，或者本身就是从党政机构转变过来的，或者是由原党政官员及与党政关系密切的知名人士创办的。这些组织，不仅主要的资源来源于党政机关，且在观念上、组织上、职能上、活动方式上、管理体制上等各个方面，都严重依赖于政府，甚至依然作为政府的附属机构发挥作用。

2. 内部管理

社会组织自身必须拥有完善的规章制度和民主机制，才能实现其公益目标与价值。造成社会组织内部管理欠科学的原因主要是民主决策制度不健全、缺少组织使命感和财务管理不规范。当前我国的许多社会组织本身缺乏使命感，从而使组织变得短视、盲目和缺乏动力。理事会制度不健全也导致社会组织无法实现民主决策。许多社会组织在财务上也缺乏规范管理。在财务管理上，许多社会组织存在漏洞，一些组织没有配齐财务人员，只有兼职财务；一些组织没有正规的财务账目；一些财务人员没有专业任职资格，而且专业水平和财务管理能力较差。

3. 自律机制

社会组织的自律和他律是内部管理的重要内容之一，对社会组织发展具有重要的作用。在社会组织发展过程中，公益腐败现象频发，有的通过媒体曝光之后造成了极为负面的影响，对社会组织公信力产生了极为恶劣的影响。建立完善的自律机制来体现社会组织的社会责任，是提高社会组织效率、增强管理能力和提高社会公信力的必要条件，但现实中许多社会组织往往缺少对自律的重视，存在自律机制薄弱这一问题。一方面，社会组织内部缺乏完善的监督制度，且现有的制度规定难以严格执行，不能进行自我监督；另一方面，社会组织之间的相互监督尚未形成。社会组织之间有一些需要共同遵守的行为和道德标准，也就相当于行业自律。国外通常是由联合组织及协会共同制定行业自律条款，但我国社会组织之间并未产生紧密的联系和互相的支撑，行业协会的作用也不明显，这样的行业自律更是少之又少。从社会背景来看，社会处于转型期，极端个人主义、拜金主义等都对社会组织有着不同程度影响，以道德作为内在驱动的自律还难以形成。

第二节　社会组织治理的任务

社会组织治理是改革开放后出现的新生事物。40多年的改革实践证明，社会组织绝不是可有可无的。而社会组织治理作为社会治理重点创新项目之一，首要任务是提高对社会组织的监督治理水平，提高社会组织的工作能力，构建上下级信息交流平台、实行分类治理的新机制，促进社会组织健康有序发展。随着改革的不断深入、经济的快速发展，社会结构也发生了较大变化，人们对个人在参与社会活动中的关注度也随之加大，结社需求也越来越迫切，社会组织数量随之大量增加，社会组织的形态日益复杂。与此同时，社会组织的内部治理参差不齐，给社会组织治理带来了多方面的挑战和压力。

社会组织基本体制和运行机制是促进社会组织稳定发展和正常发挥作用的前提，也是政府治理社会组织时实施有效管理和监督的基本条件。当前，加强我国社会组织治理，重点有以下几个方面的任务。

一、改革登记管理体制，推进社会组织社会化

制定社会组织直接登记实施办法和登记指南。除政治法律类、宗教类社会组织和境外非政府组织在华代表机构等外，对新成立的其他各类社会组织实行直接登记；加强与原业务主管单位沟通协调，对管理制度改革前登记的社会组织实行逐步过渡。

调整和明确登记管理机关、行业主管部门及相关职能部门的职责。依法对实行直接登记的社会组织进行业务指导和管理服务，建立健全统一登记、各司其职、协调配合、分级负责、依法监管的社会组织管理体制。

建立和完善非公募基金会、异地商会管理权限下放后的登记管理办法，加强所辖区域内非公募基金会和异地商会的管理。

继续实行登记和备案并行的双轨制。研究解决制约农村专业经济协会发展的问题，加大社区社会组织培育扶持力度，支持农村专业经济协会、社区社会组织等城乡基层社会组织建设与发展。

推进城乡社区枢纽（联合）型社会组织建设，努力形成以社区党组织为核心、以社区自治组织为主体、以社区社会组织为补充的社区组织体系，增强社区自治服务功能。

二、完善培育扶持政策，改善社会组织发展环境

根据社会组织管理和评估情况，制订政府向社会组织转移职能的具体方案和明确政府购买服务资质的行业标准。

建立与社会组织的信息沟通机制。在制定政策、实施重大决策等过程中，邀请社会组织代表参加听证会、论证会，广泛听取社会组织的意见和建议。本着既方便社会组织，又有利于监管的原则，按照票据管理有关规定，研究改进社会组织票据发放、核销方式，加强票据使用、管理情况监督检查。

推进建立各级社会组织发展孵化基地。为初创期社会组织发展提供人力、物力和财力支持，每年从福彩公益金中安排一定的资金资助基层社会组织开展公益服务活动，完善福彩公益金资助社会组织开展公益服务等扶持政策。

三、优化结构布局，提高社会组织建设质量

制定社会组织内部管理制度示范文本。指导社会组织完善会员（会员代表）大会、理事会、监事会制度，建立健全以章程为核心的独立自主、权责明确、运转协调、有效制衡的法人治理结构；积极推行会长（理事长）兼任法定代表人制度，完善其他社会组织负责人兼任法定代表人报批程序；加强秘书长业务培训，推行秘书长持证上岗制度；合理确定理事会、常务理事会规模和负责人数量，逐步推行差额提名和无记名投票表决的选举方式。探索一业多会，引入竞争机制。

实行“政社分开”，理顺政府和社会组织的关系。将社会组织人才纳入当地人才培养的统一规划，建立健全专业培训和继续教育制度，加强社会组织人才队伍建设，完善社会组织人事管理、社会保险、人才交流、职称评定、技能鉴定等政策。

推进社会组织的人本管理和国际化发展，提高社会组织的管理水平。以人为中心，结合个人特点和组织目标加强专业培训，提升组织的整体素质和社会组织成员的专业化程度，解决人才瓶颈问题。

四、创新服务管理模式，提升社会组织服务管理水平

理顺社会组织党建管理体制，探索建立结合业务抓党建的工作机制，推进社会组织组建党组织工作，做到“应建尽建”；指导社会组织开展党建工作，加强服务型党组织建设。

制定社会组织行为规范和活动准则，推进信息公开，建立和完善失信惩罚机制，提升社会组织公信力，积极在社会组织开展工会、共青团和妇联工作，将社会组织优秀人才纳入政府表彰奖励的范围。

加强制度建设，强化对社会组织的管理监督，加快推进社会组织法制建设，进一步完善社会组织的法律法规体系。推动制定相关地方性法规、规章，强化法律监督，严格依法监管，制定有关基金会、行业协会等经济团体、学术团体、公益慈善团体、公共筹款机构等不同层次的专项法律法规，用法律形式对社会组织的性质、宗旨、地位、组织形式、经费来源、权利和义务予以明确。

健全社会组织评估指标体系，完善公开、公平、公正的评估制度，形成组织健全、程序完备、操作规范、运转协调的评估工作机制。

把社会组织工作纳入当地国民经济和社会发展规划，建立健全民政、财政、公安、司法行政、审计、税务、物价、质监、外事、金融等部门信息共享、齐抓共管的联动工作机制，促进市场与社会协调发展，形成各司其职、协调配合的新局面。

改善发展途径，保障社会组织管理经费，配备必要的执法装备，建立管理信息平台，切实提升服务管理水平，尽快研究建立与其业务相适应的登记管理机构，加强社会组织登记管理力量，以适应社会组织管理体制改革和社会组织快速增长的服务需求。

第三节　社会组织治理的创新模式

近年来，全国各地尤其是广东省、上海市等地区出现了多种多样的社会组织治理实践经验，例如上海市的NPI（恩派）模式、东莞市的市级统筹模式等。在学术界，也相继依照实地调研提出了各种社会组织治理创新的理论模型，例如康晓光、韩恒提出的“行政吸纳社会”的理论模型，[①]江华、张建民等人提出的“利益契合”政府与社会组织的治理关系模型[②]等。总的来看，如果按照三大部门（政府、社会、市场）的划分，可以将这些地方经验与理论模型总结为三种创新模式，分别是政府扶持型社会组织治理创新模式、社会支持型社会组织治理创新模式、商业支持型社会组织治理创新模式。

一、政府扶持型社会组织治理创新模式

在现行的制度框架下，社会组织的登记注册与生存发展仍在一定程度上依赖于政府的培育与扶持。近年来，各地方政府主导筹建了一批社会组织孵化基地、社会组织培育中心，用于定向扶持初创期的社会组织。这一类的社会组织治理创新模式主要有三大特点。

具有明显的政府体制背景。以政府为主导推进社会组织治理工作时，

①康晓光，韩恒. 行政吸纳社会：当代中国大陆国家与社会关系再研究[M]. 新加坡：八方文化创作室，2010:20.
②江华，张建民，周莹. 利益契合：转型期中国国家与社会关系的一个分析框架：以行业组织政策参与为案例[J]. 社会学研究，2011(3):136-152.

往往采取对口管理的办法，由民政部门、社会组织管理局、社会工作委员会、群团组织或者由地区市社会组织联合会或总会等官方背景的机构发起或筹建。

在社会组织的管理方面体现政府主导。在选择入驻社会组织的标准上，主导筹建的民政部门等政府机构往往拥有较强的发言权，一般要求必须是社区群众有需求、政府的工作职能没覆盖到、企业又不易延伸服务的公益性社会组织。对于有维权倾向、政治导向之类的社会组织，也会在入选前进行必要的筛选。同时，政府主导型的社会组织治理模式，在社会组织登记注册以及协助办理其他必要的行政事务等方面具有制度优势，可以有效解决社会组织的“身份尴尬”等问题。

在社会组织的后续发展方面依赖政府支持。鉴于政府购买服务方式在各地得到推广，由政府扶持培育出来的社会组织也得以通过这一方式生存与发展。国务院也出台了《关于政府向社会力量购买服务的指导意见》，确保政府为社会组织的后续发展提供扶持性的政策环境与资金保障。

这一模式为政府的社会组织监管评估工作提供了便利，在一定程度上解决了监管难的问题。由于依靠统一化的社会创新中心、社会组织促进会等平台，政府可以进行规范化、全面性的等级评估工作。例如，东莞市在打造广东省创新社会管理引领区的过程中，依靠市级社会组织孵化基地，为引进东莞市现代社会组织评估中心进行专业化、一致化评估提供了制度上与组织上的便利。佛山市顺德区依靠区社会创新中心，联系全区的社会组织，也有效创新了日常监管方式。

二、社会支持型社会组织治理创新模式

社会组织经过多年发展，也已经在社会组织界形成了一些领军型社会组织。这些社会组织一般较有规模，活动范围不局限于一地一市，具有在全省乃至全国的影响力。这一类社会组织往往由直接服务职能向后台支持转型，为更多的社会组织提供助力服务与能力建设，由此形成了社会支持

型社会组织治理创新模式。

社会支持型社会组织往往具有民间背景，成立时间长，多有领军人物。较有代表性的是上海映绿公益事业发展中心、上海恩派公益组织发展中心，中山市的清风自游人。其中，中山市的清风自游人创建于2002年11月，是中山市首个公益性综合信息网站，后于2013年1月正式注册成为民办非企业。该组织在全国的户外活动领域具有一定的影响力。上海恩派公益组织发展中心的领军人物也是21世纪初投入公益界，在浦东形成社会支持型社会组织品牌后，现已在北京、深圳、成都、东莞、珠海等地相继建立了同一品牌的社会组织孵化基地。

这一模式形成了自身裂变或能力建设等治理方式，我国社会组织治理面临着能力薄弱、人才缺乏等问题。就这一创新模式而言，社会支持型社会组织往往以创办人为领军，形成具有影响力的工作团队，对全国各地初创期、成长期的社会组织进行能力建设与人才培养工作。一方面，像中山市清风自游人这一类型社会组织往往从互益型、会员制模式走向公益型、裂变式模式，培养会员的公益兴趣，裂变出更多的社会组织，形成“1+X”的治理模式；另一方面，像上海恩派公益组织发展中心、上海映绿公益事业发展中心等社会支持型社会组织既在各地方开设社会组织培养课程，也直接参与建设社会组织孵化基地，形成了社会组织界内部相互支持的格局，改善了人才、能力等方面的问题。

但是，在社会组织后续发展方面，这一模式与政府扶持型模式类似，仍主要依赖政府购买服务方式。换句话说，这一模式尽管解决了社会组织工作中的人才问题与能力问题，但资金瓶颈仍没有突破。

三、商业支持型社会组织治理创新模式

尽管社会组织往往涉及的是政社关系，但由于社会组织治理过程中面临的自身造血功能不足、长期依赖政府以购买服务方式“输血”，迫使社会组织界引入市场力量，形成了社会企业、基金会支持等商业支持型社会组织治理模式。

企业家在社会组织治理中逐步发挥作用。一方面，企业家在重要社会公益议题领域，为社会组织提供支持。例如由王石等近百位中国企业家发起的荒漠化防治公益组织——阿拉善生态协会，不仅在植树等公益项目方面投入了数千万元，更进一步吸引了政府的政策改善与追加投资，形成了商业—公益—政策的循环模式。另一方面，由于非公募基金会的审批权限下放，企业家也通过成立慈善基金会的方式为社会组织发展提供支持。例如，美的公司创始人何享健成立了广东省和的慈善基金会，为养老、文化等领域的社会组织提供资金支持。

社会企业成为解决社会组织治理问题的新手段。作为近年兴起的新型社会组织形态，社会企业以商业手段解决社会问题，目前已在深圳、佛山、中山等地以多种形式萌发并发展。其中较有代表性与影响力的是深圳残友集团。该集团旗下的社会企业以软件开发与相关业务外包服务为主，以残疾人作为主要从业力量，其收益除了三分之二用于企业发展和股东分红之外，另外三分之一均用于残疾员工分红。目前，深圳残友集团已形成含1家基金会、11家社会组织、34家社会企业的社会公益的战舰集群，并于2012年荣获“英国社会企业国际社企大奖”。

第五章　社会治理实务

第一节　个人社会治理

社会治理的起点是个人，离开个人就无法谈社会的构成，更难以谈以维系与促进社会发展为要旨的社会治理。一定程度上，社会只是一个纯粹的指称，而其真正的实体是个人。

一、社会人的概念界定

社会治理视野下的个人即社会人，是指从人际关系、社会地位等各种社会属性方面观察与分析人的心理行为的人。由此出发，人不再是孤立化的动物，而是参与社会活动、进行社会生产、消费社会产品的社会成员。具体来说，对于社会成员的身份资格认定、要求与承担是关于社会人的角色范畴，对于社会成员的品行理解、评估与期待是关于社会人的人格范畴。

（一）角色

角色也称为社会角色，原是在戏剧中指称某些特定人物，后来经米德、戈夫曼等符号互动论者的推动在社会科学中推广开来。角色是指个人从社会地位出发所具有的一整套关于行为期待的符号系统。

角色包括不同的类型，如功利性角色与价值性角色、自觉角色与不自觉角色，不同的角色类型嵌入在不同的社会情境之中，具有不同的定义。

各种角色期待之间存在两种情况：一是互补，二是失调。在角色互补的情况下，一个人所拥有的两个或两个以上的角色之间犹如视域互通，让人更清晰地认识社会情境，避免社会风险，更有利于社会互动与交往。在角色失调的情况下，一个人所拥有的两个或两个以上的角色之间就权利、义务等方面无法保持一致的节奏，使得人难以分配与协调时间及精力，导致人际冲突或事业受损。

满足角色期待，形成角色扮演模式需要经历一定的成长阶段，主要包括角色规定、角色理解、角色实践、角色调适四个阶段。在角色规定阶段，社会文化、法律与道德等对不同行业领域、地域范围、文化社群的角色进行普遍化的权利与义务规定，设置角色的最优期待与平均期待。在角色理解阶段，社会成员在他人教育与自身领悟的情况下尝试理解角色的规定，内化角色要求。在角色实践阶段，社会人将内化的角色期待转化为社会实践，运用在社会生活的方方面面。在角色调适阶段，社会人根据自身实践经验与角色要求的落差，既调适自身的身心状态，强化并满足角色期待，也尝试以反思的态度填充与更新社会的角色期待，以试图对其他社会人产生新的角色规定。

（二）人格

“人格”一词在拉丁文中是persona，原意为“面具”，是指公开的自我。随着社会变迁，人格概念逐步衍生出公民、外表、祭司等多种含义。根据学者整理，目前，人格概念已经有50多种有代表性的定义。我们从社会学的角度来看，人格包括三方面的内容：规范性、独特性、稳定性。规范性是指人格框架与内容要依据社会人所处时代的主流价值规范与法律精神。独特性是指社会人能够从一般化的规范要求中衍生出具有生动、形象以及一定外拓性的个人个性。稳定性是指社会人在拥有规范性人格与独特性人格的同时，能够以有节奏或者合理调节的方式调适自身中规范性人格与独特性人格之间的冲突与矛盾，保持自身的内外一致与时序一致性。

二、个人社会治理的时代问题

（一）社会的原子化

改革开放40多年来，个体体验层面的社会变迁最明显的特点便是原子化。原子化在一定程度上是社会治理的反命题，它表现为人际关系疏远、国家的个人认同减弱、社会团体消散等各个孤立化与疏离化的社会现象。如果按照文化/生活的归类方法，主要表现为文化认同取向上从自我主义向唯我式的个人主义的原子化，以及组织认同取向上从单位人到非单位人的原子化两个方面。

1. 文化认同取向的原子化：从自我主义到唯我式的个人主义

自我主义是中国社会学奠基人费孝通先生善用的概念。他认为，在中国社会中，往往有“私”的毛病，缺乏公德，同时为了自利而因人际关系远近而差序有别，这种现象被称为自我主义。费孝通认为，在自我主义的社会中，没有孤立化的个人，也没有界限明确的团体，只有所谓的“圈子”。大大小小、远远近近的圈子形成私人关系网络，从中心势力往外推出去，越远的关系强度越弱，越近的关系强度越强。所以，在这种社会中会出现“为了家可以牺牲党，为了党可以牺牲国，为了国可以牺牲天下”①。

自我主义尽管有自利倾向，形成圈子文化，但也因此产生两点积极结果：一是社会成员永远在一定的社群当中，从而不会孤立于社会，能够及时而充分地获得圈子内其他成员予以的温暖与关怀；二是在自我主义的文化氛围中，社会强调修身养性，强调道德自我。也就是说，由于把自我中心看得很重要，所以凡事必须从自己做起，从自己身边的事情做起，因而在传统社会中才会有专门谈论修养的功夫论。正如《大学》里的“八纲目”——格物、致知、诚意、正心、修身、齐家、治国、平天下——是一个强调从自我做起、见好就收、做好自己才能兼济天下的理念。由此出发，在这个文化系统会树立圣贤形象，强调榜样作用，使人们好德向善。

①费孝通．乡土中国[M]．上海：上海人民出版社，2006：22.

改革开放以来，伴随着市场经济的冲击，社会越发强调理性自我，而非道德自我的理念。流心在《自我的他性：当代中国的自我系谱》一书中以民族志的方法详细地描述了这一变化。他认为，社会变迁普遍影响了个人在性格上的变化，使自己成为过去自己的“他者”。变化后文化自我是一种追求物欲、追求个人享受的形象。在这样的追求个人的文化环境中，原先的追求道德自我、追求圈子认同变成了追求各取所需的商业性自我。在个人主义的文化意识中，社会责任弱化，社会规范消解，道德水准下降，人们始终以工具性的眼光来看待他人与社会。

2. 组织认同取向的原子化：从单位人到非单位人

在单位制被打破之前，中国的社会结构是“国家—单位—个人”，单位承担着连接国家与个人的职责。在单位社会中，个人跟随国家的发展战略与政策变迁同步经历社会变迁，带有总体性的特征。这主要因为单位依赖国家的计划政策，按照国家的意愿从事生产与分配，同时国家也依靠单位对个人进行整合与控制。

20世纪80年代以来，伴随着改革开放的步伐加快与市场经济的冲击，单位制逐渐松动乃至瓦解。对于非单位人来说，社会治理面临一大问题：个人的社会福利需要直接依赖国家政策。在后单位时代，个人的社会福利不再由单位提供，而是直接根据国家的医疗、养老、住房等有关社会保障与社会福利政策而改变。尽管企业根据政策会进行一定的参与和补贴，但是个人与国家产生了直接的联结。

（二）国家的父爱主义

父爱主义又称为家长主义，其拉丁文是pater，是指像父亲对待孩子一样的行为与态度，与之相对的是母爱主义。当然，这里的父爱比喻是指一般情况下有责任心与关心胸怀的父爱。因此，法律的父爱主义是指在一定的领域，国家对待公民像父亲对待孩子一样扮演着家长角色，替子女作出尽量优先的决策，规避可能存在的风险。简单地讲，父爱主义是“管你，是为了你好”的家长（国家）与子女（公民）关系模式。

父爱主义虽然是个外来概念，但是在中国却有根深蒂固的文化传统。在传统文化中，老百姓将政府官员称为“父母官”，这说明政府官员在百姓心中是家长地位。同时，政府的执政理论是仁政爱民，导致国家会为了民众的利益而限制民众的自由，也在一定程度上保住了国家治理的精英传统。在计划经济体制中，国家大到宏观发展战略，小到居民的衣食住行均进行无微不至的政策设计。尽管改革开放以来，市场经济的发展与单位制的瓦解使得父爱主义有所削弱，但是总体上国家治理仍是以父爱主义的理论进行设计与执行，主要体现在全能政府的行政职能配置。

在全能政府模式下，政府通过全方位的行政权力对社会进行吸纳与控制。康晓光、韩恒以“行政吸纳社会”指出，当前国家与社会关系中个人的组织化与制度化水平的差异形成“分类控制”的治理技术。①在具体的法律中，国家的父爱主义也都有体现。《中华人民共和国就业促进法》中对农民就业的关怀与帮助达到前所未有的高度，以致招致学者批评其过度地侵入了个人领域，使得政府理性高于个人理性。在类似的法律文本中，以政府“主导”“促进”“引导”“保障”“统筹”等字眼体现的政府理性为轴线，使得个人理性不得不服从大局，失去选择的自主权乃至可能性。

三、个人社会治理的理论脉络

个人与社会关系作为社会学等学科的基本问题，包括众多理论流派。结合个人社会治理的时代问题，从严格的社会治理视域来看，个人社会治理理论主要包括三个层面的论述：社会化理论、公民权理论、机制设计理论。

（一）社会化理论

社会化是指个人从作为基因决定的生物有机体向作为向社会学习、与

①康晓光，韩恒．分类控制：当前中国大陆国家与社会关系研究[J]．社会学研究，2005(6)：73-89.

社会调适的社会人转化的生命历程。社会化的内涵可以从以下层面理解：首先，从过程上来看，社会化是生物人向社会人过渡的过程，也是人不断完善自己、寻找自我完成整个生命的过程。换句话说，人作为社会人，注定无法回到茹毛饮血与孤立独处的生命阶段，只能在社会生活的过程中寻找个人改变与成长。其次，从关系作用的角度来看，社会化是自我与社会的互动与交往。自我既具有与社会相似性的一面，也具有与社会相异性的一面。因此，自我与社会间通过交往的形式，了解社会规范，内化道德标准，改善行动习惯，调适自我生活。同时，在社会化的过程中，社会本身也因自我的模糊性与丰富性而被不断更新与改善。弗洛姆指出，社会化诱导社会成员去做那些能够使得社会本身正常延续的事情，是社会和文化得以延续的手段。

社会化的内容相当广泛，类型划分抽象化则失去社会化的生活意义，过于简略则失去了社会化的理论内涵。因此，下面仅列出三项重要的社会化类型。

1. 政治社会化

政治社会化是社会化的核心类型，是指个体从现有政治制度与政治运行机制中习得相应相等的心理与行为的过程。任何一个国家与政府都会出于稳定的问题或多或少地要求其公民按照意识形态的标准和一定的行为模式与心理过程进行生活。

2. 技能社会化

技能社会化包括生活技能社会化与生产技能社会化。一个人具有社会意识后，必须要从衣食住行等基本生活技能着手接受家庭教育。伴随着人的成长，学校、公司等经济与社会组织逐步向个人提供生产技能的学习场所与经验经历，确保参与成员变成合格的社会劳动者，进入劳动力市场，参与社会大生产。

3. 性别社会化

一般来说，一定的文化模式会对男性和女性提出不同的性别角色期待，这就是所谓的性别社会化。这些性别角色期待包括衣着打扮、行为习惯、工作内容与性质等各方面内容。当然，不同的文化会对性别社会化提出不同的要求，例如人类学家M.米德对新几内亚的三个部落的观察，发现其中一个部落的性别社会期待与一般情况下的恰恰相反。该部落中女性具有所谓的“大男子主义”，而男性则具有“女性气质”。

（二）公民权理论

1949年，英国社会学家T.H.马歇尔的《公民身份与社会阶级》一书问世，标志着公民权社会学分析模式与研究传统的诞生。浙江大学社会学教授王小章指出，国内的社会治理与社会建设存在的政府主导下的民生建设与社会行动力量主导下的自主发展和自治管理两种取向的汇合点便是具有系统化权利与义务的行动范畴与行动意识的公民。[①]也就是说，从公民的角度看社会建设与政府管理，如果没有公民权的完善与建设，社会治理与社会建设都难以具有坚实的个体基础。

公民权理论源于德国著名经济学家阿尔弗雷德·马歇尔的《工人阶级的未来》。在这本书中，阿尔弗雷德·马歇尔认为，在经济发展过程中，必须假设每个个体都具有经济社会共同体中的成员身份，使得他们能够获得平等的待遇与体面的生活。他将这种成为“社会的完全成员”的权利称之为公民权。

T.H.马歇尔受阿尔弗雷德·马歇尔的启发，第一次完整阐释了公民权的理论。他认为，公民权是指给予那些一个共同体的完全成员的地位属性。就这个地位范畴来看，所有各地位范畴内的人所拥有的权利和义务是平等的。[②]从这个定义来看，其内涵包括两个方面：一是公民权是一种地位属

①王小章．论以积极公民权为核心的社会建设[J]．浙江学刊，2013(4)：176-187.
②T. H. 马歇尔．公民身份与社会阶段[M]．郭忠华；刘训练，编．南京：江苏人民出版社，2007：210.

性，它包括权利与义务互相对应的两个方面。权利与义务共同撑起一个公民在整个社会结构中的位置。二是公民权具有平等原则。

基于对英国社会变迁的考察，T.H.马歇尔认为，公民权包括三个方面内容：民事权、政治权、社会权。民事权是指个人自由所必备的基础性权利，包括人身、言论、信仰的自由以及财产权，等等，保障该类公民权的政治组织是法院。政治权是指在政治权力机构中成员能够行使的完全政治权利，主要是选举权与被选举权，与其对应的是国会与地方政府的参议会。最后是社会权，是指社会共同体成员按照当下文明标准而享有的体面生活所必需的一系列权利，包括科、教、文、卫、体与其他相关公共服务内容。

所以，在T.H.马歇尔看来，公民权并非单一的权利，而是一个权利的复合体。在这个复合体中，公民权指向个体时，是三种类型的权利与义务，指向国家与社会的时候，是三种由制度化规范运行的政治与社会机构类型。同时，T.H.马歇尔指出，公民权在英国的形成与发展经历了一个漫长的过程：18世纪时，公民权发展的焦点是民事权，19世纪时是政治权，20世纪时是社会权。这三个过程历时250～300年，与英国资本主义兴起的时间序列一致。

尽管T.H.马歇尔的公民权理论被学界接受，但是对于公民权本身的兴起却存在两种观点：一派是以查尔斯·蒂利为代表，认为公民权兴起于近代欧洲战争。他认为，在近代欧洲，各个国家之间的连年征战导致老百姓对国家的资源榨取产生了集体抗争，普通百姓形成社会团体，与国家就资源支持进行谈判，从而换取了国家对公民权的承诺与兑现。在这一谈判过程中，国家财政汲取能力与公民权的增长是相伴增长的，而国家对公民的赋权增能并非自愿。另一派是以马克斯·韦伯为代表，他认为不是战争促进公民权的兴起，而是城市影响公民权的产生。马克斯·韦伯通过对东西方城市类型、古代与现代的城市类型比较，认为公民权兴起于西方近现代城市。西方近现代城市作为经济性城市，公民为谋求市场和平与良性运行，通过公民自主性与制度保障性的需求，促进公民权的产生。

总的来说，对于公民权兴起的两种逻辑，查尔斯·蒂利是从国家与社会的关系，以强制逻辑来分析公民权的缘起，而马克斯·韦伯则是从市场与社会的关系，以资本逻辑分析公民权的产生。

（三）机制设计理论

获得2007年诺贝尔经济学奖的三位经济学家莱昂尼德·赫维茨、埃里克·马斯金和罗杰·迈尔森综合了博弈论与社会选择理论，重新从制度安排与个人行动动力角度思考经济学基础问题，提出了机制设计理论。在个人自由支配、信息不平等交换、分散决策等自然性前提条件下，如何通过设计一种机制，例如法律、规范等，使得个人的选择性行动手段和公共议题与要求的目标达到一致。

莱昂尼德·赫维茨把市场运行看作是一个信息交换系统，或者说是一个信息场。在这个场域中，各个参与者之间传递信息、计算信息与评估信息，并将市场机制与其他各种机制进行比较分析。在这种聚焦于信息量与质的过程中，社会参与者便会忽视激励问题。因此，他又提出机制设计理论的另一个关键是激励相容概念。他认为在自由选择的情况下，如果一个机制成为整个社会中占优势的均衡策略，那么这个机制必然是激励相容的，它既能够调动各成员的积极性，又能够把各个个人目标容纳到统一的整体目标当中。

赫维茨的弟子田国强认为，既要追求市场有效，又要追求整体均衡，必须通过三种制度安排：一是强制性治理；二是诱导性激励；三是默化性文化。在交易成本较小、信息易于对称的环境中，宜用第一种、第二种，即法律与规范，进而通过一定的社会过程，转化为第三种制度安排。

作为一个经济学的新型理论，尽管与复杂的信息经济学等方面有关，但从个人社会治理角度来看，在整个社会治理的场域中，管理者与被管理者之间既存在着信息不对称的情况，也存在彼此成长的过程，因此有必要设计出一种能够消融异见但又能激励自身成长的新型的机制，实现制度安排与动力结构的交会与共生。

第二节　家庭社会治理

家庭是社会最基本的单位之一，也是社会治理与服务最重要的研究对象之一。研究家庭，不仅可以了解家庭结构功能、家庭文化与变迁，还可以帮助我们捕捉到社会治理具体、形象与生动的个案。

一、家庭社会治理的概念界定

（一）家庭概念的约定

在中国社会文化传统中，“家”与“室”“户”等都具有现代意义上的家庭意蕴。例如，《左传》有记载“女有家，男有室”。同时，古代汉语中“家”的意蕴十分具有弹性，这主要是因为中国的“修身、齐家、治国、平天下”的大共同体观念。不过，尽管“家”的意思有伸缩性，但伸缩性的基础是亲属关系。换句话说，正因为对亲属关系的远近亲疏网络搭建得广阔或狭隘，从而影响了中国人对家的范围界定。所谓的亲属关系，本质上是以血缘关系为参照的社会关系，整体上构成纵向的高祖父母到玄孙（女）与横向的族姐妹到族兄弟的宗族血亲网络。

对比而言，在西方社会文化传统中，家庭的意蕴经历了一定的变化。在古罗马时期，“家庭”一词源于拉丁文familia，它不是指夫妻及其子女，而是指属于某个人的所有奴隶的集合。但是，到了近现代，随着家庭的理念渐渐回到夫妻与子女的关系上。例如，曾经提出核心家庭这个著名概念的美国社会学家G.默多克便对家庭做过如下界定：家庭是一个社会团体，其中包括两个或多个彼此结婚之不同性别的成人，并且包括已婚双亲之亲生的或收养的一个或多个孩子。[①]

所以，我们看到西方与中国对家庭的界定一方面有所差别，但另一方面又异中有同，其本质要素主要包括以下三方面。

1. 以婚姻为起点的横辅

婚姻是两个人的法定结合形式，在家庭形成过程中起到起点作用，而且仅有婚姻双方也可称之为家庭。

2. 以血亲关系为主、以收养等其他方式为辅的关系网络

不管是中国的伸缩含义还是西方的核心式界定，都反映着以血缘性亲属关系为依托，家庭不仅可以是二人世界，还可以是更多种亲属关系组成形式。

3. 家庭是社会的重要组成部分

家庭之所以重要便是因为它嵌入社会环境之中，从而考虑到家庭不可或缺的社会因素，具体包括法律基础、经济基础、文化基础、情感基础。

法律基础是指婚姻的法定契约关系。家庭往往是从婚姻开始，而婚姻的确保离不开法律的规定。新中国成立以来，颁布的最早的法律便是《中华人民共和国婚姻法》，这说明婚姻关系法律化对整个国家建设与社会稳定的重要性。离开了法律形式的婚姻关系，家庭本身在面临重大问题时就具有脆弱性，例如遗产分配。因此，法律是现代社会中家庭的制度性基础。

经济基础是指家庭作为人类从出生到死亡的根基场所，既有经济生产的面向，也有经济需求的面向。中国传统的男耕女织作为一种家庭模式便说明了这两方面。因为“耕”与“织”既反映具有生产性的劳动，又反映一个家庭的基础性生存发展需求。在现代社会中，家庭的生产功能虽然在一定程度上被社会大生产替代，但是家庭作坊、夫妻店等灵活就业形式仍然普遍存在于社会之中。同时，家庭的抚育与赡养等方面功能促使其对经

①岳庆平．中国的家与国[M]．长春：吉林文史出版社，1990：4.

济基础产生依赖性。费孝通先生在其最具系统性的著作《乡土中国　生育制度》中说过："婚姻之外的两性关系之所以受限制还是因为要维持和保证对儿女的长期的抚育作用，有必要防止发生破坏婚姻关系的稳定性因素。"①这句话正反映着经济基础支撑着家庭职能的保障与实现。在现代社会中，由于社会生活压力，经济考虑也成为择偶标准之一。当前社会关系"高富帅与白富美"等配对方式正反映着过去的"门当户对"的婚姻经济话语的转换。因此，经济可以说是家庭的保障性基础。

文化基础是指家庭约定俗成的惯例背景。家庭不同于其他社会团体或社会单位，正在于文化的惯例背景对家庭的角色期待与其他单位或团体不同。这些惯例背景依托于约定俗成的仪式、风俗、生活方式等具体内容。如果我们接受人最基本的两种特性是生物性与社会性的话，那么生物性上的性欲满足所导致的两性同居不能称之为家庭，正是因为它没有实现向社会性的跨越，而跨越的门槛正是对文化基础的承诺与兑现。英国人类学家马林诺夫斯基曾说过："生育除了是一件生物作用以外，永远是一件重要的社会事件，往往与宗教有关，许多传统的习惯，都是聚集在这件事上。"②马氏意在指出，以生育为代表的婚姻家庭事件，是传统、宗教等文化意蕴对其生物意义的叠加，这种被广泛接受的叠加正说明文化是家庭的规范性基础。

情感基础是指婚姻家庭中人与人之间的关系具有与理性计算不一致的情感酝酿与挥发。尽管文化基础在一定程度上具有情感力量，但它有可能"有形无实"，而情感基础正是所谓的"实"。家庭成员之间的纽带之所以难以割裂不是因为从理性计算的角度来审视其具有的投入与产出、成本与效益的最大化趋势，而是因为从爱情、亲情等角度具有情感横态方面的相爱与相守。因此，情感是家庭的心态性基础。

①费孝通．乡土中国　生育制度[M]．北京：北京大学出版社，1998：25．
②马林诺夫斯基．两性社会学[M]．北京：中国民间文艺出版社，1986：20-21．

总的来说，从东西方对家庭界定的简单比较出发，家庭概念具有婚姻、亲属关系以及社会因素三方面约定。婚姻与亲属关系是家庭的内在约定，而社会因素包括制度性法律基础、保障性经济基础、规范性文化基础、心态性情感基础是使家庭作为社会单位或社会团体之一的外在约定。之所以说是“约定”，主要是因为家庭作为社会学、人类学等学科的基本研究对象，不易达成一致性认识，因此上述的内外条件与特征描述是一种约定俗成式的界定。

（二）家庭社会治理的界定

从上述的家庭概念要素、基础等内外约定分析来看，诸要素或基础便犹如一个房间的各个窗口，让社会治理得以“观察”并“进入”这个研究对象。简单地讲，家庭社会治理是指社会团体、家庭外的个人以协调家庭关系、化解家庭矛盾、解决家庭问题为基本出发点，以“一篮子”有系统、有组织的社会工作、家政服务等方法为依托，最终实现促进家庭的发展能力建设，完善国家的家庭政策。

这个概念指明了家庭社会治理的四大特点。

第一，家庭社会治理的基本出发点不是个人，而是家庭。换句话说，诸如家庭中的个人问题，如失业，不是家庭社会治理服务的研究对象。但是，如果个人失业问题影响到家庭关系，或者因家庭关系导致个人失业问题，如男方失业导致其向女方施暴，便要将失业问题纳入家庭范畴内进行分析。

第二，家庭社会治理的出发点是家庭问题。家庭在人的自然观念中充满着和谐、温馨，但是由于诸多因素可能导致问题或风险。正是自然观念与现实情况的落差导致家庭社会治理服务具有介入的价值期待与现实条件。家庭中出现的夫妻间暴力、父母与子女间的代沟问题等均是其起始点。

第三，家庭社会治理的方式具有非营利性与营利性、个人提供与机构提供相互交叉的两组类型，非营利性方式包括由社会工作机构提供专业服务以及道德模范的好人好事等，营利性方式包括家政服务业提供月嫂以及灵活就业形式的家庭服务私人交易。

第四，家庭社会治理的最终目的不是压制问题或仅仅停留在解决具体问题上，而是具有方向性、引导性的发展与提升，包括以家庭为中心的能力建设发展和以国家为中心的家庭政策完善。只有将家庭纳入社会的范畴内考虑，才更能体现社会治理的宏观性与统筹性。

二、家庭社会治理的时代问题

伴随着社会转型与文化变迁，家庭发展到今天，的确存在多方面的问题，包括横向的夫妻关系问题和纵向的代际关系问题。

（一）夫妻关系

1. 离婚问题

处于社会转型期的婚姻，越来越失去其稳定性。同时，随着个人意识的增强、个人体验的关注，婚姻不再仅满足于“凑合”而已。因此，自改革开放以来，中国的离婚率一直处于上升阶段。

2. 家庭暴力

夫妻间的暴力冲突目前也成为婚姻家庭问题的重要表现形式之一。王天夫综合男女的回答（包括男性对女性以及女性对男性的施暴），中国的城市家庭中有30%的夫妻有过暴力冲突。①至于发生家庭暴力的原因，包括夫妻双方各占家庭收入的比例、个人极端或不正常情绪以及社会地位、生活方式，等等。

3. 同性恋及同性婚姻

同性恋者的婚姻权利不受到正常对待，使得同性恋者不得不游走于社会文化边缘，或者通过“形婚”形式进行亲密关系生活。

因此，同性婚姻一直面临是否合法化、如何合法化的问题。2002年，

①王天夫. 城市夫妻间的婚内暴力冲突及其对健康的影响[J]. 社会，2006(1)：36-60.

有关学者正式向全国人大有关部门提出同性婚姻的问题，建议在《中华人民共和国婚姻法》中增加同性婚姻有关条款。此次议案与之后两次均以失败告终，同性婚姻尚未纳入我国法律。

目前，同性恋及同性婚姻产生一系列问题，包括艾滋病传播、“形婚”家庭危机、文化认同困境等。一项关于同性恋的调查显示，30%～35%的同性恋者有过自杀的念头。

（二）代际关系

1. 养老

目前，中国的养老问题主要表现为在以家庭养老为主要养老模式的前提下和老龄人口激增的趋势下，家庭供养比不断升高，家庭养老负担较重，缺乏劳动能力、无退休金或养老保险的老年困难群体的赡养压力大。

2. 留守儿童

由于人口流动加快，尤其是农民工热潮的形成与发展，导致儿童的日常照料与教育不确定性增强。尽管20世纪80年代农民工群体业已大规模形成，但是留守儿童问题直至21世纪才逐步成为媒体与学术关注的焦点。

这些留守儿童由于长期不能和父母在一起，使其在成长过程中不能直接得到父母的关心与爱护，不能直接得到父母的言传身教，对其身心健康产生了十分不利的影响。同时，由于留守儿童多在农村，而农村教育意识水平不高、教育资源有限，加上父母不在身边，导致大量留守儿童辍学率较高，甚至无法达到九年义务教育水平。

3. 失独家庭

对于失独家庭来说，他们往往在精神上、社会交往上、心理上和身体上都承受着巨大的压力。从理性的角度来看，失去独生子女，也意味着这些家庭的投资损失，导致心血付之东流、夫妻关系离崩，大大削除了家庭养老的功能。

三、家庭社会治理的理论脉络

（一）家庭现代化理论

家庭现代化理论本质是指以家庭为研究样本的一场现代化理论试验。因此，在这场理论试验中，现代化理论的前提预设、基本概念以及研究框架都被保留或具体化到家庭范畴。

1. 现代化理论线性进化的前提预设与家庭现代化理论共享

线性进化是指由此及彼的单线社会变迁观念与模式，典型的案例如从传统到现代、从农业社会到现代社会。一般而言，基于二分框架，线性进化对当下社会发展水平进行了现实判断，对未来发展方向进行了价值预设。具体在家庭现代化理论中，从扩展家庭到核心家庭便是线性进化的案例。扩展家庭也就是所谓的大家庭，是指有共同血缘关系的已婚子女及其父母，或已婚姐妹与兄弟的多个核心家庭组成的一种家庭系统模式。核心家庭是指已经结婚的子女组成的家庭，最典型的形态便是仅强调夫妻双方关系的夫妇家庭。从扩展家庭到核心家庭也就是说家庭的规模与结构发生了变化，因此，线性进化进一步与结构功能视角发生了关联。

2. 家庭现代化理论同样遵循现代化理论的结构功能视角

所谓的结构功能视角是指从事物的秩序化关系及其相互作用的角度来分析研究对象。对于家庭而言，从扩展家庭到核心家庭的变迁，家庭规模由大变小，结构由复杂变简单，功能由多样变有限。

首先，家庭人口规模不断缩小。根据史料记载，中国封建社会每户平均5.5人左右。即使到了新中国成立前夕，每户人口的平均规模仍保持在5.17～5.38人。[①]而根据中国第七次人口普查数据与第六次人口普查数据可以看出，中国平均每个乡村家庭人口规模已经从3.1人下降到2.62人。在西方，到20世纪90年代，家庭人口规模已大多数位于2～3人。

其次，家庭结构由复杂变简单。人口规模缩小意味着代际、旁系关系复

①陈功．家庭革命[M]．北京：中国社会科学出版社，2000：29.

杂性在减弱。核心家庭中，夫妻关系以及两代人之间的关系成为主要关注对象。

最后，家庭功能发生了重要变化。从历史变迁来看，西方与中国一样，家庭都曾承担着丰富的、繁杂的功能，诸如宗教、防卫以及最基本的生育与生产。但是，随着工业化与市场化的推进，家庭的部分功能已经发生了明显的位移或外化。一是家庭的情感满足功能在增强，而生育功能在减弱。费孝通曾提出的家庭三角模型，认为子女是家庭中最关键也最不可或缺的联结点。但是，在现代社会情境下，丁克家庭越来越多，同时，生育不再被视为家庭的神圣且持续化的使命。伴随着生育观念的变化，生育行为逐渐成为短期化的行为，而非伴随着家庭的长久周期行为。二是家庭的经济功能从生产面转向消费面。由于市场化的社会大生产的出现，男耕女织式的传统家庭生产逐渐消失，工厂取代家庭成为生产的主要场所，家庭更多地成为向市场购买服务、购买商品的消费场所。三是家庭的抚育功能逐步外移化，由国家机构或社会组织承接。由于家庭规模的减缩，子女的抚养与教育的职能逐步被学校、托儿所等场所取代，而对长辈的赡养责任也开始由养老院、福利院等场所承接。

（二）本土文化理论

中国家庭以其自身的文化独特性展现了与现代化理论不一样的家庭现象。其中，最生动也最深刻的当数以“过日子”“忍”等本土概念构建的关于家庭情感政治与家庭生活策略的微观分析。

1.“过日子”与家庭情感政治

家庭情感政治是指家庭包括以权力为导向的政治分析与以亲密关系为导向的情感分析。在这种二元结构中，“过日子”作为一种社会历程，将两者融合在一起。吴飞在这方面的开创性研究起了重要作用。他认为，家庭成员之间的亲密关系是“过日子”的特点，但是家庭秩序又必须涉及权力游戏，以实现亲密关系的井然有序。[①]这两者之间的张力往往产生于家庭成员，尤其是妇女的“委屈”。所谓的委屈，就是说家庭成员没有得到应有的平等尊重，导致诸如自杀等报复或矫正的极端手段。吴飞认为，发生在家庭中的自杀大多是由委屈导致的，由此可以解释中国农村妇女的自杀率为什么比男子高等极端行为的现象。

2. “忍”与家庭生活策略

“忍”作为广泛使用的本土概念，曾被梁漱溟视为中国的国民性之一。我国台湾学者利翠珊通过研究夫妻间的交往互动过程指出，夫妻间常以忍耐克己去应对婚姻或生活过程中的挫折，从而保持家庭生活的连续性。[②]除了夫妻双方关系的忍耐，在研究家庭女性方面，“忍”更有其理论价值。孙宇凡等人对于农村“外来媳妇”日常生活的研究，认为这些妇女常以“忍气吞声”来避免家庭争端，获取生活意义。[③]何雪松通过对我国香港新移民女性的家庭生活进行研究，系统化指出了这些女性常以忍让化解人际冲突与痛苦，以忍耐应对生存压力。[④]

因此，家庭情感政治指出了家庭的情感与政治的两个面向的冲突可能，而家庭生活策略研究则指出了中国人常以本土生活手段将两者结合，从而实现“过日子”而非“混日子”。

①吴飞. 论“过日子”[J]. 社会学研究，2007(6)：66-84.
②利翠珊. 夫妻互动历程之探讨：以台北地区夫妻关系为例的一项初探索研究[J]. 本土心理学研究，1995(4)：260-261.
③孙宇凡，田飞，陈澄. “气”与“云南新娘”的人际交往[C]. 经典与文化学术研讨会论文集. 台南：嘉南药理科技大学通识教育中心，2012(12)：1-2.
④何雪松. “忍”的述说：新移民妇女在香港第一年生活体验之纵贯性研究[J]. 香港社会科学学报，2006(30)：97-122.

第三节　社区社会治理

一、社区的概念界定

社区是“小”社会，是社会治理的重要起点与分支之一。研究好社区社会治理是关于社会治理的一场“解剖麻雀”的实验，具有重要的意义。

（一）社区的含义

对于界定社区概念，我们必须承认，社区界定仍未形成统一共识，这与该概念本身的重要性有关。1955年，美国社会学家希来里便已经梳理出94个关于社区的定义表述，仅仅26年后，这个概念的界定又增加了50多种。

社区概念是个舶来品。从社会学的学科史来考察，英文中的community源于滕尼斯1887年出版的Community and Society一书。滕尼斯将罗马语中的communio概念引入了社会学学科，指称具有心灵相通、有机生活的“共同体”。在整个西方社会理论的语义脉络中，community还意指公社、公众、共同性等多种意思。根据一本社会学词典的解释，社区是指在一定的地理区域中，一定人群组成的集体进行共同的经济生产与政治参与活动，进而形成共同的价值观与向心力的社会单元。

中国社会学家使用community这个概念始于20世纪30年代的燕京大学。对于刚引入中国的滕尼斯著作，当时将其译为“地方社会”而非“社区”，由于这种翻译的不准确性，学界面临着关于该概念运用与解释的诸多困难。在第一代中国社会学家吴文藻先生的指导下，费孝通等学者认为“社区”一词更能表达community的意思，后被学界援引，逐步流行开来。[①]费孝通先生之所以认为“社区”比“地方社会”更准确，显然是看出了社区不仅

①白益华．中国基层政权的改革与探索[M]．北京：中国社会出版社，1995：564-565.

仅是地方化或区域化的社会，它还具有与社会本身不同的意思，有其自身内涵的独特性。

从西方的概念缘起与中国学者的反思来看，我们认为社区概念具有以下几点基本要素。

1. 社区有区域化的空间性

空间是社会关系与社会行为的前设要素与物理条件，在现实情况中空间与社区关系是互构的关系。空间邻近性与社会关系的邻里化相结合，形成了社区社会活动的基础。同时，空间还具有人文地理学意义上的区位意蕴，也就是说空间本身具有“社会化”的特征。从人文地理学角度来说，空间区位意味着地租的差异，进而形成不同的人群的集聚，最终形成了社区。

2. 社区有一定数量的人口

尽管社区对人口的多少没有硬性的指标要求，但不可否认，人口是社区的主体性条件。只有一定的人口集聚在一起进行必要的生产、交换与消费，作为空间的社区才能超越它的自然性走向社会性。进一步讲，人口既具有自然属性也具有社会属性。以出生率、死亡率、生育率等指标代表的从诞生、成长到死亡的整个过程影响着社区的社会交往与日常表象。同时，人针对生老病死所发展出来的组织与行为进一步丰富了社区。

3. 社区具有规范化的社会行动模式

各个社区会因为社区记忆与社区文化而形成具有自身特点的社会关系模式。正如“入乡随俗”这一成语所言，外来人进入一个社区便感受其有别于外来人原属社区的习俗，而这种习俗同时具有或硬或软的规范化力量，迫使外来人不得不服从于此。在社区中，各个成员之间会有血缘、地缘、业缘及其相互交织的复杂关系形式。为了共同生活，社区成员之间会通过长时间的社区交往以及从祖辈承袭下来的社区记忆形塑出特定的生活方式与行为规范。

4. 社区具有一定的文化认同感

就社区居民而言，所谓的文化认同感就是对于“自己人”的文化界定。一个社区作为区域化的社会，是社会的诸多子系统之一，它与其他社区具有既相似又不同的相互关系。基于社区特定的经济社会发展以及特定的历史记忆，社区居民会形成共同的发展需要与共同的情感需求，进而构成社区人口的文化维系力。

综合以上的论述，社区可以定义为在相对固定化的地域空间内，由一定人口通过以一定的文化认同为聚合力，通过规范化的社会行为进行生产生活活动的社会共同体。

（二）社区的类型

目前，社会学、公共治理等学科视角下的社区类型种类繁多，大致来说可以分为两种：农村社区与城市社区。

1. 农村社区

农村社区是以从事农业生产与农业式生活方式为主的人群组成的地域性社会共同体。此外，各国和地区还习惯以人口数量来操作性界定农村社区。20世纪60年代以后，中国惯以社区人口数量在3000人以下的为农村社区，这一标准与日本、欧洲国家相类似。但是，作为社区的类型之一，农村社区更反映着一种社会结构功能的形式，因此仅以人口作为唯一标准可能不够完整。一般来说，农村社区具有以下三个特征。

第一，农村社区经济简单，对自然资源依赖性较强。农村社区一般以农业经济活动为主，经济结构较为趋同且单一。鉴于农业活动的性质与特征，农村社区一方面依赖气候、季节等自然条件；另一方面依赖土地资源与地形地貌等自然环境。正所谓“靠山吃山、靠水吃水”，农村社区人群依照所属社区的自然资源特征，因地制宜进行经济生产。

第二，农村社区文化保守，注重血缘关系。农村社区人群由于对自然资源的依赖性，安土重迁，人群内部往往可以世代相袭、世代相交，因而形成了具有内聚性的文化模式。同时，在这些世代交织的关系网络中，由于家庭式生产活动与生活方式，农村社区人群相较于地缘与业缘关系，更加看重血缘关系，对亲属关系群体较为依赖。

第三，农村社区经济社会变迁较为缓慢。鉴于农业经济与农村生活的特征，一方面农村社区的区位比较边缘，一般位于相对于城市中心的边际地位，信息流、资金流等导入较慢；另一方面农村社区的社会问题也呈现“慢性状态”，也就是说农村社区内部的矛盾冲突往往以“人情”“面子”的非直接、激烈的冲突的方式呈现，因而问题积累缓慢。

2. 城市社区

城市社区是指主要由从事非农业活动的人口组成，具有复合功能、复杂结构的地域性社会共同体。从历史的角度来看，尽管古代中国形成了长安等具有城市形态的聚落，但是城市的经济结构仍以家庭手工业为主，产量较低，规模也有限。直到工业革命以后，西方国家迅速发展，在生产技术不断革新、生产力日益增长的背景下形成的大规模人口集聚的聚落才更具学术意义上的城市特征。因此，在一定程度上，城市是商品经济发展到一定时期的产物，而城市也由于往往作为一个国家或民族的经济辐射中心而存在。具体来说，城市社区具有以下三个特征。

第一，城市社区人口密度高。在一定程度上，城市的形成与发展便是人口不断集中的过程。人口的集聚提供了丰富的劳动力、充足的智力资源。从中国目前的情况来看，一些中等城市为加快城市化进程，提出了大规模人口的目标与理念。

第二，城市社区异质性较高。与农村社区的经济社会文化的同质性较高相比，城市社区在经济活动与社会生活方面具有较明显的异质性特征。一方面，城市社区通过辐射出去与吸引进来两种路径，加快了该社区与外界的人力、知识和资源的交换，从而在本社区内部形成了丰富多样的非农业经济活动形式；另一方面，随着商品经济的发展，城市社区的职业分化逐步出现，人口流动加快，血缘关系的固化状态被打破，地缘关系也松动，而业缘关系呈现为主流关系样态，由此职业种类多样带来了消费活动的多元性与社会生活的丰富性。

第三，城市社区的组织化与制度化水平较高。不同于农村社区对社会记忆与文化认同的依赖性，城市社区通过学校、公司、监狱等正式组织对社区成员进行社会化教育与治理，同时依托这些正式组织形成诸多公文规章与规范措施进行社会控制，防止社会失范与越轨，提升社区的凝聚力与整合度。

二、社区社会治理的时代问题

（一）社区行政化问题

随着城市中单位制的解体，大规模的“单位人”变成“社会人”，单位社区也失去了原有的行政治理色彩。同时，随着民工潮的出现，社会的人口流动也迅速加快。鉴于社会上出现了大量缺乏组织化治理的人口群体，政府逐渐重视居委会的作用。1987年，民政部提出了“社区服务”的概念，到1991年又提出“社区建设”。9年后，民政部通过了《关于在全国推进城市社区建设的意见》，提出居民自治与行政治理相结合的基层社区治理模式。

总的来看，社区自治机构行政化问题主要表现在以下两个方面。

1. 社区自治机构的职能配置行政化

由于政府将社区自治机构视为“下属机构”，所以在重心下沉、服务前移的简政放权的改革浪潮中，社区居委会承担的事务较多，往往包括人口计生、民事调解、安全维稳、环境卫生等。同时，街道办事处等上级机构会以约束性指标考核、定期检查等方式加强对社区居委会的直接治理。由此，社区自治机构无暇进行的自治事务，不易回应社区居民的社会生活需求。

2. 社区自治机构运行机制行政化

尽管居委会具有自治性质，但是在实际运行过程中往往按政府的指令与方案行事，具有行政化色彩。就日常工作安排而言，居委会的时间安排、活动组织等都是以自上而下、领导与被领导的关系进行组织与调节。在向下面对群众的时候，居委会起到下传多于上达的传递作用，未能打通社区居民利益表达渠道。

（二）社区贫困问题

社区贫困主要是指社区中存在一定数量的人群收入过低，难以保障其基本生活水平，或者是达不到当地最低生活水平。一般而言，社区贫困现象主要存在于城市边缘的农村、大型自然灾害影响地区、山区以及部分少数民族聚集区。社区贫困主要体现在以下三个方面。

1. 社区成员家庭情况堪忧

家庭经济收入不佳或者支出压力较大，往往因为家庭中抚养人口较多，包括需要赡养的老人以及正在接受教育的子女。

2. 社区中的困难群体较多

对于残疾人、下岗工人、孤寡老人、重大疾病患者聚集的社区或家庭，往往导致家庭劳动力有限，同时需要负担额外的医疗与护理费用。此外，在计划生育政策影响下，失独家庭逐渐成为社会困难群体，导致失独父母失去子女投资的回报可能性，加剧了晚年赡养问题。

3. 社区的文化知识水平较低

尽管我国从新中国成立初便开始推进扫盲运动，但是随着城市化与工业化进程的加快，农村地区还是存在着教育水平较低、生产技能水平有限等问题。同时，从代际传承的角度来看，这种类型社区成员的子女可能继承既有的技能传统与文化传统，延续了工作自信心不足、工作活动范围有限的特点，形成了社区贫困文化。

4. 人为制度与自然灾害带来的突然贫困

改革开放后的经济体制改革，打破了以往的“大锅饭”与“单位制”，尤其是20世纪末的国企改制带来了大量下岗工人，导致在东北老工业基地等地区的贫困人口骤然增加，零就业家庭增多，社区贫困现象频现。与此同时，我国江淮的洪涝灾害、西部地震带地区的农村社区易于面临不可抗拒的自然灾害，导致社区不得不面临重建的问题，使得具有经济基础与社会文化底蕴的社区滑入贫困社区行列。

三、社区社会治理的理论脉络

（一）社区变迁理论

在关于社区变迁的争论中，社区失落论提出最早，影响也最大。西美尔认为，都市人是理性而功利主义的，大都市往往充满着大规模的经济生产与复杂的科层组织，因而强烈同质性与亲密关系的社区便会面临着失落的命运。美国社会学家沃思对社区的命运也颇为悲观。他在1938年的《作为一种生活方式的城市性》一文中提出了城市的三要素：人口数量多、人口密度高、人口异质性强，进而又指出人口数量多将为人口分化提供量的基础，人口密度高将导致人与人之间的厌烦情绪弥漫，以致产生对立、仇恨的文化氛围，人口异质性强将导致社会阶层分化严重、生活方式分裂、社会冲突与社会矛盾激化。鉴于对社区前景的悲观认定，沃思认为社区迟早会面临着消失的一刻。

尽管学者曾对社区命运有过悲观判断，但社区并未如其所预想般地消失，因而有部分学者在20世纪中期提出了社区持续论，认为尽管科层制与社会分工破坏了社区属性，但社区仍具有其生命力。

甘斯等人在20世纪60年代通过一系列的个案研究表明，不管现代化水平较高还是较低，均存在一些地域认同感较强、文化凝聚力持久的“城市型村庄”。所谓的“城市型村庄”反映了在现代化社会背景下人们的情感需求与情感归属，以及对社会认同感的追求。

社区变迁理论中第三种流派是社区解放论。该流派放弃了传统的以地域范围作为社区基础性条件的要求，转而以人际关系网络作为社区之所以为社区的关键性预设。由此，社区便从具体的地理区位空间中解放出来，进入了新的学术脉络。换句话说，社区解放论者认为，社区变迁走向不管是打破了社区边界还是社区实体的消失都不重要，最重要的是由于技术创新与意识更新，人们的社区意识逐渐通过关系网络进行界定。

（二）国家与社会关系理论

国家与社会关系理论是社区研究中最具影响力的范式之一，它着重关注社区自治与行政治理之间的张力与合作。该理论流派的学者将社区看作国家与社会的连接点、博弈场与合作平台，着重从社区本身出发，验证国家与社会关系理论。

一方面，有学者认为，社区是国家的治理单元之一，而居委会是基于国家利益考虑允许设置的、自上而下的治理机构。他们认为，政府向社区委托授权、直接赋权以及还权赋能等权力转移形式都说明了所谓的社区自治其实是以国家的让渡与退步作为首要的推动力量。[①]

另一方面，也有学者认为，在国家—社会关系中，社区更倾向于社会一端。王颖指出，居委会的改革具有两种路径：一种是转型为强政府；另一种则是强化社区自治，走向强社会类型。她以为，尽管在实际运作过程中居委会受制于街道办事处与有关政府部门，但是居委会仍分化为社区代表大会、社区工作站等多种形式的社区自治子机构，这些子机构可以作为群众的代言人参加与有关政府部门对话与协商的过程，进而平衡了国家与社会关系。

总之，国家与社会关系视角下的社区研究直面了社区机构既具有“国家代理人”色彩，又具有“社区代言人”定位，因而其本身便处于左右摇晃的

①肖林．“社区”研究和“社区研究”：近年来我国城市社区研究述评[J]．社会学研究，2011(4)：185-208.

状态，展现了丰富多样的行动策略与博弈方式，使得社区研究成为社会研究的缩印版。

（三）社区精英理论

社区精英理论是一种将社区置于公共参与，尤其是政治参与社会动员的现实情境中，观察社区成员的分化与分层，并按照一定的分类标准进行类型学研究，同时探讨各类型成员间的互动机制的理论流派。

第一，在城市社区的公共参与中往往出现“冷漠的大多数”和“少数积极分子”，进而形成一般性政治冷漠与高投票率的悖论现象。[①]进一步看，这些“少数积极分子”一般是党员、退休干部、楼组长、女性等，他们具有相对充裕的时间参与公共事务，具有一定的社会动员能力与一定的人脉资源可以服务社区成员。同时，该类社区成员也享受来自声誉、口碑等文化性与社会性的回报。而那些“冷漠的大多数”主要是社区认同感薄弱、集体意识不强以及被日常工作事务、家庭内部事务占用大部分时间的工薪族、流动人口等。

从互动路径来看，一方面，积极分子与冷漠大众之间通过非正式联系进行社区治理。具体来说，积极分子与冷漠大众之间并无隔离，而是通过社会交往形成了“人情”与“面子”的纽带和联系，从而使得冷漠大众受到积极分子动员能力感召，加入公共事务研究与处理之中。另一方面，由于各个地方探索的一些制度化的自治模式，让积极分子有机会通过无限量的委托投票获得冷漠大众的应付性支持，从而使得积极分子的权力与声望得到制度设置的认可。

第二，在农村社区中，则形成了“体制精英—非体制精英—普通村民”的社会分层结构。[②]首先要指出的是，在新中国成立以前，农村社区并没有

①熊易寒．社会选举：在政治冷漠和高投票率之间[J]．社会，2008(3)：180-204．

②左志辉，贺雪峰．村庄权力结构的三层分析——兼论选举后村级权力的合法性[J]．中国社会科学，2002(1)：158-167．

以体制内外作为精英划分的标准。究其原因在于传统的中国农村治理是“双轨政治”，[①]即皇权式制度化治理只深化到县一级，而在县一级以下的农村地区则主要通过士绅阶层通过“长老政治”进行教化与治理。所以说在一定程度上，传统的农村社区只有非体制精英，没有体制精英。但是，自20世纪50年代以来，尤其是人民公社化体制下的农村社区发生了巨大变革，国家的触手伸到基层社区，产生了体制精英，清除了非体制精英。但是，改革开放以来，随着人民公社制度的废除，意识形态的重构，市场转型的加速，一些拥有经济社会资源的农民逐渐具有体制外的社会声望与动员能力，并由此进入了精英序列。由此，农村社区便形成了“村干部”类（体制精英）、“头面人物”类（非体制精英）、“老百姓”类（普通村民）三个层次的划分。

按照这样的社会分层特征，农村社区的权力结构主要形成两种理想型样态：第一种是稳定高效的权力结构，第二种是不稳定低效的权力结构。在第一种权力结构中，体制精英与非体制精英和普通村民都关系紧密且稳定，社会动员较为容易，而体制精英与非体制精英之间的交易成本也较低，联系较多，利益关系较为密切，由此整个农村社区在面对农村自发建设与上层下派的行政任务时都能够最大限度地发挥整个社区的力量进行治理。在第二种权力结构中，不管是哪种类型的精英与普通村民的关系都较为紧张，沟通难度较大，普通村民服从程度较低，而非体制精英与体制精英之间存在利益冲突，关系松散，由于在面临社区治理的时候常会面临着争吵、矛盾乃至对立，最终导致社区建设处于停顿状态。

①费孝通.乡土中国[M].上海:上海书店出版社,1948:45-75.

第四节　社会安全治理

社会安全治理既是社会治理的顶层设计，也是底线工程。社会安全治理意味着要从大多数民众最关心的问题出发，结合顶层与底线，以整合制度安排与机制流程的方式实现社会管理的整体更新。

一、社会安全的概念界定

社会安全含义有广义、较广义与狭义三个层次的区别。从广义看，社会安全就是指维护社会秩序，保障社会稳定，它涉及经济、社会、政治、文化、生态等生活的各个方面与各个层面的协调与均衡状态。从狭义来看，社会安全即社会保障。“社会安全”一词源于社会保障，它最早使用于1935年6月美国罗斯福总统签署的《社会安全法案》，目前各种译著中亦有把《社会安全法案》译为《社会保障法》的。①

最广义与狭义的两个界定都难以更准确地理解与解释当前中国的社会安全状况，因此学者认为要从较广义层次来分析社会安全概念，即相较于经济安全、政治安全而言的安全范畴。这种安全范畴尽管与经济、政治有一定交叉，但是整体来看是以社会成员的互动、聚集及其集体行动为主要外延、易于危及社会的良性运行与协调发展的社会现象。

从这个定义来看：社会安全与公共安全概念不同。后者现已纳入《中华人民共和国刑法》。公共安全的界定是与个人、国家相对的概念；而社会安全的相对概念不是个人、国家范畴，而是经济、政治范畴；影响社会安全的因素既有人为环境因素，也有自然环境因素。灾害等方面的自然因素与公共安全关系并不紧密，这也是社会安全与公共安全的另一个区别，而灾害导致的民众混乱等则属于社会安全范畴。人为环境因素不仅包括社会

①宋国华．保险大辞典[M]．沈阳：辽宁人民出版社，1989：545．

自身运行问题，还涉及经济上的商品生产规律、政治上的政权组织形式等方面的影响。换句话说，社会安全问题往往受到经济、政治等外在因素影响或制约；社会安全涵盖的面向严肃而重要。社会安全的重要性与严肃性不言而喻，它与社会稳定乃至政治稳定密切相关，是国家长治久安的重要基石。

二、社会安全治理的时代问题

（一）群体性事件问题

近些年，经济迅猛发展带来了诸多社会问题，而群体性事件正是这些社会问题中最为突出的一个方面。例如，2007年因担忧PX项目落户厦门会带来重大污染，厦门市民以“散步”的方式大规模集聚在市区街道上。与这种温和的群体性事件相比，“瓮安事件”“启东事件”等都以激进的方式反映了诸多社会矛盾。总的来看，中国的群体性事件问题主要呈现以下三个特征。

第一，尽管群体性事件这个概念界定不够严格，但是它作为一个常用术语已经被广泛接受。中共中央办公厅2004年制定的《关于积极预防和妥善处置群体性事件的工作意见》称群体性事件是“由人民内部矛盾引发、群众认为自身权益受到侵害，通过非法聚集、围堵等方式，向有关机关或单位表达意愿、提出要求等事件及其酝酿、形成过程中的串联、聚集等活动”。[①]

第二，群体性事件主要包括三种类型：维权类、泄愤类、骚乱类。[②]维权类是目前群体性事件的最主要形式，涉及市民、工人、农民等各个领域社会成员为了利益而依照公共规则进行的维护性集体活动。其典型的案例诸如目前的房屋拆迁、土地赔偿等方面的集体抗争。泄愤类主要是导火索

①朱力．中国社会风险解析——群体事件的社会冲突性质[J]．学海，2009(1)：69-78.

②于建嵘．当前中国群体性事件的主要类型及其基本特征[J]．中国政法大学学报，2009(16)：114-120.

较为偶然、责任主体不明确、信息传播新颖快捷并伴有打、砸、抢等影响较大的一种群体性事件。骚乱类主要是泄愤类群体性事件与维权类群体性事件的一种延伸，往往是局部的群体性事件导致整个城市的大部分地区与居民均卷入其中而伤及无辜、人心惶惶的一种社会现象。

第三，群体性事件的影响因素既有社会背景问题，也有具体机制问题。一方面，目前中国的贫富差距较大，社会压力较大，社会公平与社会正义建设任务还很艰巨，因而社会上容易产生“戾气”；另一方面，在面对民众的具体利益诉求的时候，政府往往陷入“体制性迟钝”，以拖延、忽视等方式错过最合适的处理时机，以致群体的利益诉求得以累积，形成爆发性与破坏性社会负面力量。因此，群体性事件涉及甚广，可以说是一项整体性社会安全问题。

（二）安全生产问题

目前，我国安全生产事故频发，社会反响较大，经济损失较高，在一定程度上制约着经济发展的质量与社会民心的安稳。我国安全生产事业主要存在以下三个问题。

1. 安全生产法律法规体系还不够完善

尽管我国出台了《中华人民共和国安全生产法》《煤矿安全监察条例》，但是总体来看还是存在规章条例多、成文法律少，技术规范多、行政管理规范少，中央规定多、地方配套制度少等诸多不协调问题。

2. 安全生产的人力资源体系不够完备

目前，各级政府中安全监察人员的万人配备率是0.2，低于日本的1.4、美国的2.0、英国的4.4。同时，高发事故行业的高端人才十分紧缺。对于煤矿等矿产行业的专业安全生产技术人员，因受工作环境、工作待遇等方面的制约，正面临着大量的人才流失境况，而培养此类人才的高等院校也因综合化发展道路使得既有的专业优势走向萎缩。

3. 安全生产的专家支持体系水平有待提升

专家支持体系包括安全生产专家组以及安全生产相关资格认证评定系统。目前，在对重大生产事故进行调研分析与处理方面，安全专家仍未能发挥值得社会成员足够信任的作用。此外，我国安全职称的专家资格认证与职称评定还没有能够依照市场分化程度与知识创新速度进行及时更新，使得安全行业的专家体系未能够建立，严重制约了事故预防、技术检测与安全教育。

（三）网络谣言问题

网络作为一种社会交往与沟通的媒介已经在日常生活与政治生活中发挥着越来越大的作用，尤其像微博、微信等社交工具更是激发了社会民众的互动潜力，但也带来了诸多负面问题，主要包括以下两方面。

1. 网络谣言种类较多，社会卷入主体复杂，覆盖面较广

通常来说，包括地震等方面的自然灾害谣言、“瓮安事件”等与人身死伤有关的谣言、与政府行为有关的谣言、四川蛆橘等食品安全谣言事件。同时，卷入谣言的社会成员也多种多样，包括以娱乐或关心为目的的青年务工人员或青年学生、以解析真相与爆料事件为目的的记者、以借机谋求不法利益的非法分子以及无辜受伤者，等等。

2. 网络谣言的社会后果较为严重

首先，网络谣言产生的信息误导效应易于引发群众恐慌或泄愤行为。尤其是在关于自然灾害等不可抗拒的谣言面前，往往会造成数以万计的居民为避灾而逃离居住地。其次，网络谣言可能降低政府的公众信任度。鉴于“维稳”的形势与环境，在关于政府行为的谣言面前，政府往往处于被动状态，使得造谣分子能够以煽风点火的方式激起民众的积怨，产生不利后果。最后，网络谣言易于导致有关商品脱销滞销或停售。由于网络谣言对象会涉及食品、药品及日用品等，在特殊事件情况下民众蜂拥抢购，易于导致产品脱销、滞销等后果，严重影响一般居民的正常使用。

（四）农民工问题

农民工是中国产业工人领域的最重要基础力量，支撑着中国经济的持续增长，但是农民工的工资待遇、社会保障、职业安保、社会公平感等各方面仍处于社会的底层。近年来发生的多起群体性事件都与农民工有关，因此应当将农民工问题作为社会安全治理的重中之重。具体来看，农民工问题包括三个方面内容。

第一，近年来，农民工的社会态度有所降低，有可能成为社会安全治理的负面因子。根据李培林等人的研究，尽管2006年前后农民工呈现着较为积极的社会态度，但是受金融危机影响以及近年来就业的严峻形势影响，农民工的社会公平感、生活幸福感等严重削弱，直接降低了农民工的社会安全感。[①]

第二，受户籍制度及其文化影响，农民工的城市生活往往受到歧视。作为反映社会群体公共形象与生活际遇的重要窗口，农民工的媒介形象已存在污名化操作的现象。以农民工为主角的社会新闻往往以“无理取闹”“愚昧”等词汇表达其形象，使得农民工的真实形象受到质疑，影响了农民工与市民等社会群体间的正常交往。[②]

第三，在社会保障方面，农民工的非正义境况并没有得到有效扭转。由于我国的社会保障制度仍受城乡二元体制束缚，因而农民工的社会保险持续缴费水平一直不高。同时，由于大多数农民工从事劳动强度高、劳动保护不足的行业，因而可能面临比其他行业较高的行业风险。而且，农民工的工伤保险与工伤赔偿问题一直没有建立长效机制，使得农民工面临着工作稳定性不高、失业保障性较低的双重风险境况。

①李培林，李炜．近年来农民工的经济状况和社会态度[J]．中国社会科学，2010(1)：119-131.

②孙宇凡，余同涛，李梦迪．迈向三维正义的农民工社会管理体制[J]．内蒙古农业大学学报(社会科学版)，2012，14(5)：241-244.

三、社会安全治理的理论脉络

（一）风险社会理论

风险社会理论是由德国社会学家贝克、英国社会学家吉登斯等人开创的现代性研究理论流派。贝克的《风险社会》一书发表于1986年，虽反响平平，但几年后一经翻译成英文，立刻在国际学界产生了重要影响。后来，贝克又接连出版了《世界风险社会》《解毒剂》等作品，掀起了风险社会讨论的浪潮，吉登斯、拉什、卢曼等各国社会学家都参与了这场理论论争。风险社会理论的主要观点如下。

1. 风险社会理论源于对现代性的批判与反思

贝克认为，尽管各个历史时期都存在风险问题，但是现代性情况下的风险一方面是由现代性的制度与技术诱发，另一方面也更加技术化、制度化。首先，风险这一概念反映了人类社会对于控制的高要求以及对未来的可预见的目标，尽管现代社会通过科学技术、经济社会制度建立了较为完备的治理体制，但是庞大的科层制体系与复杂的科技知识也产生了诸多副作用，导致“制度化的风险”。其次，风险也通过“有组织的不负责”而逐步制度化。①贝克认为，现代社会的诸多风险（极权主义、种族主义等）是通过公司、专家、政策制定者等精英联盟制造出来的，因而人们难以抵抗也无法及时有效地应对，同时在风险来临时也产生了推卸责任等问题，这尤其反映在第二次世界大战后对追随希特勒的纳粹军官以“服从上级命令”为由逃避责任的审判过程中。

2. 风险的影响多样复杂化

首先，在高度现代性下，社会分层的标准发生了变化。在低度现代性的工业社会，社会分层的标准是财富的分配，并由此产生绝对贫困、相对贫困等社会问题。但是在高度现代性的风险社会，社会分层的标准变成了

①杨雪冬．风险社会理论述评[J]．国家行政学院学报，2005(1):87-90.

风险的分配，越能够规避风险的人在社会分层中的位置越高，越无法规避风险的人在社会分层中的位置越低，由此产生了相关的正义问题。其次，因风险知识的复杂化，社会个体变得更加信任知识精英，尤其是专家系统。但是，知识精英自身也处在风险社会中，他们的风险认知也难以保证完备、公正与客观，使得其权威性与合理性受到质疑，由此导致社会信任的悖论：个人不得不越来越信任专家，专家越来越不值得个人相信。

3. 风险的应对策略走向日常生活化

由于科层制度导致的风险与专家系统导致的风险都越加频繁与难控，使得风险的应对策略难以自上而下推进。同时，由于风险越加跨地域化，使得单一政府难以预判与控制风险，风险在一定程度上呈现出"无政府状态"。为此，贝克认为应对风险的策略在于"重建政治"。所谓的"重建政治"就是改变过去的代表制、科层化的旧政治形式，转变为绕过代表制、个人直接参与、打破行政崇拜与专家崇拜的日常政治。这种日常政治以公民结社为主要形式，通过环保、反核等一系列的风险议题商议将风险消解于众人之间，从而在较大程度上规避风险。

（二）社会运动理论

19世纪末20世纪初以来，社会运动理论经历了北美的集体行为研究与欧洲的群体心理研究分裂，终于在20世纪五六十年代的全球性社会运动的浪潮下逐渐走向合流。

首先，就社会运动的定义而言，赵鼎新认为，社会运动是指许多个体参加的、高度组织化的、寻求或反对特定社会变革的制度外政治行为。①与革命相比，社会运动的组织水平、制度化程度及寻求社会变革的强度程度都相对较低。但是，社会运动与革命也有共同点：它们都是体制外的集体政治/社会行为，因此它们与人民代表大会、议会等政治/社会模式具有体制性差异。

①赵鼎新．社会与政治运动讲义[M]．北京：社会科学文献出版社，2006:2.

其次，社会运动的一个基础性视角是国家与社会关系。学界把社会运动看作强大的国家与日益高涨的社会之间的碰撞与交流。国家以其科层制形成了严密的治理网络，包括行业垄断性、地域代表性等方面的精英网络与组织结构。而社会则以其自发结社、公民权抗争等方面的发展逐渐多元化，脱离社会控制，呈现着较强的自主性与利益诉求。为此，国家与社会之间往往就政治与社会议题产生矛盾，并导致社会以结社的形式联合起来，推动国家拓宽利益渠道，并以讨价还价的形式达成共识。

最后，影响社会运动的三大机制是变迁、结构与话语。①变迁机制包括经济现代化、人口变化、社会思潮等；结构机制包括具有国家治理性质的政治制度、政权类型等，以及社会领域的民间组织多元化运动；话语机制是指社会运动中的媒介话语、意识形态乃至口号等各种具有文化动员意义的符号。

目前，社会运动研究中最重要的理论成果来自梯利提出的资源动员理论。梯利在《从资源动员到革命》中提出了二元政体模型。梯利将社会成员划分为政体内成员与政体外成员，由此建立了国家与社会关系的基本框架。他认为，政体外成员要么进入政体内，要么打破政体。同时，梯利还提出了动员模型。他由精英视角出发，指出社会运动涉及参与者的利益驱动、组织能力、政治机会结构、动员能力等多方面的资源，只有当这些资源形成特定的力量组合才能够保证社会运动的成功。

（三）安全经济学理论

安全经济学是近些年兴起的经济学分支。该理论流派否认传统的绝对安全观——安全就是无事故、无危险——而是承认相对安全观，即安全就是在允许范围内与承受能力下的安全事故频次的存在状态。但是，该流派的学者认为，这种存在状态是可以调节、可以控制的，由此达到经济学意义所要求的经济效益最高的最优均衡水平。

①赵鼎新．社会与政治运动讲义[M]．北京：社会科学文献出版社，2006：302.

与一般经济学分支不同，安全经济学不是“正向”思考，而是“负向”思考。首先，安全经济学的研究对象是安全事故等具有反面效应事件的经济规律，这与一般经济学上所研究正常情况下的生产消费不同；其次，安全经济学和工程管理与工程技术更接近，它相对一般经济学而言更注重测量与实验。

安全经济学在分析安全问题时，将安全概念与经济效益、损失额、综合经济效益进行相互分析，形成“安全经济学曲线”。

1. 企业的安全程度与经济效益呈正相关关系

假设安全程度最好时为1，最差时为0，那么当安全程度最差时，经济效益也将最差，当安全程度最好时，经济效益也会最好。

2. 企业的安全程度与损失额呈正相关关系

安全事故会带来人、财、物等诸多方面的损失，而安全经济学正是为了寻求规避这些方面损失的一门科学。因此，当安全程度越高时，企业的损失额也将越小。

3. 企业的安全程度与综合经济效益呈正相关关系

根据“安全经济学曲线”可知，将企业经营生产的损失额与经济效益加权分析时，尽管安全投入会带来额外成本，但从总体情况来看还是会带来经济效益的稳步增长，只不过安全生产存在着投资无利期、微利期、持续盈利期、利益平稳期的不同阶段。

第六章 社会工作在改善社会治理中的作用

第一节 为什么需要社会工作

为什么需要社会工作？这是对社会工作功能与地位的追问。传统的说法是社会工作是与社会问题相伴而生的，只要存在着社会问题，就需要社会工作来加以化解。但是，社会工作之所以被需要的深层背景，不仅仅在于解决社会问题的需要，更涉及文化与哲学的层面，主要是关系到人的生命、尊严和价值。

一、蒋旨昂的一个论点

蒋旨昂是我国著名的社会学家，被归为中国社会学的“综合学派”。蒋旨昂的学术贡献主要是在“社区政治”和社会工作领域，前者的代表作是《战时的乡村社区政治》，系蒋旨昂1943年对重庆附近两个乡实地调查的理论总结；后者的代表作是《社会工作导论》，是国内第一本社会工作基础教材。

《社会工作导论》的篇幅虽然不大，却涵盖了社会工作专业的各个领域，尤其是对社会工作基本概念的剖析，至今无人能望其项背。与当今国内流行的多种社会工作教材相比，蒋旨昂的《社会工作导论》无论是在结构设计方面，还是在内容阐述方面，都毫不逊色，只是篇幅显得短小。2012年8月，《社会工作导论》作为《社会工作学术文库》丛书之一由河北教育出版社整理重印，重新焕发出艳丽的色彩。

对于社会工作的重要性，蒋旨昂有一个很有趣的观点，他是从解释社会福利事业的角度阐述的："什么是福利事业呢？凡是以充实整个生活的集体活动，都可以说是福利事业。经济、卫生、教育等只是注意生活之一面的活动，不叫福利事业。通常以为施舍钱财，是谋人福利，实不尽然。给了乞丐一些钱而对于那钱在他生活上所发生的影响，并不理会，便谈不到福利。他若拿这钱去吸鸦片，他是受害。为荣誉军人服务，如只治疗，显然只是卫生工作。若进而视个别的需要，助以技能训练、娱乐指导、知行扩张，以及其他所谓'文化'工作，使他们即使不再为国效命沙场，也成为社会中人格完善的分子，这就是福利事业了。一个机关如仅仅传授儿童一些文字或手艺，则它只是算供给了某种教育；假若它用机关内外的各种力量，使他们成为人格健全的优秀青年，它便发展了福利。社会进步表现于生活各方面的改善。福利事业就是有计划地应用这种种改进努力，使大家之人格能够完全发展的集体活动。"①

根据蒋旨昂的说法，社会工作的重要性在于真正推进社会福利事业的进展，这和今天我们对社会工作功能的一个定义有异曲同工之妙，即社会工作是社会福利政策的发送体系。社会工作所坚守的差别性和个性化原则，使得社会福利能够顺利发送到不同的社会个体手里，这就是社会工作的价值所在。

我们以往对社会福利事业的理解，基本上处于发钱、发物的水平上，认为只要将钱物发送到那些无依无靠的人手里，就算达到了社会福利事业所要追求的目标。读过蒋旨昂的上面那段话，可以形成一个全新的认识，单纯的发钱发物够不上真正的社会福利。的确，如果一个人有了不良嗜好，即使给予他再充足的钱与物的救济，他不用来改善家庭生活，那也称不上福利。这时候就需要社会工作者现身了，社工帮助这个有不良嗜好的人改

①蒋旨昂．社会工作导论[M]．石家庄:河北教育出版社,2012:56-57.

造自身的缺点，努力恢复正常的社会功能。倘能实现预期的目标，来自外界的救济才会真正发挥作用。

二、“水平线假设”

关于为什么需要社会工作的问题，曾任北平协和医院社会服务部主任的浦爱德女士在1935年发表过一次演说，提出了一个“水平线假设”。原文如下：“在讨论或思考社会服务时，我喜欢使用一种量表。我画一条水平线，一端是0，另一端是100，在水平线的中央画一条垂直线。在水平线的上方表示人们能力。水平线上方越长，表示自我维持的能力越大，他的发展、进步就越大。例如洛克菲勒在经济上能够承担起成千上万人的生活，或者是一位名医能够确保成百上千人的健康。只要我们处在水平线的上方，我们就是独立自主的人。但是，我们不会知道我们什么时候将会跌落在水平线的下方。交通事故中的银行行长就暂时处在水平线的下方了。但是有些人命中注定会一直处在水平线的下方。有些人是由于意外事故而跌落到水平线下方的。有些人能够通过自己的能力再次回到水平线的上方，有些人则需要适时的帮助才能回到水平线的上方。有些人需要技术上的帮助才能恢复到水平线的上方，有些人可能需要接受一种全新的教育才能恢复到水平线的上方。但是从来都没有跌落到水平线下方的人是极其罕见，凤毛麟角的。”①

浦爱德女士的意思再清楚不过了，社会工作的目标就是帮助那些处在水平线之下的人恢复自我维持的能力，促进个体的自我发展。对于生活在现实世界中的每一个人来说，从来没有跌落到水平线下方的情形是极为罕见的。有些人能够通过自己的努力再次回到水平线的上方，有些人可能需要技术上的帮助或接受全新的教育才能回到水平线的上方，而有些人命中注定会一直处在水平线的下方（如完全丧失了生活能力的人），社会工作帮助的就是后两种人。社会工作者要判断一个人是否跌落到了水平线的下方

①[美]浦爱德著，唐佳其译．医务社会工作者与专业训练[J]．社会工作，2008(8)：6.

（包括水平线的判定），采用何种技术方法帮助他回到水平线的上方，以及如何预防他再次跌落到水平线的下方，所以有人称社会工作者为“社会工程师”。

浦爱德女士所说的“交通事故中的银行行长”是她在这次演说中所举的一个例子，原文为：“银行的行长或大学的教授被一辆汽车撞得不省人事，对他来说，他暂时会和儿童福利机构中有智力障碍的孩子一样变得相当不幸，如果没有社会组织的帮助使他康复，他也许会和儿童福利机构中有智力障碍的孩子一样成为永久不幸的人。报警，救护车来了，医生检查、诊断和开处方，护士熟练细心地护理他。他在短时间内又恢复了健康。”由于意外的发生，每个人都可能面临着丧失自我发展能力的危险，外界的帮助对于处于危险之中的人是必不可少的，这就是社会工作的功能。

浦爱德的“水平线假设”基本上相当于我们今天所说的社会工作的治疗功能，是一种事后的补救，即有了问题以后才采取行动。现在我们公认社会工作具有三大功能，分别为治疗功能、预防功能和发展功能。

社会工作的治疗功能，是指人们的社会功能崩溃或受到伤害时，社会工作者帮助消除那些导致问题产生和使社会功能丧失的个人或环境因素，使失去的社会功能得以恢复和重建。例如，帮助听觉障碍者安装助听器，以促使其恢复功能；安排被遗弃的孤儿入住寄养家庭，使之适应新的生活；等等。治疗功能虽然属于事后补救的性质，但却是社会工作最基本、最重要的功能，在社会工作仍处于起步阶段的中国，更是如此。

社会工作的预防功能，是指事前发现并控制潜在的、阻碍社会功能有效发挥的条件与情境，降低和减轻社会问题发生的频率与造成的伤害。例如，采用婚姻辅导的方式，可以促使男女双方意识到未来的困难，并为他们提供克服困难的选择，有助于防止未来夫妻冲突的发生，这就是一种预防。如果推延到大的社会系统，比如预防一个社区的青少年犯罪，就是一个很好的例子。

社会工作的发展功能，是指社会工作者发掘和充分利用社会资源，激发个人或制度的潜能，以使个人或群体成长，有效发挥个人的社会功能，使社会制度为个人与社会的发展创造条件，并提高人们的生活质量。社会工作的发展功能也可以叫作“提供资源的功能”，即充分利用好现有的资源，并尽可能寻找到更多的社会资源，以帮助人们实现更好的发展。

对于尚在起步阶段的中国社会工作来说，治疗功能是最为关键的功能。如果我们能够对处于困境的个人有所帮助，使他们能够恢复社会功能，就是很成功的了。

三、社会工作的介入与保障性住房

为了更深入地说明社会工作对于社会进步的意义，在这里举出一个保障性住房的例子供大家参考。这是一家报纸的报道：

某市将在全市范围内开展保障性住房需求调查，对符合保障条件的城镇住房困难家庭进行登记。调查对象是符合当地保障条件的城镇住房困难家庭，包括：住房困难的城镇中低收入家庭、新就业职工、外来务工人员（含在异地工作的基层医务工作者、乡镇教师等）。已享受住房保障的家庭和拥有自有住房面积在50平方米以上的家庭，不参加此次调查。调查以家庭户为单位，参与调查对象符合保障条件的，经正式审核后应予以保障，实物房源不足的，安排纳入轮候。

在这条消息的后面，还给出了城镇住房困难家庭的三种填报方式。

1.实地填报。调查对象可直接到住房保障部门、街道办事处（乡镇人民政府）、居委会、相关企事业单位设置的填报点填写。

2.网上填报。“河北建设网”发布调查相关信息和填报端口，各县（市、区）发布调查信息并提供网络填报地址。调查对象通过登录网站进行填报。

3.电话填报。行动不便、不具备上网条件等特殊情况的居民，可通过电话方式，求助当地调查部门，由工作人员帮助填写调查表。

保障性住房是专门针对中低收入家庭建设的具有社会保障性质的特殊

住房，不同于完全由市场形成价格的商品房。保障性住房的建设与分配，必须与社会的需求相适应，因此需要进行详尽的摸底调查。但是，在上面那个实例中，所列举的三种填报方式都不可能实现摸底调查的目的，也就是说不能够真正弄清楚有多少人需要保障性住房，更弄不清楚哪些人最需要保障性住房。最佳的办法是引入专业社会工作，将整个城市进行分区，有针对性地调查困难人群的居住情况，取得详尽的调查资料，才能够摸清家底。

很多年前，蒋旨昂就在一篇论文中讲到过住宅调查的方法："我们除了要知道多少不合格的、多少拥挤的住宅以外，更要知道多少家庭没有住宅——多少住宅被敌人毁了，多少人暂时住在亲友处或临时棚子里搭住，多少青年因为找不到房子而不能结婚。"他还讲道，"为了精细计划，更应调查多少是不搬出本社区的'稳定'家庭，多少是'待搬'家庭"。[①]你看，他给出的方法竟然是个案式的，要挨家挨户地进行入户调查。

四、从哲学层面审视社会工作

社会工作是对社会问题的回应，这是从社会工作的消极功能方面讲的。从社会工作的积极功能出发，我们可以看到一个全新图景，这就是蒋旨昂对社会工作的阐释。

因社会需要而产生社会政策，为达成社会政策、满足社会需要，就有了社会工作过程。作为过程的社会工作，又要依靠社会服务（对人）和社会行政（对事）这两种方法，社会服务和社会行政的结果就是社会福利事业。社会福利的增加，就是社会建设的进步，综合的社会建设逐渐完成，即成一小康社会，最后进入智富康乐的人类大同社会。在蒋旨昂的人类社会进化体系中，社会工作起到了极为重要的桥梁作用。

从蒋旨昂的论点退后一步讲，社会工作有助于保持人的尊严。一个人可能会跌落到"水平线"以下，但社会对这个人不能袖手旁观，而必须要

①蒋旨昂．社会工作导论[M]．石家庄：河北教育出版社，2012：202.

负起救助的责任。对于受助者而言，他不必对施助的政府部门或社会组织心存感激，他需要感激的是整个社会，将来他走出了困境，需要回报的是社会，回报的方式是努力干好本职工作，并力所能及地帮助其他身处困境的人。必须记住：政府对困难群体的救助是应尽的责任！理解了这一点，才能够理解社会工作的本质。

第二节　充分发挥社会工作在社会治理中的作用

从2004年党的十六届四中全会提出加强和创新社会工作的概念，到2013年党的十八届三中全会提出创新社会治理体系的任务，历经十年左右的实践和探索，我国党和政府在社会建设的理念上发生了质的飞跃，中国从此进入了社会治理创新的新的时代。

创新社会治理体系是一个长期的系统工程，其核心要点包括：坚持党政领导的政治原则；构建多元主体的治理格局；发挥社会组织的积极作用；形成民众参与的生动局面；突出社会管理的人文情怀；提升公共服务的专业水平；借助网络智能的现代科技；完善依法行事的法治环境。

创新社会治理体系需要多主体、多团队、多专业的合作，社会工作是其中重要的治理主体及合作团队，这是因为社会工作的以下优势特点与社会治理的核心要点高度契合。这些优势特点包括以人为本、关注民生的价值理念；面向脆弱群体、适度普惠的工作重点，助人自助、赋权增能的指导思想；多方合作、整合资源的突出能力；理论科学、方法专业的专业优势；来自社会、服务社会的自身定位；解决问题、化解矛盾的社会功能；公平正义、社会和谐的终极目标。

20世纪80年代末社会工作恢复重建以来，我国社会工作事业取得重大进展，表现为：形成一个较为完整系统的政策法规体系；形成一个认同社会工作作用的社会共识；形成一支百万人数规模的专业人才队伍；形成一个不同领域开展专业服务的局面。

在取得成就的同时，我国社会工作发展也面临问题和挑战，例如，社会对于社会工作的认知程度较低、政府对于社会工作的投入较少、社会工作从业人员的薪酬待遇较差、社会工作服务的专业性体现不足，等等。

因而，包括社会工作管理、教育、实务部门及人员在内的中国社会工作界一定要不忘初心、牢记使命，充分体现社会工作专业的优势和特点，克服社会工作发展的困难和障碍，在社会治理创新中发挥更大的作用。[①]

实现从社会管理到社会治理的转型，就要充分发挥社会工作在社会治理中的作用，这是由社会工作的职业特征和社会功能决定的。

一、社会工作的职业特征和社会功能

社会工作是为了解决社会问题而产生的，具有其鲜明的职业特征。

1. 以助人自助为目的，体现出服务性和非营利性

社会工作属于社会事务而非营利性的企业经营活动，旨在对遭受困难和不幸的人进行帮助，保障他们基本的生活需要，使他们能够发挥自己的潜能，增强他们适应社会生活的能力。帮助社会成员恢复社会生活功能，就可以有效地解决和预防社会问题，发挥专业社会工作改善社会生活秩序、改进社会环境的功能。

2. 以平等的态度对待人，体现出鲜明的职业伦理价值

社会工作强调以平等的态度对待人，不因其出身、种族、性别、年龄、信仰、社会经济地位不同而有所区别，并认为这是助人活动能否取得效果的关键。因此，社会工作者要有良好的道德操守，在为案主服务的过程中要遵循基本的道德准则，维护受助人的尊严。在尊重受助人的个人感受及其对受助行为认同的基础上，帮助他们树立战胜困难的信心，抚慰其失意

①史柏年．发挥社会工作在社会治理创新中的重要作用[J]．全球商业经典，2018(7)：13.

的心情，助其扬起生活的风帆，从而起到构建社会生活安全体系“减压器”的作用。

3. 重视运用社会环境资源，体现出整体性和调节性

社会问题不能被归因为独立的个体，而应当从人与社会环境的互动中去理解。社会工作不仅需要运用自身的资源，还要开发和运用广泛的社会资源，自觉地去协力修复和整合社会组织的功能，以保证社会的良性运行和协调发展。

综上所述，可以看出社会工作不同于一般意义上的“助人为乐”，也不同于一般的慈善活动。它不仅需要大批热心社会工作和公益事业的工作者和志愿者，更需要宏大的专业化、职业化的人才队伍来从事。否则，社会工作自身的发展，社会工作“助人自助”、稳定社会的功能就不可能真正实现，其预防和解决社会问题的功能将会受到很大的影响。

二、社会工作在社会治理中的地位和作用

社会工作是社会和谐的润滑剂，建设和谐社会必须大力发展社会工作。专业社会工作在和谐社会建设中具有其他职业不能替代的重要地位，更起着其他职业不能起到的重要作用。这种重要作用具体体现在以下几个方面。

1. 社会工作是社会政策实施的载体

社会政策是指在特定的情境中，以国家和政府为主导的社会力量，为实现社会均衡发展和增进社会福利而制定的行动方案或行动准则。社会政策是从制度层面上为解决社会问题、维护社会稳定和提高公民的福利水平所采取的干预行动，它必须要借助微观层面社会力量的参与才能真正增进公民的福祉，才能落到实处。社会工作以其独特的工作方法和技巧推进社会政策的实施，使社会政策的实施有一个可靠的载体。

2. 社会工作有助于民生问题的解决

我国在经历了40多年的改革开放以后，社会经济转型带来的矛盾日益

显现，民生问题日益突出，尤其是发生重大自然灾害时会产生大量受灾群众和残疾人群，灾区居民的心理健康更是受到重大伤害，这些都需要社会工作的介入。通过社会工作，可以使贫困者得到救济，使孤老得到赡养，使流浪者获得归宿，使受灾者得到救助和抚慰。

3. 社会工作有助于社会公正的实现

社会公正的实现主要表现在两个方面：一是收入分配的均等化；一是个人发展机会的均等化。在收入分配的均等化方面，社会工作能够协调社会现有的各种资源，为困难群体成员所用；还可以积极为困难群体成员争取资源，以改善他们的生存状况；又能够促使政府修正、调整社会政策，使之有利于困难人群。在个人发展机会的均等化方面，社会工作能够根据法律规定对社会困难群体的基本权利给予保护；着重开发受助者个人的内在资源，包括智力及其他能力，以及将外来援助转化为自我发展动力的能力等。

4. 社会工作有助于促进社会稳定

社会工作不仅仅局限于被动地解决社会问题，而是应该提前发现社会问题并加以预防，将社会问题消灭在萌芽状态或者从源头上杜绝社会问题的发生。社会工作在对社会困难群体施以援助、帮助他们恢复正常生活的同时，也有效地化解了社会矛盾，起到了稳定社会的作用。

第三节　社会工作者的角色与任务

社会工作者是做什么的？这个问题回答起来有些复杂，不是简单的几句话就能解释清楚的。如果坚持用一句话来概括，可以这样说，社会工作者是帮助人的。

一、社会工作者的角色

社会工作者作为专业人员，需要在社会服务过程中扮演重要角色，开展服务。社会工作者提供的专业服务，是帮助受助者正确对待困难、努力克服困难，同时又要设法争取资源，切实帮助受助者走出困境。社会工作者扮演的助人角色不是我们通常理解的给予受助者以物质帮助，而是要达到“助人自助”的目的，力求增强受助者的自我发展能力。

对于社会工作者的角色，英国学者贝克给出了一个形象的图示，见图6-1。

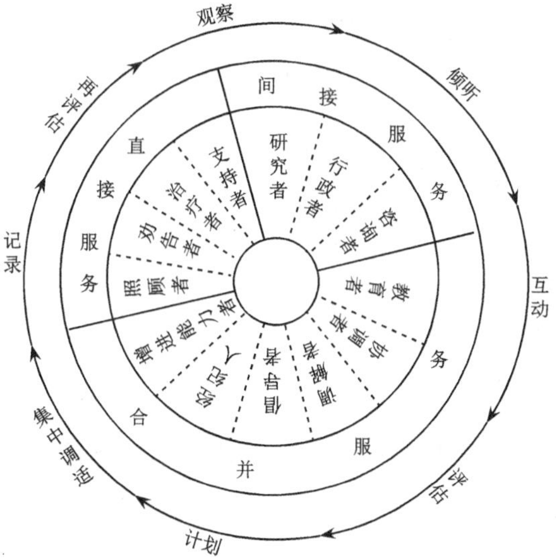

图6-1　社会工作者的角色

贝克将社会工作者的角色分为三部分：即直接服务者角色、间接服务者角色与合并服务者角色。社会工作者在提供直接服务时，扮演照顾者、劝告者、治疗者和支持者的角色；在提供间接服务时，扮演研究者、行政者和咨询者的角色；在提供合并服务时，扮演教育者、协调者、调解者、倡导者、经纪人和增进能力者的角色。这种划分是抽象的，实际上社会工作者的角色往往是交叉的、无法截然分开的。下面我们简单分析社会工作者的几种角色。

（一）治疗者

社会工作者作为治疗者的角色已有很长的历史，而且在一个时期内是社会工作者扮演的主要角色。治疗的目的是为了系统影响服务对象的人际互动或内在心理功能，帮助服务对象消除情绪困扰，从而使他们增强解决困难的能力，或实现他们所追求的改变。最初的治疗对象集中于问题中的个人，现在已发展到了团体和社区，因为很多问题不是单独个体所能解决或克服的。

（二）支持者

社会工作者面对求助者不但要提供直接服务或帮助，更要鼓励受助者在可能的条件下自强自立，克服困难，达到“助人自助”的目的。当社会工作者扮演支持者的角色时，要让服务对象感觉到社会工作者愿意与他一起面对和解决困难，而不是从旁鼓噪。

（三）教育者

社会工作者作为教育者，是回应受助者对社会适应性和技能的需要，要以可理解的方式提供信息，给予意见或建议。例如，社会工作者通过创造适合的机会，让受助者学习特定的社会技能；或供给适用的信息，使他们更有效地扮演相应的社会角色，并发挥出应有的社会功能。

（四）调解者

社会工作者作为调解者的角色，就是以最具建设性的方法和途径去化解纷争，目的是帮助处于冲突中的各方对于冲突的问题达成共识。作为调解者的社会工作者必须站在中立的立场上，不偏袒于冲突中的任何一方，才能收到实效。对于成长中的中国社工来说，很难做到不偏不倚，因为受到强大的行政力量的影响，这是处于起步阶段的中国社会工作的内在缺陷。

（五）倡导者

作为倡导者的社会工作者，是与服务对象一起或作为他们的代表，增进或抵制一个有目的的行为，为有需要的个人与群体争取合法的权益，保护他们的尊严。倡导者的角色是后来才出现的，也是社会工作者为推进社会公正而寻求社会政策改变被赋予的新角色。

社会工作者要扮演好自己的角色，首先需要明确自己的任务。前面贝克所给出的图示，最外围的大圆圈标示出了社会工作者的任务，即评估、计划、集中调适、记录、再评估、观察、倾听、互动。这些任务是社会工作者扮演任何角色都需要拥有的，它决定了社会工作者的一般助人过程，或者称为社会工作实务的通用过程。

二、社会工作者继续教育的使命、任务与问题

由我国社会工作者职业化和专业化的制度路径与现实所决定，社会工作者继续教育在确保实现我国社会工作专业建设目标方面扮演着关键性角色，这也对我国社会工作者继续教育的使命和任务提出了相应的特定要求。

（一）继续教育的使命与任务

我国社会工作者继续教育的中心使命是提高社会工作者的专业水平，以进一步实现社会工作者的专业化。同时，与其他同样旨在确保提升社会工作者专业水平和能力的工作（例如督导体系建设和督导活动的有效开展、职业自律与监管等）的侧重有所不同，我国社会工作者继续教育要致力于通过提供有效的教育形式和内容，系统化地增强社会工作者的专业素质、理论知识和方法技能，并培养和提高社会工作者自我学习以提升专业水准的能力。

从主要任务看，继续教育要围绕“专业性”所包含的那些方面，联系社会工作者岗位工作实际的需要和职业活动环境的变化，提供既系统又具体且富有针对性的教育内容，并以适合社会工作者特点、尊重社会工作者主体地位的方式开展教育，来达到使命中所蕴含的目标。

所谓社会工作的“专业性”，是由社会工作专业价值伦理、专业特有的科学理论知识和有关方法技术所组成的。不能将继续教育的内容局限于单

一的某个方面，例如，针对特定岗位的方法技巧层面，因为这并不能代表“专业性”的全部，而且这方面通过督导可以更好地达到目标。又如，专业价值伦理与职业道德规范有所不同，后者是更为具体的行为准则，前者是需要不断深入理解和确立的价值观和内在信念。职业自律与监管对于职业道德规范的遵守和履行能够提供保障，督导对于树立和内化价值观可以起到一定的作用，但继续教育对于专业价值伦理的进一步明确和巩固的作用往往是不可替代的。

在专业理论知识方面，虽然取得职业水平证书的社会工作者多少了解和具备一般性的理论知识，但是，这些知识中有相当多的内容是与时俱进的，例如，关于具体服务人群的新知识、关于社会政策和福利制度的新发展等，需要通过继续教育来比较系统地提供。另外，继续教育的对象毕竟不同于还没有多少实务经验的学生，也不同于全然不懂专业的普通工作者，其内容与形式要有相应的变换。尤为重要的一点是要尊重接受继续教育的社会工作者，充分利用好他们已有的经验和知识基础，调动和发挥他们的主动性来实施教育。

民政部《社会工作者继续教育办法》（以下简称《办法》）关于社会工作者继续教育的内容指出：“要适应其岗位需要，以提高社会工作者的理论水平和分析、解决实际问题的能力为主，注重针对性、实用性和科学性。”关于社会工作者继续教育的主要内容则包括：“专业价值观和伦理；相关法律、法规、规章及政策；社会工作实务；相关理论知识。”同时，强调社会工作者可以自愿选择参加多种形式的继续教育。

北京市出台的《社会工作者继续教育实施办法》中，提出了“坚持以人为本，与时俱进；坚持改革创新，循序渐进；坚持理论联系实际，讲求实效；坚持按需施教，自主择课”这几条原则，特别是明确提出“自主择课”的方式。关于继续教育的内容，该办法指出要适应社会工作者的岗位需要，以提高其理论水平和分析、解决实际问题的能力为主，注重针对性、实用性、时效性、专业性和科学性。在民政部《办法》的基础上，除了针对性、实用性和科学性外，北京市还增加了“时效性和专业性”的要求。而继续教育的主要内容则包括：社会工作基本理论，社会工作专业价值观和伦理；社会工作者职业道德规范；社会工作实务方法技巧；国家（及北京市）社会工作相关法律、法规、规章、政策及文件规定；其他相关知识。

（二）有效组织实施继续教育应注意的几个问题

社会工作者继续教育要在尊重社会工作者主体性的情况下，通过提供合适的、比较系统化的相关专业教育，来进一步提高社会工作者的“专业性”。同时，做好组织实施工作，确保继续教育的有效开展。[①]在这方面，鉴于当前的一些实际情况，应特别注意处理好以下几个问题。

首先，社会工作者继续教育的方式可以是多种多样的，应当为社会工作者提供尽可能广阔的选择空间，但同时也应当力求做到系统化。

民政部《办法》指出社会工作者可以自愿选择参加的继续教育形式包括：在社会工作者继续教育主管部门备案并予以公布的社会工作者继续教育机构所组织的社会工作培训；社会工作者继续教育主管部门组织的社会工作培训；国家承认的社会工作专业学历教育；社会工作者继续教育主管部门认可的其他形式。北京市民政局明确，社会工作者继续教育的形式包括：国家承认的社会工作专业学历教育；国家及其有关机构（含北京市有关机构）统一组织的社会工作者继续教育培训班、进修班、研修班、讲座、学术会议以及相关业务及理论学习班；在主管部门备案并予以公布的社会工作者继续教育机构所组织的社会工作教育培训；主管部门认可的由有关单位组织举办、北京市社会工作者参加的相关国际学术交流及出国/出境考察、进修等；主管部门认可的其他形式的社会工作教育培训。北京市关于社会工作者继续教育形式的界定更细、范围更广，可能更有利于社会工作

①陈涛. 社会工作者继续教育的使命、任务与问题[J]. 中国社会工作，2010(34)：25-26.

者的灵活选择。

这些不同形式的继续教育各有其特点和优缺点，有关主管部门和参加教育的社会工作者自身需要对此有所认识，尽量做到取长补短，取得继续教育的实效。

另外，北京市已经提到并关注“自主择课”的方式。这种方式在其他一些继续教育领域已被证明是一个很有效的方式。无论是北京市还是全国其他地方，都值得对此进行积极探索，有可能由此找到一种适合社会工作者继续教育的最佳模式。

其次，社会工作者继续教育培训主体（包括培训机构和培训师资）既要保持一定的开放性，又须严格相关的资质条件。

从社会工作领域的长远发展和社会工作者职业/专业的长久建设来看，肯定需要走政府引导、社会参与的道路。在继续教育领域，同样应当逐步形成政府主管、专业自治、社会协同的格局，因而在继续教育培训主体的确定上，要保持开放态度，鼓励多元的专业机构、教育培训机构和相关人员参与这项事业。但是，社会工作者继续教育的专业性、科学性、针对性和实用性等特点，又决定了并非所有的机构和人员都适合承担有关职能。例如，培训的机构应当具备相应的专业资质和条件，能够为开展培训活动提供有力支撑。师资应当是既有扎实丰富的理论知识和专业素养（包括价值伦理），又有较强的实务经验和实践能力，并且比较精通成人教育的方法手段（例如参与式方法技巧）的人员。对此，民政部《办法》提出了一些基本的规范要求，北京市也在即将出台的相关文件中作出规定和要求。而从全国的情况看，可能还需要在这方面制定和实行更具体、更明晰的标准，以确保当前阶段社会工作者继续教育的质量。

最后，继续教育的组织实施涉及方方面面，需要设计好职责分工体系，做好各方的协调，有序、有效地开展。

社会工作者继续教育是一项系统工程，其中政府相关主管部门、继续教育机构、社会工作者的工作单位、各自扮演一定角色的社会工作者，需要共同协作。民政部的《办法》在这方面提出了基本要求，各地需要在实际的推进中探索出一套有效的体制和模式。例如，北京市在社会工作者继续教育的组织管理上采取这样一套做法：由北京市民政局作为组织管理部门，其职责包括制定政策和管理办法、发展规划、指导开展示范培训，备案、公布继续教育机构，指导、监督、评估继续教育机构的工作，发布信息，指导检查学时管理和使用等；事务性工作则委托北京市民政教育管理学院承担，包括制订年度工作计划，制订具体工作方案，组织实施示范培训，信息维护、管理，学时管理，其他委托工作；区民政局则有责任组织协调与本区社会工作者继续教育相关的管理工作。对于社会工作者所在单位，也明确规定了要对其参加继续教育给予必要的支持和提供必要条件，包括在时间、经费等方面予以保障。对继续教育机构的申请备案，基本条件和提交材料，审查、备案等程序，相关管理要求如制订具体实施方案报审查备案，确保质量记录时间、保存记录材料、信息保密、收费问题，资质审核、复核、再备案和公布与公众监督等，也作了相应的规定。对社会工作者继续教育的学时管理与使用等，也将作出具体规定。

我国社会工作者继续教育只有在所有这些相关方面的共同努力下，才能有效地开展和实施，并对实现我国社会工作者职业建设和专业化发展起到关键性作用。在此应当特别指出，社会工作者自身高度自觉、积极主动地投身其中，也是尤其重要的一点。舞台已经逐步搭建得越来越好，社会工作者需要利用好各种机会苦练唱功，以便能够在舞台上真正唱好戏，不负自己“专业社工”的光荣称谓。

第七章　社会工作实务在社会治理中的应用

第一节　家庭社会工作

一、家庭社会工作概述

（一）家庭社会工作的定义

对于什么是家庭社会工作，众多社会工作学者基于不同的理论流派和学术观点，提出了以家庭为中心的实践、针对家庭的直接服务、针对家庭的社会工作实践等观点。这些提法虽有不同，但大多是指围绕家庭所开展的社会工作，只是受不同历史时期所倡导的政策和家庭运动影响所致。

家庭社会工作是指为帮助解决家庭问题、增进家庭福利、更好地实现家庭功能而进行的社会工作，特指以协助整个家庭为主旨的社会工作。在问题的解决过程中，包括对整体家庭及各个家庭成员两者的需要进行测量、介入和评估等。相对而言，这个定义包容性较大，同时又具有比较明确的指向性。它表明，家庭社会工作的服务对象是面向所有的家庭，尤其是困难人群和有需要的家庭；其工作范畴涉及家庭治疗、心理辅导、家庭服务等；在工作方法方面，倡导运用社会工作的专业方法，兼容多元化的工作模式。

（二）家庭社会工作的目标

家庭社会工作的目标在于协助解决家庭问题，改善日常家庭生活，提升家庭自身解决问题的能力，促进家庭关系的和谐及家庭功能的正常发挥。

它主要是为了达到以下目标：一是帮助家庭成员更有效地管理其日常生活及互动，以减少压力和提升家庭的和谐度；二是帮助家庭学习更有效地解决问题的技巧，以减少危机的发生，并更有能力去应对不可避免的危机；三是帮助家长学习和改进教育孩子的方法和技巧，以适应孩子的成长过程及个性化的需要，改善和促进亲子关系的良性互动；四是帮助家庭成员学习有效地解决冲突的技巧，支持家庭能以一种建设性和促进成长的姿态来应对那些不可避免的压力和争议；五是帮助家庭成员进行有效的沟通，可以直接、真诚和清楚地表达自己的需求与渴望，或者失望和痛苦，避免破坏性的家庭互动，建立正向的、具有建设性的家庭沟通模式；六是帮助家庭建立起个人、家庭与社区的联结网络，提升解决问题的自助和互助能力，使家庭在承受困难和压力时能得到相应的社会资源；七是帮助家庭学习赏识每个成员的潜能和独特价值，从而为其成长和发展拓展更大的空间和机会。

（三）家庭社会工作的特点

1. 以家庭作为问题测量和介入的重点

家庭社会工作并非只是单一地帮助家庭中个别的成员，或解决个别成员的困难，而是因对个别成员问题的发现介入家庭，而问题的解决是以整个家庭为对象，即家庭中的所有成员都是社会工作者服务的对象。具体而言，从家庭社会工作的视角出发，往往把个人的问题视为整个家庭的问题。也就是说，因为个人有了困难，因此难以履行其作为一个家庭成员应该扮演的角色，由此协助家庭重建的任务和重要性远远地超过对个别家庭成员的困难帮助，如失业的父亲或重病的母亲，遭受影响的不只是个人，还有整个家庭；同时，当个别成员有了问题时，其原因可能是家庭功能的不健全，如一个离家逃学的青少年，可能是不健全家庭的受害者，因此，家庭社会工作者要处理的不只是青少年个人问题，而是需要介入整个家庭。

2. 重视家庭和社区资源的链接

虽然，家庭社会工作也采用“治疗”的诊断观点和相应的技术手段，但是它更加重视如何链接社区资源，如何改善社区环境和家庭环境，以帮助整个家庭及其成员。

3. 服务目标是协助家庭正常运转

每一个家庭都期望和睦、轻松、愉快的生活，每一个家庭也都蕴藏着丰富的能量与资源，具有解决问题的潜力。因此，社会工作者可以通过适当的指导，协助家庭发掘自身及社会资源，增进家庭功能，改善家庭关系，引导家庭自动、自主地解决所面临的问题和困难，从而实现家庭正常运转的目标。

二、家庭社会工作的方法

当前，我国内地的家庭社会工作方法处于非专业社会工作方法与专业社会工作方法混杂时期。一般而言，政府部门的家庭社会工作依然是行政式的教育、指导、组织和管理模式，比较专业的社会工作方法在一些开设社会工作专业的学院开始倡导实践，非政府组织尤其是面向社会开设咨询服务的机构，也有了较专业的社会工作理念，群众性团体组织也越来越认同社会工作的专业理论与价值观，重视并学习实践社会工作的专业方法。

在家庭社会工作中运用的工作方法主要包括个案工作、小组工作、社区工作、家庭治疗、家庭咨询等。下面主要介绍个案工作、家庭咨询、社区工作和家庭治疗四种工作方法。

（一）家庭个案工作

家庭个案工作具有个案工作的一般特点，但按照家庭个案工作服务对象的不同、服务领域的不同，又必须有一些专门的知识。家庭个案工作的服务对象是在角色功能实施上有障碍的家庭成员，所以家庭个案工作要把其重点放在家庭的角色关系上，以家庭整体作为援助对象，帮助家庭成员进行角色的调适。例如，对一个患有心理疾病的案主来说，在心理学家那里，可能会分析出是他的心理疾病引起了家庭关系的紧张。而如果他到家庭福利机构来求助，社会工作人员分析的着眼点可能就是是否因为家庭关系的紧张，如夫妻不和，面临离婚的风险，却又不愿意离婚等焦虑和烦恼而引起心理疾病，这样以心理的障碍为焦点，就是家庭社会工作的特点。家庭个案工作的另一个特点就是从社会制度的角度来帮助家庭整体。家庭是社会的基本单位，是对儿童人格的形成不可缺少的社会制度，对成人而言，家庭是自己稳定的避难所，家庭给他以安定感，家庭和个人是密不可分、息息相关的，家庭关系是长久的，个人在角色实行上的障碍将直接影响家庭生活，使家庭生活陷于混乱的状态，而混乱的家庭生活又反过来影响着每个家庭成员，所以，帮助家庭成员也就帮助了家庭整体，恢复了家庭的功能，健全了整个家庭制度。

家庭个案工作是利用个案工作的一般原则和方法，也就是说，凡是个案工作的一切知识都是家庭个案工作的基础。除一般个案工作的基础原则外，家庭个案工作在实施时还有其特殊的原则。家庭个案工作主要帮助家庭成员调适角色功能，使其能够顺利履行其应尽的职责，所以在家庭个案工作中，要特别强调在家庭的动态关系中，家庭成员角色分配是否合理，外界的期望角色与成员自我认同是否相符，找出妨碍其角色实行的原因，启发家庭成员自己面对问题。从最初案主的申请、接案开始到之后的连续过程中，都要注意到角色的实行以及角色当事者的主动参与解决问题的原则。如果家庭中每一个成员都能担当起各自的角色，那也就意味着家庭个案工作的任务已经基本完成，但还要帮助家庭整体去评价他们的进步情形，体验新的共同生活状况，意识到彼此感情的结合以及家庭生活的连带性，这是家庭个案工作比较独特的地方，也是非常重要的技术。

（二）家庭咨询

家庭咨询是指由专业人员为在恋爱、婚姻、家庭生活中遇到各种问题的服务对象提供咨询服务。家庭咨询的目的在于解决求助者面临的情感困扰，解决婚姻生活的具体问题，解决家庭中的种种纠纷。持续不良的情感关系或危机婚姻状态里的求助者，一般自己很难从中走出来，长期不合理的认知和行为表达已经形成了强大惯性。通过家庭社会工作者的帮助，家庭咨询能使求助者对自己的情感和家庭问题的认识由迷惘、盲目变得清晰起来，从无所适从、不置可否变得有办法和可操作起来。家庭咨询是家庭问题解决的有效途径，家庭咨询可以改变家庭生活和夫妻关系的很多方面，它的干预和影响广泛而深刻。

（三）社区工作

从家庭福利运动的历史来看，家庭个案工作的服务也不过只有70年的历史，而社会的一些条件的改善从19世纪中叶就开始了，可以说已经有100年以上的历史。家庭福利是受地区社会的生活或社会制度影响的。负有社会使命的工作人员并不是单单解决家庭内部的问题，对于和家庭生活有关联的社会制度也要关心。目前中国家庭结构的变化和家庭功能的外移，使社区更具有广阔的发展前景。当前对儿童问题、身体残障者、精神病患者或是老人等，都考虑通过回归社区的方式来照顾，社区面向家庭的生活服务内容也反映了这样的需求趋势。在社区照顾的方式下，家庭就不得不扮演重要的角色，而家庭为了解决儿童、残障者、老人等问题就需要获得一些外在的支援，家庭和社区之间的互动交流是不可或缺的。

（四）家庭治疗

1. 家庭治疗的含义

家庭治疗是20世纪50年代由美国精神分析师纳森·艾克曼提出的一种治疗模式，是指以整个家庭作为治疗的单位，关注的焦点在于家庭成员间的互动关系和沟通的问题，是处理人际关系系统的一种方法。它超越了过去只关注个人内在的心理冲突、行为模式和人格特征的局限，把个人放在家庭系统中去了解并进行治疗。因而，家庭治疗其实是一种系统治疗。

家庭治疗是一种团体治疗，是专业人员把家庭视为一个整体，整个家庭是一个个案，其中可能有一个特定案主，治疗者对全家（而非仅对案主）进行治疗。从家庭的角度来看，家庭治疗可以被定义为："尝试去改变家庭中的关系以促进家庭和谐的一种方法。"从个人的角度来看，"家庭治疗的焦点是从个人动力转移到家庭动力的历程，一个人的问题出自家庭上，应该将治疗的中心放在家庭，而不是个人的症状上。"综合而言，家庭治疗是以整个家庭而非某个特定的成员为治疗目标，着眼于整个家庭成员之间的互动和沟通关系，促进家庭之间的理解，从而解决问题达到家庭和谐的一种治疗模式。

2. 家庭治疗的发展历史

家庭治疗作为一种治疗模式出现在第二次世界大战后的美国精神医学界，大致可分为6个时期。

（1）1950年以前：弗洛伊德的心理分析理论与技术主导了美国的精神医学领域，一切的心理治疗都以他的学说为依据。弗洛伊德虽然偏重个人方面的精神治疗，但他已经注意到家庭关系对个人特性的形成产生影响，尤其是对症状行为的发生。他认为心理分析人员有义务去关注病人、社会、家庭和个人的情境。艾克曼则是首位将心理分析用于家庭治疗的学者。他认为家庭角色为动态的社会心理的单位之一，人的行为不只探讨其内在的生活，还涉及其家庭和社区，乃至大环境。艾克曼因此被称为家庭治疗的鼻祖。此外，阿尔弗雷德·阿德勒认为，人的行为只有在了解其环境和有关的社会因素（内容）时，才能被充分了解。哈里·斯塔克·沙利文注重人际关系对于性格发展的角色，视人为社会互动的产物。这几位大师都促成了家庭治疗的快速进步。

（2）20世纪50年代：一些心理医生对家庭的研究为家庭治疗奠定了良好的基础，他们主要是通过对精神分裂患者临床治疗的探讨，有了一些理论、方法和技巧，治疗技巧逐渐成形。

（3）20世纪60年代：这一时期许多临床实务者在思考心理异常问题时，开始以新的方式进行家庭治疗，并视其为治疗的方法之一。米纽秦撰写的著名的《贫民窟家庭》一书，发展了“结构性”家庭治疗方法，以问题的解决为导向。具有社会工作背景的萨提亚则在1967年出版了《联合家庭治疗》，对倡导家庭治疗有直接贡献。

（4）20世纪70年代：家庭治疗的技巧已凌驾于理论与研究上，许多人更急于把多种治疗技巧应用到复杂的家庭问题中。例如，多元家庭治疗、多元影响治疗、网络治疗、家庭危机治疗等都在这段时间得到迅速发展。主张行为派的治疗者则直接进入家庭，教导家长行为控制技巧，并希望具体改善家庭的沟通。

（5）20世纪80年代：这一时期是家庭治疗快速成长与专业化的时期，各种治疗中心纷纷成立，大量的训练课程、各项研讨会及多种学术刊物陆续出版发行。

（6）20世纪90年代：这一时期是家庭治疗整合与团结的时期，一方面，家庭治疗已成为精神医学、心理辅导、社会工作等领域中的重要技巧和理论；另一方面，家庭治疗本身也逐渐成熟，成为处理婚姻、亲子、药物滥用、学校适应等问题的利器。

3. 家庭治疗的基本原则

根据德国海德堡家庭治疗小组的治疗经验，家庭治疗的基本原则有：

（1）中立。治疗人员与家庭之间仅仅是一种工作关系，不涉及任何道德评判，不参与家庭成员的任何纠纷，与每个家庭成员保持友好的中立关系。

（2）循环提问。即指在治疗过程中，治疗人员对每个家庭成员进行提问，启发并引导他们说出自己的感受，使家庭成员彼此了解。（3）积极赋义。即给予解释，亦称为“资源取向”。对于不容易积极应对障碍的，便让家庭不至由于当前的事情而难以承受。

我国的家庭治疗刚开始起步，一些医生、学者在临床上初步对家庭治疗理论与方法进行了尝试，目前也取得了一些积极的成效。

4. 家庭治疗的实施过程

（1）初次面谈前的准备。

①面谈前需要了解的信息：服务对象存在的问题是什么？家庭成员是如何表述问题的？这个问题有多危险，其严重程度如何，是断断续续出现的，还是一个长期的问题困境？家庭对这样的情形是怎样反应的？到目前为止，他们是怎么处理这个问题的？他们是否有过参加治疗的经历？家庭现在前来治疗的原因是什么？是否还有其他因素影响这个问题（如不同压力的性质和出现的频率——这些压力是缘于职业，还是个人方面；是生理方面的因素，还是其他方面的因素）。

②初次接触家庭时的注意事项：积极倾听并作出简单有效的反馈。评估是否处于危机状态，是否需要立即进行危机干预。考虑问题涉及的范围是不是治疗师可以处理的。尽可能快地作出反应，包括尽快安排初次会谈、完成评估。思考该家庭成员主动寻求帮助的原因，并记住与其他成员保持和谐的关系是至关重要的。把握第一次接触需要了解和掌握的信息，除特殊情况外，不宜进行干预、提出意见，同时要指出全家都来参与治疗的重要性。

（2）初次面谈要达到的目标。

①建立信任的治疗关系。初次面谈对于社会工作者同服务对象建立良好、信任的治疗关系非常重要。为了形成这种信任关系，可以从以下几个方面着手：一是提升社会工作者的亲和力。所谓的亲和力，就是治疗者让患者和患者家庭成员感到亲切、和蔼、友好，容易接近，可信，可依赖，有种“一见如故”“相见恨晚”的感觉。二是社会工作者要有充分的自信。治疗者的自信对于建立良好的治疗关系也有非常大的作用。治疗者的自信会影响患者和患者家庭成员对其专业能力的看法。三是在治疗过程中，要多肯定、支持患者和患者家庭成员，少否定、批评；多理解、关心和同情

患者和患者家庭成员，少拒绝、冷漠；多公平、平等地对待患者和患者家庭成员，少偏心、忽视；多真诚地对待患者和患者家庭成员，少虚伪；多表现如普通人一样的行为；多尊重患者和患者家庭成员，少轻视。此外，在语言上可以多些幽默感，幽默的言语有助于化解矛盾，减轻服务对象的压力。四是注意共情状态的使用。所谓共情就是指治疗者从患者和患者家庭成员的角度、立场出发，而不是从治疗者自己的角度和立场出发去理解患者和患者家庭成员，治疗者要充分认识和理解患者和患者家庭成员的感受和情绪情感。

②确认家庭对治疗的期望，并制定治疗目标。在这个过程中，可以运用追问法、权威法、模仿法和提问法等。

追问法就是治疗者积极倾听患者和患者家庭成员所述说的事情和沟通的内容，根据这些事情和内容向家庭成员提问或者提供进一步沟通的线索，鼓励家庭成员将述说和沟通继续进行下去，从中发现家庭成员所认为的家庭交往模式、家庭结构，或者家庭成员对事情的看法和感受。在追问时，治疗者要注意的应该是家庭成员相互交往的过程，而非交往的内容。

权威法是治疗者以专家、权威、帮助者的身份出现，通过某种方式强迫家庭成员接受自己的观点，从而促使他们改变现有的交往模式。与追问法不同，权威法要向家庭成员的观点和看法发出挑战，让家庭成员按照治疗者的思路和设定的目标进行沟通。

模仿法是指治疗者在治疗过程中，模仿患者和患者家庭成员的说话方式、内容、姿势、动作和表情等。一般而言，非言语的模仿比言语上的模仿更容易被家庭成员接受，让家庭成员觉得治疗者与他们自己具有某些相同的特点，有助于对治疗者的认同和接纳。

提问法包括封闭式提问和开放式提问。封闭式提问只需患者和患者家庭成员作出简单明了的问答。最简单的形式就是要求患者和患者家庭成员回答“是”还是“否”。开放式提问容许患者和患者家庭成员有一个自由回答的空间，他们可以自由地讲述和探讨自己的想法、感受和行为。在提问开放式问题时，要尽量少提让他们进行分析的问题。

（3）实施评估。

评估的目的是在收集资料的基础上对家庭的功能失调进行诊断。每个家庭的问题有其独特性，工作者通过评估，可以对每个家庭问题的特殊性有更深入细致的了解。在此基础上制订的治疗方案才更有针对性。

评估的项目和内容应包括：家庭的形态和结构；家庭系统的弹性；家庭系统的回馈；家庭生活环境；家庭生命周期；家庭成员的症状与家庭交往方式之间的关系。

（4）介入阶段要完成的工作。

①改变家庭的看法。集中问题焦点，找出导致强烈感觉的问题所在，改变家庭错误的世界观。协助家庭成员建立正确的世界观，可以采用似是而非的技巧，强调家庭成员各自的优点。

②和服务对象互动。厘清影响家庭成员互动的因素，促进家庭成员形成正确的自信心，改变或完善家庭成员的沟通模式，形成正常的、有助于家庭关系协调的家庭规则。

对于家庭成员的自信心，自信心强的人认为自己有价值，爱自己和尊重自己，能够欣赏自己的能力和长处，接纳自己的弱点和局限性。相信自己有应付困难的能力，拥有内在的安全感，不觉得外界环境是一个威胁，发生变化是正常的，有适应的能力。

自信心弱的人则相反，认为自己没价值，不接纳自己的弱点和局限性，害怕变化，常常用否认、退缩、埋怨和攻击的方式处理问题来掩饰自己的恐惧和不自信。自尊的高低最容易在遇到压力的时候表现出来，如儿子成绩不好，夫妻互相推诿责任。低自尊有传染性，家庭中有的人自信心弱，其他人也会受到不良影响。社会工作者要通过介入，矫正非正常的自信心。

在家庭沟通模式中，较好的是表里一致的沟通模式，它指的是一种同时顾及自己、别人和处境的沟通方式。任何时候和场合，处理任何问题，都会顾及自己、别人和处境三个层面。

不良的沟通模式主要有讨好型、指责型、超理性型和打岔型四种。讨好型的沟通是忽略自己，用讨好的方式取得别人的信任，缺乏安全感，心里的焦虑是别人是否喜欢他；指责型的沟通者只顾自己不顾别人，其实内心也没有安全感，觉得外界对自己有很多威胁，所以就摆出攻击的姿态；超理性型的沟通者忽视自己和别人的感受，凡事强调理性与客观分析，也没有安全感，基本防卫方式是表现自己理性的能力，认为情感是多余的；而打岔型的沟通者则难以捉摸，好像很乐观和风趣，真实想法很难被了解，满不在乎，但是很难承担责任，以打岔作为防卫方式。在介入中，社会工作者要使服务对象认识到家庭内部沟通模式上的问题，构建积极有效的沟通模式。

家庭规则被用以规范个人的行为和界定角色。在家庭中，有些规则十分明确和公开，如孩子几点上床睡觉，周末才可以看电视；有些是隐晦的，大家知道它的存在，但没有清楚的界定，使大家的理解和期望都不一样，容易造成各种冲突和矛盾（如孝顺）。有些家庭限制情绪和感受的表达，如克制愤怒和哀伤。有些家庭甚至连正面的情绪，如爱意和亲密也要限制，性在家庭一般是禁止讨论的。一些僵硬的家庭规则可能会妨碍成员的个性发展与家庭关系。因而，社会工作者要能够协助服务对象，重塑有利于家庭和其成员发展的家庭规则。

（5）结束治疗。

结束治疗是家庭社会工作服务活动的最后阶段，是社会工作者与受助家庭成员协商服务活动结束的相关事项，并且结束、退出服务活动的阶段。在这一阶段，社会工作者需要完成的主要任务是与受助家庭成员协商服务结束事项以及总结和巩固整个服务活动的成果。

随着服务活动目标的逐渐实现，社会工作者在每次会谈中需要利用一定的时间与受助家庭成员讨论已经实现的目标，以及有哪些尚未实现的目标，让受助家庭成员了解服务活动的进程，为服务活动的结束做好准备。在此基础上，社会工作者还要和家庭成员商讨在未来生活中如何保持已经取得的改变，并且为未来可能面临的困难做好准备。

第二节　儿童与青少年社会工作

一、儿童与青少年社会工作概述

（一）儿童的概念和特点

儿童一般指未成年人，有的国家和地区将人在性成熟以前均称为儿童。1989年11月20日在第44届联合国大会上通过的《儿童权利公约》中规定：儿童系指18岁以下的任何人。《中华人民共和国未成年人保护法》第2条规定，未成年人是指未满18周岁的公民。在我国的实际工作中，多将儿童的年龄界定为0～14岁。

儿童期与人生的其他阶段相比较有以下一些特点。

1. 生理特点

（1）成长性。儿童的神经系统、循环系统、内脏器官、肌肉骨骼组织等都处于成长之中，这种全方面的发展只发生在儿童期。

（2）基础性。儿童的成长为其今后的成年打下基础，并可能由于童年的某些经历，造成其成年后的问题。

2. 心理特点

（1）发展性。儿童的心理与其生理一样处于发展期，人格基本成型，认知和社会化还处于初级阶段。

（2）依恋性。儿童对其抚养者的依恋，不仅基于情感上的需要，同时也是生存需要的自然反应。

(3) 可塑性。儿童的心理成长很大程度上取决于所处的环境，包括社会环境和抚养环境。

3. 行为特点

(1) 探索性。由于儿童时期对事物认知的能力尚有欠缺，儿童期的很多行为表现出探索的性质，其过程和结果也是提高认知能力的重要途径。

(2) 模仿性。通过这种模仿性，人们可以采取控制示范行为的方式，促进儿童的健康成长。

(二) 儿童社会工作的含义和特点

我国宪法规定，中华人民共和国公民有受教育的权利和义务；国家培养青年、少年、儿童在品德、智力、体质等方面全面发展。婚姻、家庭、母亲和儿童受国家的保护；父母有抚养和教育未成年子女的义务；禁止破坏婚姻自由，禁止虐待老人、妇女和儿童。1950年联合国儿童权利会议把儿童社会工作定义为：凡以促进儿童身心健全发展与正常生活为目的的各种事业均称为儿童福利。儿童社会工作是根据儿童的生理、心理特点和成长、发展的需要，以社会工作专业的价值观为指导，以科学的理论为基础，充分运用社会工作的专业方法和技巧对儿童开展的助人服务活动。

儿童社会工作有以下四个特点：一是儿童社会工作的开展立足于社会的经济、文化、法律等客观背景；二是儿童社会工作的开展建立在特定对象的需要和特点的基础上；三是儿童社会工作的实施过程中需要充分运用社会工作专业的价值、理论、方法和技巧；四是儿童社会工作是一种助人及自助的服务活动。

目前，我国儿童社会工作的机构主要包括学校、社会福利机构、社区和专业性社会工作组织。义务教育阶段的中小学教师是专业队伍，他们通过组织教学活动，来实现智育、德育、体育等教学目标。教师所关注的不单单是学校德育计划的实施，还应为发生偏差的儿童提供专业服务，对受侵害的儿童实施权益保护。社会福利机构收养了绝大多数的社会孤儿和弃儿。目前在福利机构中，社会工作者开展的儿童工作主要可分为寄养和领养两个方面。社区是儿童生活的场所，社区发展目标中应包含儿童部分，为开展儿童工作提供资源保证。专业性社会工作组织以实现社会工作价值为机构的目标，为所在地或者周边的机构提供专业社会工作服务，在专业社会工作机构里从事儿童工作。社会工作者除了开展对儿童的评估，以确定什么服务可能对儿童有帮助以外，还要积极地调动与整合资源，共同协作以实现帮助儿童的目标。

（三）青少年的界定及青少年期的特点

1. 青少年的界定

青少年时期是人一生中发展变化最迅速的时期，也是遇到的人生问题较多的时期。这一时期，社会环境在很大程度上塑造了青少年的个性与行为，影响着他们的未来，青少年十分需要正确的引导与帮助。因此，青少年社会工作构成了社会工作的一个重要的组成部分。

从生物学的角度来看，青少年期是生殖力逐渐成熟的阶段。这一时期中，个体生理的各个方面发展迅速，肌肉逐步发达，骨骼成长逐渐完成，体力开始增强，第二性特征开始发育，而当生殖器官与性发育成熟时，就表示青少年期的结束。从人口学的角度来看，具体年龄是确定青少年的方法。一般认为青少年是一个变化着的、14～30岁的人类个体组成的社会群体。从社会学的角度来看，青少年是从依赖成人的童年到独立的、负责的成人活动的过渡，即一个社会化的过程。青少年期是个体社会化的一个重要阶段，这一时期始于青春期的开始，止于社会承认的成熟标准，即当青少年个体具有独立应付社会问题与生活问题的能力，同时又得到社会的认可时，他就进入了成年期。

综上所述，青少年是指个体从儿童到成人的一个过渡时期。其起始年龄为青春期开始来临的时期，在12岁左右，终止期为个体达到生理与心理成熟的时期，这个年龄的界限因时代背景和社会环境的不同而有所差异。

国际学术界通常用三个标准来确定青少年的社会成熟：结束学业和获得职业（经济独立）；结婚（心理上的成人感）；成立家庭（有单独的住所，脱离对父母的依赖）。一般这个年龄界限都在25～30岁。

2. 青少年期的特点

（1）青少年期有其急剧变化的自然属性。青少年处在人生的特殊年龄阶段，这是人生最富有生命力的时期，具有其他年龄段的人所不及的优势。这个时期个体的生理机能发育、心理和智力的变化可谓翻天覆地，青春期的这些突变为青少年的自身发展提供了坚实可靠的自然基础。

（2）青少年期有其日趋成熟的社会性。青少年期是童年向成年过渡的阶段，青少年进入社会时，正值生理、心理趋向成熟而又未完全成熟的时期，相对于具有依赖性的儿童和独立性的成人，青少年除了具有社会教化与塑造的客体性质之外，还具有自觉适应、独立选择以及能动地参与社会活动的主体性质，青少年的社会性就是在这一过程中日趋成熟的。

（3）青少年期具有逐步完善的实践性。青少年的实践性是一个逐步完善的过程，这一过程显示在青少年从社会的依附地位成长为社会独立成员的社会化的轨迹之中。同时，青少年的天然优势又得到了充分发挥，有选择地接受社会要求，有目的地外化和自我内化，能动地参与改造，最终形成个性，获得社会关系和社会存在。

二、儿童与青少年社会工作的基本内容

（一）儿童社会工作的基本内容

依据服务对象的不同，儿童社会工作可以分为以全体儿童为服务对象的一般儿童社会工作和以特殊儿童为服务对象的特殊儿童社会工作两种。一般儿童社会工作范围包括以下几点。

1. 儿童养育和保健

儿童的养育主要是指在饮食喂养、合理营养、居住环境、托儿设施等

各个方面对儿童进行更完善、更全面和更科学的抚养和培育。儿童的保健主要包括两个方面：一是妇婴保健，即利用各种有效措施减少婴儿死亡率；二是对儿童的卫生工作，即通过健康检查、身体缺点的锻炼及矫治、传染病的预防、健康教育和科学生活方式的宣传等方式促进儿童健康发育成长，全面提高儿童的身体素质。

2. 儿童照顾和教育

儿童照顾是指在家庭、托儿所、幼儿园、学校等环境中给予儿童在生活、学习、成长等各方面的呵护和关怀。儿童教育主要是指通过各种手段和多种途径使儿童学会认知，掌握必要的知识和思维方式，具备生活中必需的能力，习得初步的社会规范，培养基本的道德品格的过程。

3. 儿童救助和保护

儿童救助主要是指对孤儿、被遗弃儿童以及生活困难儿童的救济和帮助。对前者的救助形式主要包括儿童福利院教养、家庭寄养和收养等。对后者的救助形式主要是为贫困或单亲家庭提供经济和物质上的救助，以使儿童获得基本的生活保障。

儿童保护包括三个层面上的工作：一是通过立法和制定政策从制度上规定和保护儿童的各种权利；二是在实际生活中通过具体手段切实保护儿童的合法权益，如生命权、被抚养权、健康权等；三是保护儿童的成长，与各种有关的社会力量（家庭、学校、法院、青少年保护专设机构等）合作，与一切危害儿童身心健康和成长的行为作斗争。

4. 儿童游戏与娱乐

游戏是儿童的心理特征，游戏是儿童的工作，游戏是儿童的生命。儿童的各种能力都是在游戏中获得的，游戏的目的不仅仅在于让儿童“玩”，而是在于引发、支持与促进儿童的学习活动。

特殊儿童的社会工作在我国主要指残疾儿童、孤儿、弃婴和流浪儿童，为他们提供保护是我国儿童工作的重要组成部分。根据我国现行的儿童社会福利制度，儿童社会福利事业专指以社会福利为保障手段的社会收养、社会服务机构和设施，向孤儿、残疾儿童提供的社会福利型服务。我国政府在现阶段解决孤儿、弃婴收养问题采取的主要措施是在有条件的地方建设社会福利设施，集中收养孤儿、弃婴。在条件尚不具备的地方，采取分散供养的形式。收养孤儿的社会福利设施主要有儿童福利院、孤儿学校、儿童村等。

（二）青少年社会工作的基本内容

1. 青少年社会工作的界定

青少年社会工作是指以青少年为服务对象的社会工作。广义上的青少年社会工作是指为促进青少年生理、心理方面良好和健全发展，适应社会生活而采取的一系列服务措施；狭义上的青少年社会工作是指对家庭或父母没有能力抚养管教或遭父母虐待的不幸青少年所提供的一些救助或保护措施。

青少年社会工作是以青少年为案主的社会工作，面向青少年这一特殊的社会群体，针对青少年在成长、发展过程中所遇到的生理、心理、生活等方面的困惑与问题予以帮助或解决。这一工作的最终目的是使青少年能够健康、全面、顺利成长，青少年社会工作不仅很重要而且任务也很艰巨。在青少年社会工作中，“教导”是青少年社会工作的本质特征。我国港台地区和国外的不少著作都把学校社会工作作为青少年社会工作的重点，认为青少年社会工作的重点主要在于“教导”。

2. 青少年社会工作主要有以下几个方面的内容

（1）思想道德品格辅导。青少年道德发展有以下特点，首先是道德相对主义。他们能够比较事物的差异性，思考不同的解决办法；其次是道德上的冲突。在此阶段，青少年期的道德与成人道德观念存在着疏离。青少年在此阶段不会被成人充分接纳，他们也不会认同成人的标准，因此代际间的疏离感会导致亲子冲突；最后是道德上的知行不一，青少年的道德认知与道德实践常常存在差异性。

因此，针对青少年的道德发展，青少年期社会工作要帮助青少年形成对社会政治制度的看法。引导青少年形成正确的世界观和对自然、社会的正确认识，帮助青少年形成对各类事物和现象的正确评价标准和评价方式，协助青少年建立正确的观察、判断和推理的思维方法，加深青少年对于道德理论和知识的了解，帮助青少年学会梳理道德情绪和自我认知能力，促使青少年形成良好的道德习惯，并掌握自我控制能力。

（2）心理及认知辅导。青少年期心理及认知也存在一些特点，一是身心发展快速且不平衡。在这个阶段，主要的发展性任务是实现自我的同一。也就是说，使理想的“我”逐步接近现实的“我”，使自我意识达到积极的统一，道德意识和价值观念得到发展。二是在这个阶段，青少年的独立意识加强，伙伴关系密切。学会了自我批评、听取他人意见，思维活动的数量和质量有了很大提高。

针对青少年期的心理特点，青少年社会工作主要包括：辅导青少年了解和认识生理、心理发展的规律，掌握基本的心理发展知识；辅导青少年掌握平衡心理发展的基本技能，提高自我管理和控制能力；协助青少年开展良性的自我探索，实现自我同一性；协助青少年发展健康的认知能力，促进个体新技能、创造力、思考判断力的全面提高；创造有利于青少年发展的社会环境，促进青少年与环境的和谐互动。

（3）个人发展辅导。个人发展辅导的主要内容包括个人规划及决策能力的培养，主要是协助青少年学习界定问题、收集并运用资料，以提高个人的规划和决策能力；自我状况的了解及个人价值观的澄清，主要是协助个体了解自我能力、兴趣等，并澄清个人的职业价值、个人发展的状况；学会根据个人特定的标准、生涯目标、社会要求，经过比较后作出适当的选择；自身潜能的开发，发掘个人的潜能，适应快速变迁的社会与职业环境。

在个人的发展规划中，首先要了解个人的潜能、智力、兴趣、人格特征等；其次要对工作发展前景、就业与职业训练资源、工作机会等有明确的认识；再次要确认自我的工作价值观，形成符合社会主流价值体系的个人观念；最后还要善于评估环境因素，对政治、经济、社会、文化等因素有必要的了解。

（4）就学就业辅导。就学就业辅导包括学业辅导和就业辅导。在学业辅导中，主要是激发青少年的学习动机，提高青少年的学习自觉性；发展青少年的学习兴趣，加强青少年的求知欲；协助青少年掌握良好的学习方法，提高其学习能力；协助青少年掌握基本的处理压力的技能和方法等。在就业辅导中，主要是帮助青少年培养良好的就业意识，开展就业态度和就业技能辅导，为青少年择业提供直接服务等。

（5）生活方式辅导。生活方式辅导主要是帮助青少年培养良好的生活习惯和生活态度，培养良好的生活情趣，提高青少年的闲暇娱乐质量，以及及时纠正不良生活方式，协助青少年养成健康的生活方式等。

（6）人际交往辅导。在青少年生活中，逐步开展人际交往是一个重要内容。在这个阶段，要学习处理各种人际关系，包括家庭关系、同伴关系、网络人际关系、其他人际关系等。作为青少年社会工作者，人际交往辅导主要包括：培养青少年良好的交往动机和交往品质，使青少年的合作意识和自我认知能力、沟通交往技巧等有良好的提高；提高青少年的人际交往能力，完善其领导才能、社交礼仪、交往态度；矫正和帮助有人际交往障碍和人际交往偏差的青少年，使其形成正常的人际网络。

（7）犯罪青少年的矫正服务。犯罪青少年的矫正服务主要包括青少年犯罪前的预防教育服务、判决前后的教育服务、替代性教育服务、重返社会教育服务等。目前，我国在这个领域还没有完整健全的服务体系。

（8）困难青少年保障服务。社会困难群体是一个在社会资源分配上具有经济利益的贫困性、生活质量的低层次性和承受力的脆弱性的特殊社会群体，他们依靠自身的力量或能力无法保持个人及其家庭成员最基本的生活水准，需要国家与社会给予支持和帮助。对于处于困难群体中的青少年来说，相关的服务内容主要包括基本权利保障服务、司法保护服务、教育权益保障服务、就业保障服务、健康保障服务、社会保障服务等。

三、儿童社会工作的基本方法

（一）儿童个案辅导

儿童个案辅导是由专业人员利用科学的知识和方法，帮助儿童了解自己、掌握面对困难解决问题的办法，并且运用各种机会促使儿童在生活、学业、感情和人际关系等各方面全面发展以及发挥潜能。

在对儿童进行的辅导中，游戏治疗是常见模式。目前，较为常用的有想象互动游戏治疗模式和沙盘游戏。

想象互动游戏治疗模式是儿童社会工作的常见方法。一般是以想象游戏为媒介，促使儿童有机会以转化的方式进行沟通，从而透露出一些隐秘性的事情。通过想象游戏的媒介，孩子有机会以转化的方式进行沟通，当在游戏世界进行沟通时，孩子知道能较容易也较安全地表达焦虑、生气及其他负面情绪，从而帮助儿童寻找一条试验新想法和其他解决方法而又不会伤害到任何人的途径。例如，利用游戏公仔来扮演父母，在游戏互动的过程中，可以了解儿童对父母的认识和家庭成员之间的互动方式。

在这个过程中，社会工作者可以用口语的方式参与游戏，也可以扮演积极的玩伴，在游戏中，社会工作者应表现出饶有兴致且完全融入的态度。通过与孩子一起游戏，社会工作者让孩子清楚地知道他的行为没有被禁止，因而孩子才不会感受到压力。

这种游戏方式对于有隐藏性身体疾病的孩子能发挥很好的作用，也适用于情绪混乱的孩子。为保证游戏的效果，孩子的父母也必须愿意审视及改变他们的行为，以及改变对孩子的态度。

沙盘游戏又称箱庭游戏，是目前国际上很流行的心理治疗方法，被广泛应用于儿童的心理教育与心理治疗。沙盘游戏的目的是借助沙盘探索心理世界，它可以用于儿童，也可以用于成人；可以个体单独进行，也可以由家庭或其他形式的团体一起完成。

沙盘游戏的基本设置有国际统一的标准，包含沙盘尺寸、色彩规范及游戏模型的种类等具体规定。沙盘游戏有沙子和人或物的缩微模型两大基本构成要素。在游戏时，首先为儿童介绍沙盘游戏的沙和水的使用，介绍各种模具的类别和摆放位置，让儿童感到安全、自由，让他明白有充分的条件可以选择任何模具来做任何形式的创造。然后治疗师会帮助来访者以一种自发游戏的心态来创造沙盘世界以及自由地表达内在的感受，实现“童心”的唤起。一旦儿童能够以这样的童心来摆放沙盘，他就进入了游戏的状态。

在游戏中，依据“非言语的治疗”原则，儿童开始摆放沙盘世界，治疗师尽可能保持一种守护性和陪伴性的角色进行观察和记录，并努力让儿童自己和沙盘进行交流。在沙盘摆放结束后，治疗师开始陪同儿童对沙盘世界进行探索，努力对沙盘世界进行深入的体验和经历，在适当的地方给予帮助，以及在必要的情况下给出建议性、隐喻性或提问性的诠释。

沙盘游戏治疗强调非言语性和非诠释性，而且以体验和经历为主。因此，要理解沙盘的信息，就必须学习这种无意识的“语言”。它是一种心理疏导手段，也是使用沙子、沙盘以及有关人或物的缩微模型来进行心理治疗与心理辅导的一种方法。在一个自由、受保护的空间，通过在沙盘内用各种模型、玩具摆弄心灵故事，使儿童以无意识接触并表达超语言的经历和被阻碍的能量。这种接触与表达，可促进激活、恢复、转化、治愈、新生的力量，对儿童心理健康的维护、想象力和创造力的培养、人格发展和心性成长都有促进作用。

（二）儿童小组工作

儿童小组工作的类型很多，如课外兴趣小组、少先队小组、课外补习小组等。在这些活动中，社会工作者要在这些小组工作中加入社会工作的理念。

儿童小组工作活动安排要新颖有趣，符合儿童特点，但要注意安全；可以结合儿童的年龄，利用示范来说明活动的安排和小组规则；考虑到儿童的心理，要避免空泛的道理和讲述过于复杂与抽象的问题。在儿童小组工作中，社会工作者应具有亲切和蔼的态度和亲和的沟通能力，并给儿童以平等和受尊重的感觉。

四、青少年社会工作的基本方法

（一）青少年的个案辅导

青少年的个案辅导是对青少年个体实施的社会工作。在实施过程中，要注意个别化的原则，根据其个人的实际情况，给予有计划的、系统的辅导和帮助。个案辅导的对象大都是有特殊问题的青少年，具体的辅导方法很多，要因人而异。具体的程序一般是先和案主进行交流，对其实施观察，用心与其相处，帮助其发展潜能，引导、启迪其选择好的方法去处理自身遇到的各种问题和困惑。同时，对青少年所处的社会环境也要加以考虑，可以通过访问和调查案主身边的人（如亲朋好友、同学、老师等），深入地了解个体青少年的问题，更好地实施工作，还可以指导和带领青少年个体参加各种社会实践活动，在实践中对其指导，增加个体的实际经验，提高个体的能力。

（二）青少年小组工作

在青少年阶段，各种同龄群体在其身心成长中占有重要的地位。这些小群体，或者说社会工作的小组，可以为青少年提供同伴增强的机会，更能刺激出大多数当事人的真实世界。同时，小组规范会对规范小组组员的行为起到很好的制约作用，能够为服务对象提供很多的示范者、行为预演的协助者，这些不同性格的人相互交流和反馈，有助于组员重新建立良好的人际交往和行为习惯。而社会工作小组还为青少年创造了安全开放的交往环境，增强了青少年的社会交往能力，改变了他们与社会隔离的封闭状态。

社会工作者可以通过报告、座谈、集会等形式进行团体辅导；组织与团体建设有关的行为和活动，如入团（队、军）仪式，选举领袖、检阅队伍等，增强团体的凝聚力，使青少年受到启发和教育；还可以通过旅行、参观、参与社会活动等提高青少年的思想、认识，锻炼他们的实际能力。在这些群体中，青少年可以交流成长体会，互相启发，共同提高。

（三）青少年的社区活动

社区是人们生活中最重要的活动场所之一。青少年社会工作运用社区组织活动，一方面，由于社区正在成为青少年生活的主要场所之一，他们的知识更新、娱乐休闲、社交学习、健康锻炼都在社区内完成，一个好的社区能够促进社区内青少年的学习和生活，能够促进他们思想道德素质的提高；另一方面，社区也是青少年实现社会化过程的主要场所之一。青少年的成长和社会化过程，都是由生活环境决定的，社区教育与学校教育、家庭教育一样，对青少年的影响日益重要。青少年社会工作者需要从促进青少年健康成长的高度来认识社区组织活动的重要性。

青少年社区工作主要包括建设社区文化和在社区内进行教育培训服务。社区是一个以生活为主的活动空间，精神文化需求日益增长是社区青少年的一个显性特征。青少年社会工作者要抓住这一特点，通过开展读书、评书、书法、音乐、文体等各种形式的文化活动不断满足青少年休闲娱乐的需要。此外，社会工作者还可以有组织地对外来男女青年和社区内无业青年开展职业技术培训，引导青年掌握一技之长，为青年择业、就业和适应社会发展提供服务。

第三节　学校社会工作

一、学校社会工作概述

学校社会工作是20世纪初在美国发展起来的，最初是在美国由校外民间福利机构或市政单位的社会工作者以访问教师的形式提供服务，加强家庭和学校间的相互配合，使学校方面能尽到照顾学生整体福利的责任。之后，这项工作逐渐得到各地学校董事会的认可。1913年，美国罗切斯特城的学校率先建立了访问教师制度，随后美国中西部地区的学校也群起效仿。配合当时义务教育的实施，在注重学生个体化差异及教育生活化的呼吁声中，学校社会工作的专业地位日益确立，并最终成立了美国学校社会工作协会。

第二次世界大战以后，学校社会工作得以继续进行，一共有266个城市在学校提供社会工作服务，学校社会工作者逐渐成为学校体制的一个重要部分。进入20世纪60年代，越南战争、反对现行体制的反文化运动、民权运动、女权运动，促使美国社会陷入动荡，这种动荡造成大量儿童和青少年的社会适应问题。这个时期，学校社会工作者也积极参与教育政策的制定和学校活动的设计，同时和社区建立了广泛的联系。20世纪70年代后，学校社会工作的重点转移到对青少年的人权保护方面，对于体罚、勒令退学、开除学籍等处罚的综合作用进行了大量的论证研究。

（一）学校社会工作的定义

学校社会工作是运用社会工作的理论与方法，推动实现学校这一社会建制的主要目标。学校的主要目标是为学生提供教与学的场所，使学生能成功实现预期社会化，为将来进入社会、立足社会做好准备。

从这个定义我们可以看出，在本质上，学校社会工作是属于社会工作的一环；在对象上，学校社会工作以全体学生为服务对象；在方法上，学校社会工作运用个案工作、团体工作和社区工作等社会工作方法；在目的上，学校社会工作是在促进学校目的的实现，也就是要协助学生准备现在及未来的生活。

（二）学校社会工作的作用

学校社会工作可以补救班级教学的缺点，个别化地解决学生与学校有关的各种问题。大班级教学制是义务教育规模化的一个体现，所有学生只从年龄上加以区分，年龄相仿的学生在相同的班级中接受同一种知识的灌输，使之符合教学的要求。对学生的个性需求和人格特点视而不见，完全不考虑每个人内在的差异、心里的感受和情绪的体验。学校社会工作者在老师的辅助下，探究学生问题背后的个性原因，试图为每个学生提供他真正所需要的东西，从源头上解决学生的问题，而不是普遍性的泛泛而论。

学校社会工作可以增强学校—家庭—社区之间的联系。从微观层面而言，学校社会工作者可以联系对学校生活存在适应性问题的学生家长，一起参与对个别学生的辅导服务工作，利用家长的支持和协助共同协商解决办法，提高解决问题的成效；从宏观层面而言，学校社会工作可以使学校、社区以及学生家长围绕学校的教学工作目标和育人方针紧密团结起来。

学校社会工作可以同学校全体教职员工一起，培育德、智、体、美、劳全面发展的学生，以适应现代社会发展的需要。

二、学校社会工作的内容、模式和具体方法

（一）学校社会工作的主要内容

1. 帮助学生处理其所遭遇的困扰问题

学校社会工作发展之初，大都针对有困扰问题的学生，协助其探寻问题产生的原因，然后对症下药，给予适当的处置。不过，学生的问题各式各样，学校社会工作者必须集中心力，采用社会工作的方法，协助在教室

里或校园内有行为问题而被引介来的学生。这些学生经常遭遇的问题包括逃学、拒学、暴力行为、帮派介入、孤僻、学习缺陷、药物滥用、偷窃、不服管教等。

2. 为教师提供咨询服务

学校社会工作的目的是学校总目的中的一部分，学校社会工作的方案必须配合学校的政策。因此，学校从事决策时，常常需要学校社会工作者提供相关的资料。

3. 为家长提供团体服务

如果有多名学生遭遇相同的问题困扰，他们的家长也会有某些共同的需要，所以社会工作者可以对这些家长提供团体工作，以便共同协助他们的孩子。

4. 参与社区发展工作

社区是学校的所在地，学校社会工作在协助学生处理问题时，不能忽视社区的影响因素，而在拟订相关的处置方案时，也不能不设法争取社区资源的支持，尤其是社区热心人士的协助，争取社区资源最直接有效的途径就是参与社区发展工作。

5. 担任辅导团队的联络工作者

在美国，学校辅导工作通常采用多学科团队方式，由学校社会工作者与学校心理学家、学校咨商人员一起为案主服务。其中，学校社会工作者经常担任团队的领导人员，负责辅导工作的规划、联络、推动和评估。

（二）学校社会工作的主要模式

美国社会工作学者约翰·艾德森提出了四种学校社会工作模式，分别是传统临床模式、学校变迁模式、社会互动模式及社区学校模式。这四种模式各具特色，可以为学校学生问题的处理提供清晰可用的思考方式与指引。

1. 传统临床模式

传统临床模式是根据心理分析理论、心理社会理论、自我心理学、个案工作与方法论等理论，其工作重点是社会关系、社会能力失调，情绪失调、情绪困扰的学生。工作目标是帮助学生培养较好的社会功能与有效的情绪管理。工作的对象是学生案主本身及他们的父母。该模式认为学生情绪与心理问题的来源是其家庭，尤其是亲子间的互动问题。学校社会工作者主要扮演增强者、支持者、合作协同者与咨询者的角色，其主要的工作任务与活动是对学生与其父母亲开展个案工作，有时也使用团体工作法，或把整个家庭当成一个工作团体，发挥其联结者的角色，串联沟通学生、父母与学校人员（包括教师）。

2. 学校变迁模式

学校变迁模式是基于社会科学理论，特别是偏差理论与组织理论建立起来的。其工作的焦点是学校的环境本身，特别是学校的规范、规定与情况。目标是要改变学校不适当与负功能的规范和情况，因为学校不当的情况是造成学生学习不力、行为偏差与学校适应不良的原因之一，所以其目标体系是整个学校。该模式认为，问题的根源在于学校本身负功能的规范与情况，所以学校社会工作者扮演着倡导者、协商者、咨询者与调停者的角色，找出并确认学校负功能的规范与情况，常以团体工作的方式直接与学生谈话接触，以个别或团体工作方式与教师和学校行政人员开展咨询活动。

3. 社区学校模式

社区学校模式是基于社区、学校相联结的概念与沟通理论，其工作的焦点是那些处于困难或被剥削的社区（学区），而该社区里的组成分子有相当多数是学生的家长，他们对学校不了解、不信任。其工作目标是要发展对社区的了解（居民及社区的情况）与支持，发展学校的方案去帮助贫困与困难家庭的学生，因此社区学校模式的目标体系是社区与学校，由社会工作者扮演调停者、倡导者与外展服务者的角色，投入学区里的活动，促使学区居民能提出他们所关切的议题，帮助学校与居民相互了解与信赖，鼓励学区里的居民、学生们的家长投入和参与学校的各种活动与方案。

4. 社会互动模式

社会互动模式是基于系统理论、社会科学理论与沟通理论，其工作的重点在于学生与学校间的互动，找出互动过程中的问题，发展彼此互助的系统，去除阻碍彼此互动的障碍。因此，学校社会工作的目标体系是各个互动场所，即老师与学生间接触互动的各种情境，如课堂上的教学接触，下课后的人际接触，各种学生问题处理的情境等。这一模式认为，问题的来源是学生与解决其问题的各个系统间的互动发生困难，而无法得到信赖与帮助。因此，学校社会工作者的任务与活动主要是找出并强调双方的共同性，建立彼此的目标，改善与协助双方的沟通，建立互助系统，以直接服务的方式，通过个案、团体与社区工作技巧，达成工作目标。

（三）学校社会工作的具体方法

学校社会工作主要有个人辅导、小组工作、学校和社区综合性活动以及咨询服务等具体方法，下文主要介绍个人辅导。

个人辅导是指由受过专业训练的社会工作者遵循专业的理念和价值观，在专业理论的指导下，运用相应的方法和技巧，为学生提供各种正确面对困难、解决问题、恢复正常功能和促进全面发展及潜能发挥的服务活动和服务过程。从狭义上看，辅导最简单的定义是帮助一个人自助，是两个人在一种特别情况下的沟通。两个人中一个是辅导员，受过专业训练，明白工作原则，与人建立融洽和谐的关系，纠正短处，发挥特长，使接受辅导者成为一个内心平和，满足于现状，对社会有贡献的人。从广义上看，辅导是为了促进服务对象的全面发展，接受辅导者通过辅导过程学会面对难题和解决难题的原则，从而全面均衡地发展人生。

根据问题的性质和严重性的不同，学生辅导可以分成不同的层次。

1. 初级预防层次

对于学生的许多适应性问题，如果提前向他们传授相关的知识和技巧，使他们有所准备，完全可以避免问题的发生。学生辅导者可以利用讲座、演讲和开讨论会等多种形式，及时澄清学生对关于两性关系的错误认识，教导他们如何同异性正确相处。青少年学生具备了这些知识，同异性相处时，就可以减少不必要的困惑和障碍，达到无形地消除问题的目的。

2. 次级预防层次

有时候虽然学生具备相应的知识和技巧，但还是会出现问题。此时，就需要开展次级预防层次的辅导工作。这个层面的辅导工作着重在早期发现问题症候，及早予以处理，将问题消除在萌芽阶段。次级预防层次的对象是具有生活适应问题的学生或者已有问题但是尚不严重的学生，它通过直接接触或父母和教师的合作，减少不良事件的发生或减轻问题的严重性。

3. 诊断和治疗

这个层面的辅导工作，其重点在于危机调适。在这种情况下，社会工作者的服务对象已经出了问题，而且问题相当严重。因此，社会工作者要设法将他们安置在特殊环境中，如通过感化所的感化服务，接受特殊课程或是由专家、心理医师直接施以个别矫治，协助他们解决各自的问题，辅导他们重新开始正常的学生生活。

三、学校小组工作

（一）小组工作准备阶段

学校小组工作和其他社会工作一样都是一门技艺，因此，小组工作方法不仅需要在情境中灵活和创造性地使用，而且更需要遵守它的科学性。在学校小组工作过程中，可以划分成两个阶段：一是小组工作前期准备阶段，二是小组工作过程阶段。

1. 制订小组工作计划

在准备阶段，制订小组工作计划是最重要的工作。社会工作者在活动之前，通常要准备一份小组活动计划书，内容包括小组名称、基本理念、主要理论、目的和目标、服务对象和招募方法、小组活动安排、小组活动日期和时间、地点、活动主题、具体内容、所需物资、预计困难和解决方法、评估方法、经费预算等内容。

2. 小组成员的招募

一旦决定开设一个小组并且小组的性质、目标以及成员的资格都已经确定下来之后，接下来就要招募小组成员了。大体来说，小组成员招募的方法有以下几种：一是如果社会工作者手边就有预备成员资料的话，可用当面交流的直接接触方法。这种面对面的直接接触是最有效的成员招募方法，但耗时较多。二是以邮寄、张贴海报或布告栏公告等方式告知，让有兴趣者前来应征，或者是在教室里用影片介绍、演讲或讨论等方式进行宣传。在学校里通过班主任、辅导员等利用班会时间加以宣传，或请来各行政单位协助推荐合适人选。还可以函告家长鼓励孩子报名参加，或者利用电视、广播、报纸、杂志、网络等大众传播媒介进行广泛宣传，征集小组成员。此外，在小组的活动通知单上必须写明小组成立的目的和目标，小组活动的日期、地点、次数和期限的长短，参加小组所需的费用及其他相关的开支（倘若无须费用支出也应说明），负责机构的名称及电话号码，小组工作者的姓名、电话、专业经历和训练等个人资料，小组工作者和小组成员的权利与义务，还可以包括一些其他相关的安排事项，如小孩照顾的服务、有无交通服务和茶水点心供应等。

3. 小组成员的筛选

经过宣传后，如果有许多人前来报名参加小组活动的话，则要对报名者进行筛选。选择的过程除了解申请者的意愿、向未来小组成员澄清有关疑虑、介绍小组存在的理由、准备日后要探讨的一些主题和方向，以及剔除有偏差人格特质的应征者（如自杀性的、精神病的、极端的、有危机的、高偏执狂的、妄想的、极度自我中心的、有仇视心理的、行事行为是独霸性的、有侵犯性的以及自恋狂等，这类应征者更适合予以个别咨询、个别治疗等方式接受辅导）之外，还要考虑以下因素：一是需要组建的小组的性质是“同质性”还是“异质性”。小组的同质性或异质性，主要指成员在人格特质、文化程度、成长背景、社会和经济地位等方面的异同。如果要成立的小组属于发展性工作的学习小组、成长小组或专业训练小组，则宜选择同质性较高的成员，因为组成成员程度相近，易于交流。如果要成立的小组属于治疗性、任务性或创意性思考等小组，则成员的挑选要着重从异质性考虑，因为异质性小组贵在它的“社会多样性”，成员丰富的多样性及不同的人格特质，可以使成员互相刺激、彼此观摩学习，让小组的发展更具多元性。二是即将建立的小组是同一性别的还是混合性别的。如果选择的成员全部都是女性，其小组特征是具有高度的凝聚力，拥有较愉悦的小组气氛，成员的参与性高，且都能体会到小组的经验。如果挑选的成员全部都是男性，其小组特征是对指定的任务工作十分努力且相当持久，但是小组工作气氛较为低沉。如果挑选的成员是男女性混合的，这样的小组调和了男性组和女性组的同质影响力，也结合了两组好的影响因素，所以，男女性混合组的特征是高凝聚力、高参与感和高任务导向性。

（二）小组工作过程阶段

社会工作者要明确自身在小组中的任务。聚会开始时，如果小组成员互不相识，社会工作者应该介绍他们相互认识。如果有额外的聚会通报和文案，就应该派发。社会工作者也应该清楚地向小组成员阐明聚会的目的和步骤，使每一个人都知道聚会期间会发生什么。对聚会的讨论目的和讨论议题有个清楚的了解，有助于小组成员感到议题对他们来说是有关系的和有兴趣的。

在聚会的中间阶段，社会工作者的主要任务是帮助小组成员遵照聚会议程而不要离题。中间阶段通常是小组完成它的大多数困难任务的时刻。为了顺利地进行讨论，社会工作者的第一件事就是阐明讨论的题目、程序和步骤。这样一来，小组成员就能对可能出现的情况有一个清晰的认识或预先有一个准备，并了解他们应该遵循的规则和程序。有时，当议题非常重要而且牵涉到所有成员时，就应该在这个阶段多花费些时间。

在聚会的结束阶段，社会工作者要控制讨论的时间，从而保证所有的问题都能被处理。要严格地控制时间以便每一个议题都有足够的时间，而不是没有经过思考就匆忙地作出决定。如果时间不够，社会工作者和全体小组成员就必须考虑余下的议题中哪些是应该优先讨论的，并决定哪些议题可以推迟到下一次聚会时再讨论。

四、学校和社区综合性活动

学校和社区综合性活动就是运用学校社会工作的理念、原则、方法和技术，在整个学校及社区范围内开展学生工作，协助社区建设、改善教育环境，强化学校与居民的联系，以及学校与社区的沟通。在这个专业服务过程中，学校社会工作者不仅在学校协助学生，而且经由协助社区影响学校的政策，促进学生的成长。

学校和社区综合性活动主要包括以下内容：

（一）协助学生通过服务社区来促进自我成长

学生的发展并非只来自学校教师或者社会工作者的协助，也来自学生的自我培养和训练。所以，社会工作者鼓励学生组织社区服务团队，为社区服务，为社区中有需要的人群（如老人、儿童、残疾人、病患者等）服务，并在这种服务过程中带动自我成长与自我训练。学校和社区综合性活动寓教于服务之中，强调学生生活与社区活动的相互结合，通过利用社区资源，既服务社区，又促进学生成长。

（二）强化对有行为问题的学生的管理和引导

有些学生有行为上的问题，有比较严重的越轨甚至犯罪行为，如偷窃、斗殴、敲诈以及欺负弱小同学等。对于这些学生的帮教以及行为纠偏不应只限于学校范围，还应延伸到社区；不应局限于学校里教师的工作，还应该由社区居委会及社区青少年社会工作者共同参与。在这个过程中，学校社会工作者发挥桥梁和纽带作用，甚至直接从事对问题学生的帮助和教育工作。

（三）联系学生家长，支持学校政策

随着经济的发展，学生家长越来越对现代学校的决策，如办学方针、学生培养、设施建设等方面产生重大影响。因此，联系学生家长参与家长会、争取他们支持学校政策或对学校政策作出建设性的反应，是学校社会工作者的责任之一，也是学校和社区综合性活动的主要方向之一。

（四）组织学生家长，提高家长对子女的教育水平

按照M.米德的理论，在现代社会，采用并喻文化乃至后喻文化的视角来加强家长与子女的真诚交流和平等沟通变得越来越重要。因此，提高家长的素质，尤其是与子女交往的水平和能力，建立起家长与子女的良好关系，营造一个健康的家庭环境，更是学校和社区综合性活动的一个重要环节。

（五）协调社区机构，推行社区教育

由于学校是社区中最大的拥有资源的机构，所以，中外学者都倡导“学校是社区组织发展的中心”。但是，在现有的学校教育制度下，行政人员与任课教师均不可能同时从事社区教育或社区建设活动，只有学校中的专职社会工作者才能承担此责。学校社会工作者应通过自己的努力去实现改进社区和培养大批人才的双重目标。

（六）提供有关的专业咨询服务

学校社会工作还可以向学校及老师、学生家长以及相关政府主管部门提供有关的专业咨询服务。这些咨询服务包括不同年龄学生的身心特点辅导或工作方向、学生家长与学生的良好沟通方式、老师与学生融洽关系的建立、学校开展学生活动的内容和项目设计、有关学生培养和教育政策的制定等内容。在咨询过程中，学校社会工作者可以为相关人士解答与学校工作有关的各种疑问，在工作中，学校社会工作者逐步积累了大量处理青少年问题的经验，因此，更有可能提出切合实际、科学合理的意见和建议。

第四节　矫正社会工作

一、矫正社会工作概述

（一）矫正社会工作的含义

矫正社会工作是社会工作专业中一个较为特殊的领域，其特殊性表现在它的服务对象具有其他领域服务对象所不具有的需要及问题。矫正，也称矫治，原是医学上的专门用语，意指通过手术或药物治疗，使身体部位的形状或技能方面发生畸变的患者得到康复，重新过上和正常人一样的生活的过程。“矫正”概念被引入社会领域，成为司法方面的专门用语，意指国家司法机关和工作人员通过各种措施和手段，使犯罪者或具有犯罪倾向的违法人员得到思想上、心理上和行为上的矫正治疗，从而重新融入社会，成为其中正常成员的过程。

矫正社会工作指将社会工作实施于矫正体系中。它是指专业人员或志愿者，在专业价值观指引下，运用社会工作的理论、知识、方法和技术，为犯罪嫌疑人或违法犯罪人员及其家人，在审判、监禁处所或刑释期间，提供思想教育、心理辅导、行为纠正、信息咨询、就业培训、生活照顾以及社会环境改善等，使犯罪嫌疑人或违法犯罪人员消除犯罪心理，修正行为模式，适应社会生活的一种福利服务。

根据这个定义，矫正社会工作应包括以下四个方面的内容：矫正社会工作是一种社会福利服务；矫正社会工作是为特殊社会困难群体——犯罪嫌疑人或违法犯罪人员提供的福利服务；矫正社会工作是司法矫正体系中的社会福利服务；矫正社会工作是一种专业化的社会福利服务。

（二）矫正社会工作的作用

矫正社会工作能够在各国和地区推行，是因为它不仅能弥补监狱矫正的不足，也有利于违法犯罪人员的改造，增加罪犯融入社会的机会。

1. 矫正社会工作对违法犯罪人员的作用

对违法犯罪人员来讲，矫正社会工作有以下三方面的作用。

（1）监管作用。矫正制度即刑罚执行制度，矫正社会工作者也是刑罚执行团队中的一员。在一些国家或地区的立法和司法实践中，矫正社会工作者被法律授予依法对非监禁罪犯实施监管的职责。对非监禁违法犯罪人员实施监管的目的：一是通过限制一定程度的自由的办法对犯罪行为作一定补偿；二是通过监管起到预防其再次犯罪的作用。

（2）矫正作用。犯罪行为的实施会受到各种个人因素的影响，这些个人因素包括生理因素、心理因素、思想观念、行为特征、生活方式等。矫正社会工作者通过运用专业的理论、知识、方法和技巧，使犯罪人员或具有犯罪倾向的违法人员得到生理上、心理上、思想上和行为上的矫正治疗，从而重新融入社会，成为其中的正常成员。

（3）服务作用。矫正社会工作属于司法体系中的社会福利服务，其服务对象是违法犯罪人员或违法人员。矫正社会工作的服务贯穿于整个刑事司法过程。其内容涵盖生活照料、经济支持、疾病医治、心理辅导、就学就业指导、家庭关系调适等。服务手段包括直接的专业服务、转介性的间接服务等。

2. 矫正社会工作的社会作用

对社会来讲，矫正社会工作有以下两个方面的作用。

（1）矫正社会工作有利于营造适合违法犯罪人员更新改造的家庭和社区环境。有些违法犯罪人员走上违法犯罪的道路，是因为其生活的家庭及其周围的环境恶劣，存在许多不利于人健康成长的影响因素，如父母离异、家人酗酒、家庭教育方式失当、邻里失和、毒品泛滥、赌博盛行、偷盗猖獗等。这些现象的存在，同样也不利于违法犯罪人员的更新改造。矫正社会工作者的工作重心，除了针对违法犯罪人员个人的监管、教育和服务外，还应着眼于家庭和社区环境的改善，营造有利于违法犯罪人员更新改造以及预防犯罪的健康和睦的家庭和社区环境。

（2）矫正社会工作将会促进刑罚制度进一步向人性化、科学化的方向发展。刑罚制度经历了从死刑、肉身刑到现代的监禁刑的转变，而在当代，世界各国和地区的刑罚观念和刑罚制度大多朝着非刑罚化、非监禁化的方向发展。矫正社会工作制度既是这一发展趋势的产物，又是进一步推动这一变革的动力。矫正社会工作本着人道主义的精神，运用科学的理论和方法，从事更新改造违法犯罪人员和改善社会环境的活动，这体现了对违法犯罪人员生存权的尊重，表现了社会进步的趋势。

二、矫正社会工作的主要内容

矫正社会工作贯穿于对违法犯罪人员进行司法矫正的各个方面以及整个过程，其主要内容包括司法判决前的服务、监禁场所中的服务、社区矫正中的服务以及刑满释放后的服务四个方面。

（一）司法判决前的社会工作

在司法判决前，社会工作的服务对象主要包括犯罪嫌疑人及其亲友。

1. 为犯罪嫌疑人提供的社会工作服务

在案件开始审理之前，社会工作者就开始介入相关的司法过程。这时的主要服务对象是已被拘押或保释的、尚未被判定有罪的犯罪嫌疑人。这个阶段矫正社会工作者的主要工作职责是通过与犯罪嫌疑人及其家属和周围社区的接触了解，撰写有关犯罪嫌疑人背景的调查报告，提交法庭作审判参考。

矫正社会工作者在司法判决前提交调查报告的目的不是像律师一样为被告辩护，而是在违法犯罪人员承认犯罪事实的基础上为法庭判决提出参考建议。在很多司法辖区，法庭十分重视矫正社会工作者的调查报告。法庭调查一般注重于犯罪事实本身，而矫正社会工作者的调查报告提供了违法犯罪人员的社会背景和性格特征等资料，有助于法庭作出对某一特定违法犯罪人员适用何种刑罚处置的判定，这种个别化的处理方式有利于违法犯罪人员的改过自新。

矫正社会工作者的报告要准确客观，除了与犯罪嫌疑人交谈外，还要对与其相关的许多人，如家人、邻居、同学、朋友、警察、受害人等进行交流。近年来，我国一些地方法院在审判青少年犯罪案件时，逐步开始要求相关部门为青少年案件的犯罪嫌疑人提供类似的服务。

2. 为犯罪嫌疑人的亲友提供的社会工作服务

犯罪嫌疑人一旦被拘押，其家人和亲友常常会因此受到冲击和拖累，尤其是犯罪嫌疑人家中有年迈的父母和年幼的子女，其生活会因此而陷入困境。矫正社会工作者此时主要是对这些陷入困境的犯罪嫌疑人的家属提供帮助。

这种帮助主要包括三方面：一是协调犯罪嫌疑人的家庭关系，为其家庭成员提供心理和情绪方面的辅导。处理因犯罪嫌疑人被拘押和等待审判导致的夫妻关系失和、婚姻关系破裂、家庭成员心理自卑、情绪失控等问题。二是寻找社会资源，帮助家庭经济陷入困境的犯罪嫌疑人家属维持生计。三是为失去依靠的家庭成员，如未成年的儿童或年迈又无人照料的老人提供生活照料。

（二）监禁场所中的社会工作

对违法犯罪人员实施监禁的场所包括戒毒所、看管所和监狱等。在监禁场所中，矫正社会工作者所能提供的专业服务主要包括以下三方面。

1. 协助服刑人员适应监禁场所的生活

首先，帮助服刑人员熟悉监狱环境。监狱是司法矫正体系的重要组成部分，具有惩罚、隔绝和威慑的功能，所以会对服刑人员在心理上产生震慑作用。这种心理上的震慑作用可能导致两种相反的后果：抗拒或改过。在这个过程中，矫正社会工作者要帮助服刑人员适应监禁场所的生活，包括向服刑人员介绍监狱的环境、监狱的作息制度、监狱的监管措施、监狱的奖惩办法等，促使他们尽早适应环境，改过自新。

其次，帮助服刑人员戒除不良生活习惯。许多服刑人员有酗酒、吸食毒品等恶习，这类行为在监狱环境中是被严格禁止的。矫正社会工作者要帮助有这些不良习惯的人员戒除酒瘾、毒瘾，更好地遵守监禁场所的规定。

再次，帮助服刑人员解决生活上的各种困难。有些服刑人员没有家庭支持，在经济方面比较困难；有些服刑人员体弱多病，无法适应监狱生活，矫正社会工作者可以在法律允许的范围内，帮助服刑人员得到经济和医疗方面的帮助，符合规定的还可以帮助服刑人员申请保外就医。

最后，矫正社会工作者要协助监狱管理人员，预防服刑人员间犯罪观念和行为的交叉感染。违法犯罪人员混杂居住在监狱中，有些重犯、惯犯会对初犯、轻犯、青少年犯实施控制，施加不良影响。一方面，矫正社会工作者可以依据判决文书及心理、行为测评结果，配合监管人员对服刑人员进行严格的分类管理；另一方面，要提醒新近入监服刑人员保持行为端正，自觉抵御犯罪思想和行为的渗入。

2. 为服刑人员提供专业咨询服务

许多服刑人员之所以犯罪，是因为其思想观念、心理人格、行为模式、生活方式等方面发生了障碍和偏差。矫正社会工作者最重要的工作内容，是为服刑人员提供思想观念、心理人格、行为模式、生活方式等方面的治疗和矫正性质的专业咨询服务。其内容包括公民教育、心理和情绪的辅导、职业技能训练、个人能力的提升等。通过这些方面的咨询，为服刑人员改变行为方式，重新融入社会奠定基础。

3. 帮助服刑人员加强与社会的联系

监狱的环境使服刑人员与社会隔离，因而达到惩戒和防止其再犯罪的目的。然而，多数服刑人员还需要重返社会。在监狱环境中，服刑人员的再社会化相对困难。所以，矫正社会工作者要帮助服刑人员加强与社会的联系。首先，帮助服刑人员了解外面社会的变化。可以通过邀请知名社会人士到监狱开讲座、作报告、开展文艺演出和体育比赛等，使在监服刑人员了解外面世界的信息。其次，帮助服刑人员加强与家庭的联系。通过组织家属探访、走访罪犯家庭、加强电话联系等方式，尽可能保持和加强服刑人员与其家庭的联系，利用家庭成员的帮助促进服刑人员的正面转化。最后，帮助服刑人员构建支持性的社会网络。

（三）社区矫正中的社会工作

社区矫正工作是矫正社会工作的重要组成部分，它包括对缓刑、假释、监外执行人员的观护，院舍训练的组织和管理，以及社会服务计划的执行。

1. 对缓刑、假释、监外执行人员的观护

缓刑指对被判处一定刑罚的罪犯，在一定期限内附条件地不执行所判刑罚的制度，是对刑罚的暂缓执行，其执行形式为对触犯刑律，经法定程序确认已构成犯罪、应受刑罚处罚的行为人，先行宣告定罪，暂不执行所判处的刑罚。假释是未达到刑期届满前的释放处分，是设施内处置向设施外处置的转变。监外执行是对某些在监服刑人员因特殊原因而暂予监外执行的措施。这几种刑罚措施都附有观察保护（简称观护）的规定，要求缓刑、假释和监外执行人员在观护期内遵守规定。司法当局一般聘用专职社会工作者或志愿者执行对缓刑、假释和监外执行人员的观护。在观护期，观护人要督促被观护者做到保持良好品行，不得与品行不端者来往；服从检察官和观护人的命令；接受观护人的辅导；及时向观护人汇报工作、生活和居住状况，不经批准不得离开居住地等。

2. 院舍训练的组织和管理

院舍服务是通过向受助者提供住院或寄宿等训练机会，使受助者掌握正常生活的技能从而顺利回归社会。矫正社会工作领域中的院舍训练，通常是为违法犯罪人员尤其是违法犯罪青少年而设置的，在不同国家和地区有不同的名称，主要包括：①中途家庭。用于收容无家可归或有家不便归的违法犯罪人员，并通过各种社会服务活动，使其及早适应社会。②寄养家庭。用于收容观护青少年，避免其沾染恶习，以及因缺乏家庭照顾而重新犯罪。③教养院。用于收容具有不良行为和可能发展不良行为的青少年，通过生活指导、职业训练和学校教育，使之在较为自由开放的环境中得到改造，提高适应社会的能力。④感化院。用于收容犯罪的青年和少年，通过6个月以上、3年以下的入院矫正训练，使之在心理和行为上都得到改善。

3. 社会服务计划的执行

社会服务也称社区服务或社区劳役，是近年来西方国家较为盛行的一种替代短期自由刑的非监禁化的社会处遇措施，它是通过判定违法犯罪人员在社区中的社会福利机构从事规定时间的无偿劳动或服务，以此赎罪悔过。在我国近年来进行的社区矫正试点工作中，组织矫正对象参加社区公益劳动，也具有社区服务或社区劳役的性质，但并不是一种独立的刑罚措施或刑种。

社会服务计划重点并不在于监督服刑违法犯罪人员做满若干小时的社区劳动，它主要的好处是通过从事公益劳动和服务，培养其劳动习惯和社会责任感。违法犯罪人员在服务过程中学会生产、生活技能以增强就业能力，在社会交往中学会处理人际关系的本领以增强社会适应能力，使服刑人员的心理结构和行为方式发生正向的变化。

（四）刑满释放后的社会工作

刑满释放人员往往缺乏社会适应能力，还会受到社会歧视、家庭拒绝、同伴疏远、就业困难、学习中断等多重压力和困扰，所以，这部分人能否顺利度过释放后的最初阶段，对于今后的生活及社会安定关系重大。矫正社会工作者对刑满释放人员提供的服务也称为更生保护。这是一项起源于美国费城、面向刑满释放等人员的社会福利措施。其内容主要包括：为暂时不被家庭接纳或无家可归的刑满释放人员解决安身问题，同时在住宿中提供监管和辅导服务，帮助刑满释放人员顺利完成由监禁环境向开放的社会环境的过渡；为刑满释放人员提供就业和就学辅导，如工作技能培训、职业介绍、联系学校等；为刑满释放人员提供生活辅导和医疗保健转介服务，保证其健康生活；为刑满释放人员提供物质援助，为缺乏工作、生活物质条件的刑满释放人员发掘和利用社会资源，对其进行物质援助。

三、矫正社会工作的应用理论

矫正社会工作是一个特殊的社会工作实务领域，在学习其工作方法之前，有必要了解对矫正社会工作有影响的相关理论。

（一）行为主义理论

行为主义理论是以行为心理学为基础形成和发展起来的一种社会工作理论，是由美国心理学家华生在巴甫洛夫条件反射学说的基础上创立的。华生主张心理学应该摒弃意识、意象等太多主观的东西，只研究所观察到的并能客观地加以测量的刺激和反应，无须理会其中间环节，称之为“黑箱作业”。他认为行为是个体对当前环境所作的反应，不适当的行为是个体对当前环境所作的不适当的反应，应该坚持客观主义的态度。按照这种理论，矫正社会工作者的任务就是要对矫正对象的不良行为进行治疗或矫正，帮助其学习和掌握对当前环境的恰当的反应模式。

（二）认知理论

这是以认知心理学为基础形成和发展起来的一种社会工作理论。它也致力于改变人的行为，但它把关注的焦点放在促使人的行为的内心世界上，认知理论把人的心理功能看作信息加工系统。认知心理学重视心理内部过程的研究，并以改变服务对象的适应不良性认知为根本目标，认为认知歪曲是引起情绪不良和非适应行为的根本原因，一旦认知歪曲得到改变或矫正，情感和行为障碍就会相应好转。与心理分析理论不同，它认为人的行为主要在于理性思考，而不是潜意识中的本能。因此，社会工作者的主要任务就是要帮助其获得对世界的正确认知或完善理性思考的能力，从而使行为能得到正确的、理性的引导。

（三）标签理论

标签理论是以社会学家爱德温·勒麦特和哈弗·贝克的理论为基础而形成的一种社会工作理论。这种理论认为，每一个人都有“初级越轨”行为，但只有被贴上“标签”的初级越轨者才有可能走上“越轨生涯”。一个人被贴上“标签”，是与周围环境中的社会成员对他及其行为的定义过程或标定过程密切相关的。犯罪是社会互动的产物，而个人被社会上的重要他人（如警察、法官）贴上标签，描述为偏差行为或犯罪人员，他就会逐渐自我修正，自我认定就是偏差行为者或犯罪人员，在行为方面更加偏离社会规范。所以，社会工作的一个重要任务就是“去标签”，即通过一种重新定义或标定的过程来使那些原来被认为或自认为“有问题的人”恢复成“正常人”。

（四）优势视角

优势视角是与问题视角对应的理论视角。在矫正工作领域，传统的观念是将矫正对象看作“有问题”的一群人。从这一视角出发，工作的着重点就放在对矫正对象的严格监管和强制性的教育上，目的是防范问题的再次发生。而“优势视角”是一种关注人的内在力量和优势资源的视角，意味着应当把人们及其环境中的优势和资源作为社会工作助人过程中所关注的焦点，而不是仅仅关注服务对象的问题和病理。优势视角相信个人所具备的能力及其内部资源允许他们能够有效地应对生活中的挑战。优势视角相信人可以改变，每个人都有尊严和价值，都应该得到尊重。按照这种观点，矫正社会工作应更多地关注服务对象的优势和潜能，社会工作者要更多地将精力放在发现、发挥和发展矫正对象的“优势”方面，促成其自我转变。

（五）“社会—心理”视角

“社会—心理”视角是一种将服务对象的心理状态、心理过程同其生活的社会环境结合起来考虑并开展工作的理论观念。每一个人都有其内部心理世界，同时又与外部的社会环境密切相连，所以我们需要将人作为一个整体去认知，即“人在情境中”。对于矫正对象而言，其犯罪行为的产生，既有其自身心理因素的原因，又有其周围环境因素的影响；其矫正成效的大小，既取决于自身的努力，又受制于社会环境的影响。所以，矫正社会工作者应该具有“人在情境中”的系统性认识。

“社会—心理”视角，是整体、全面地去了解、认识矫正对象，既提供改善自我认识的服务，又要加强对矫正对象所处社会环境方面的工作。这是一种集直接介入和间接介入于一体的综合服务的模式。

四、社区矫正服务

矫正社会工作领域的工作方法主要包括：改善矫正对象个人状况的社会工作方法和改善矫正对象社会环境的社会工作方法。前者在个案工作方法中已经有了详细介绍，在这里，我们主要关注后者。在我国目前的实践工作中，主要进行的是社区矫正服务。

社区矫正是指以社区为基础的矫正、治疗罪犯的措施，包括缓刑、假释、社会服务、中途之家等各种在社区执行的、非监禁性的刑罚制度。社区矫正是矫正社会工作者最主要的工作领域之一。社区矫正是指与在监狱执行的“监狱矫正”相对的行刑方式，它将符合社区矫正条件的罪犯置于社区内，由专门国家机关在相关社会团体和民间组织以及志愿者的协助下，在判决、裁定或决定确定的期限内，矫正其犯罪心理和行为恶习，并促进其顺利回归社会。进入21世纪，社区矫正作为一种理念和制度被提上了我国刑事司法观念和制度改革的议事日程。

社区矫正的适用范围主要包括5种服刑人员：被判处管制的、被宣告缓刑的、被暂予监外执行的、被裁定假释的、被剥夺政治权利并在社会上服刑的人员。在符合上述条件的情况下，对于罪行轻微、主观恶性不大的未成年犯、老病残犯，以及罪行较轻的初犯、过失犯等，应当作为重点对象，实施社区矫正。

社区矫正的主要任务：一是按照我国刑罚、刑事诉讼法等有关法律、法规和规章的规定，加强对社区服刑人员的管理和监督，确保刑罚的顺利实施；二是通过多种形式，加强对社区服刑人员的思想教育、法治教育、社会公德教育，矫正其不良心理和行为，使他们悔过自新，弃恶从善，成为守法公民；三是帮助社区刑满释放人员解决在就业、生活、法律和心理等方面遇到的困难和问题，以利于他们顺利适应社会生活。

开展社区矫正试点是一项综合性很强的工作，因此，人民法院、人民检察院、司法行政机关、公安机关、民政部门、人力资源和社会保障部门要依法履行各自的职责，相互配合、相互支持，保证社区矫正工作的顺利开展。社区矫正的主要工作制度包括：接收制度、管理制度、教育制度、考核及奖罚制度、社会保障制度、解除制度、档案管理制度、监护制度、矫正组织的例会制度、矫正工作人员的培训制度等。矫正对象过去之所以犯罪，除自身的原因外，外部社会环境的影响也是不可忽视的因素。这些因素包括贫穷、失业、居所肮脏、人口混杂、毒品泛滥、色情充斥、黑恶势力猖獗、社会风气低下等。在这样的社区居住生活，矫正对象迫于生活压力或难以抵制周围的诱惑，重新犯罪的可能性极大。要实现社区矫正的目标，除针对矫正对象个人的直接介入外，还应该整合社区资源进行综合治理，以改善矫正对象的生活环境。

社区矫正的功能发挥要靠社区居民的共同参与以营造有利于罪犯改过自新的社会氛围。但是，由于矫正对象过去的行为造成对社会和他人的伤害，社区居民对矫正对象还有戒备、恐惧、防范、排斥等情绪以及行为，这是很正常的反应。但是这些反应对于矫正对象而言，却是其融入社区成为正常社会成员的障碍。社区矫正工作者的一个重要的工作任务，就是通过社区教育的途径，改变居民对矫正对象的偏见，培育社区居民接纳、尊重矫正对象的意识和习惯，使矫正对象顺利回归社会。

第五节　社会救助社会工作

一、社会救助社会工作概述

（一）社会救助与社会救助社会工作的定义

社会救助是社会工作中的一个重要领域，它主要依托于社会救助制度和政策，面向生活困难的个人、家庭和群体，开展以济贫、解困、扶危为主要内容的救助活动。它是指在社会成员因个人原因、自然原因或社会原因致使基本生活难以维持时，由政府和社会对其提供基本物质保障的救助制度。社会救助是社会保障体系的重要组成部分，是得到国家立法保障的基本公民权利之一。社会救助的概念随着社会的发展不断变化，它涉及经济、文化、政治等各个领域，是一个复杂和综合的制度体系。

在现代国家，对困难人群的救助是政府和社会的一种共同责任。社会救助是在公民不能维持最低限度生活标准时才发挥作用的，通常，社会救助的标准是满足救助对象的最低生活需要，仅以维持公民的基本生存为限。

现代国家的社会救助普遍具有以下特点：一是社会救助权利和义务的不对等性。当社会成员因为个人、社会或者自然原因陷入贫困，仅仅依靠自身和家庭的力量无法解决风险和摆脱贫困时，国家通过社会救助手段向他们提供物质上的帮助，这种救助是无条件的。二是救助对象的有限性。只有符合家庭人均收入低于国家法定贫困线以下的条件，才可以享受社会救助待遇。三是救助水平的低层次性。社会救助的目的是帮助处于生活困境的社会成员维持最低的生活水平，是最低层次的社会保障制度，并不以提高生活水平和改善生活质量为主要目标。四是救助手段的多样性。包括现金救助、物质救助、临时性的救助或长期的固定的救助，既有常规性的救助，也有特殊的救助，还有一些通过专业人员，如社会工作者、心理咨询师针对救助对象的精神层面、个人能力、心理问题等开展的救助。五是社会救助资格审查的严肃性。申请社会救助的社会成员需要向当地相关社会救助管理部门提出申请，社会救助管理部门进行审核后报送上一级部门进一步审查后才能确定救助资格。

社会救助社会工作则是指在社会救助领域中，社会工作者根据社会救助的性质与特点，以社会工作价值理念为指导，以社会工作的专业理论为依据，采用社会工作专业方法与技巧，为社会救助对象提供专业服务的过程。这个过程包括物质方面的社会救助、精神方面的提升以及社会功能的恢复。社会救助社会工作是社会工作实务的重要领域，是社会救助的具体实施过程。社会救助社会工作是社会救助与社会工作的融合，既要依据社会救助政策对困难群体进行救助，又要采用社会工作的专业方法，拓展救助的范围，延伸救助的含义，巩固救助的效果，将物质救助与精神救助结合起来。

（二）我国社会救助制度的发展历程

我国社会救助的发展历史源远流长，在2000多年前春秋战国时期百家争鸣中，我们就能找到诸子百家对济贫的各种说法。儒家主张政府积极介入和提倡民间互助互济，这些都体现在儒家的“民本”“仁政”和“大同”思想中。例如，《尚书》：“德惟善政，政在养民。”《孟子》：“制民之产，必使仰足以事父母，俯足以蓄妻子，乐岁终身饱，凶年免于死亡”“人饥己饥，人溺己溺”“出入相友，守望相助，疾病相扶持，则百姓亲睦”。《礼记》：“大道之行也，天下为公……故人不独亲其亲，不独子其子。使老有所终，壮有所用，幼有所长，矜寡孤独废疾者皆有所养。”还有墨子主张“兼相爱、交相利”，提倡“天下之人皆相爱，强不执弱，众不劫寡，富不侮贫，贵不敖贱，诈不欺愚”“有力者疾以助人，有财者勉以分人，有道者劝以教人。若此，则饥者得食，寒者得衣，乱者得治。若饥则得食，寒则得衣，乱则得治，此安生生。”这种建立在“爱心”基础上的互助互济，是最具“社会性”的济贫思想。这些思想都主张政府积极介入（民本、仁政）和提倡民间互助互济（大同），从而达到社会稳定和社会控制的目的。

西周王朝建立以后，中国逐渐形成了国家积极介入，以灾害救济、尊老养老、扶贫恤困为主要内容的传统社会救助事业。社会救助在《周礼》中有明确反映。设立了专门负责社会救助事务的官职，太宰、小宰、医师、大司徒、遗人、司救等官职，都与社会救济有关。还提出了“保息”六政，这些都是安养百姓，使之繁衍生息的措施。六政就是慈幼、养老、赈穷、恤贫、宽疾、安富，既要爱护幼童；尊养高年；救助困穷者；周济贫苦者；宽免残疾之人的徭役；安定富裕之人。此后，自秦汉至明清的历代王朝均曾制定并实施了一系列巩固政权、发展经济、保障社会安定的政策与措施。秦汉中央集权统一国家建立后，政府已承担起灾荒时期的社会救助责任，到了唐宋，灾荒救济的模式已基本定型，从灾前预防到临灾救助，再到灾后重建，形成了包括仓储、赈济、蠲缓、调粟、安辑、养恤、放贷等机构措施在内的备灾救荒体系。

济贫、养老和育幼等慈善事业最早可追溯到南北朝的六疾馆和孤独园，更著名的是唐宋年间的悲田养病坊，初为佛教寺院所办，后采取寺办官助形式，最后完全官办，改称福田院或居养院。在宋朝出现了完全由民间乃至个人兴办且无宗教背景的慈善事业，最著名的有范仲淹的义田和刘宰的粥局，主要为乡绅掌握，并得到了官府的认可和支持。明朝出现了最早的以民间互助为主的慈善社团——同善会。从时间上看，中国历史上的国家介入济贫即使从汉朝算起，也比英国的伊丽莎白济贫立法要早1000多年。只是中国古代的济贫实践在传统上较为注重运用政府行政手段，而没有采用立法手段。

新中国成立后，我国以宪法形式规定了劳动者获得救助的权利和国家的救助义务。救灾方针及具体手段是生产自救，节约度荒，群众互助，以工代赈，并辅之以必要的救济、减免税收、发放钱粮、号召节约、发动募捐、兴修水利等。城市的社会救济任务由政府和单位承担，以就业为基础建立了单位保障制度，救济对象趋于稳定，并相对固定为孤老残幼等“三无”人员和困难户。在农村，由公社集体负责，初步建立了“五保户”救助制度。至20世纪50年代后期，计划经济时代社会救济制度框架基本确立，大致分为城乡两个子系统，并一直延续到20世纪90年代中期。1983年，我国修改了救灾方针，强调通过政府和社区组织生产自救方式战胜灾害，同时重视社会互助，如发生重大灾情，政府将予以直接物资救助。在农村，五保供养方式也发生了变化，改为以乡镇为单位统筹经费，自20世纪70年代末起开始在全国推广农村扶贫。

改革开放之后，在经历了从试点到定型，从城市到农村的发展进程后，逐步实现和完善了低保制度。1994年、2006年国务院两次颁布《农村五保供养工作条例》，农村五保供养制度经历了从农民分散供养到乡村统筹供养、从农民承担责任到政府承担责任的发展进程。2003年6月，国务院颁布了《城市生活无着的流浪乞讨人员救助管理办法》，实现了对流浪乞讨人员从严格管制到实施救助的重大转变。中国社会救助走过的是从城乡分割推进到城乡统筹推进、从城市优先到城乡并进、从低保制度单项推进到以低保制度为主体向综合救助体系建设推进的渐进发展道路。这其中有救助理念的变化，即从不平等的施舍、怜悯理念向公民基本生存权利理念转变，从不尊重或忽视受助者人格理念向确保受助者人格尊严理念转变，从特殊主义取向向普遍主义取向转变。也包括救助制度的一体化，逐步实现同等的国民待遇和制度供给。当前，我国基本形成了一个以城乡低保制度为基础，以农村五保供养、灾害紧急救济、医疗救助、流浪乞讨人员救助为主要内容，以住房救助、教育救助、司法救助制度相配套，以临时救助制度为补充，与慈善事业相衔接的、完整的社会救助体系。

二、社会救助社会工作的应用理论

（一）对贫困问题的理论分析

社会救助的主旨是反贫困，社会工作的起源也从“济贫”开始，可以看出，贫困是社会救助社会工作的核心概念。贫困问题是一个长期存在的社会问题。在各个国家和地区的不同历史时期，因为不同的文化和传统，对于贫困的理解和解释也有所不同。依据不同的标准，人们将贫困分成绝对贫困和相对贫困，狭义贫困和广义贫困，长期贫困和短期贫困，城市贫困和乡村贫困等类别。

绝对贫困是指在某一个时期，个人或者家庭依靠劳动收入或者其他合法收入不能维持其基本生存需要的生活状态，主要通过食物消费划分。相对贫困是指在同一时期或者同一个国家，由于某些人或者家庭的收入水平不如另一些人或者家庭而产生的低于一般人或者一般家庭的生活状况或者贫困状态，更多的是一种主观感受，是否感到贫困或被剥夺等。狭义贫困也就是经济贫困或者物质贫困，是指某一些人或者家庭的生活在物质（或者经济）方面的一种困难状况，不足以维持物质生活所必需的最低限度的需求，缺乏再生产所必需的物质条件。广义贫困指除经济上的贫困外，还包括精神、文化、心理等方面的障碍，是多种贫困落后现象的总称，内容丰富。长期贫困是指一个人或者家庭长期处于贫困的状态；短期贫困则是因为某种原因导致的暂时性的贫困。

通常，人们认为产生贫困既有个人的因素，也有社会原因。有些个体是因为经济失败、遗传基因、道德品质和家庭环境等因素而致贫。同时，文化因素、环境因素也是贫困出现的常见原因。在衡量贫困程度时，常常会使用市场菜篮子法、生活形态法、恩格尔系数法和国际贫困标准法等几种测算方法。

市场菜篮子法又称“标准预算法”，它可以算是最古老、最传统的确定贫困线的办法。市场菜篮子法首先要求确定一张生活必需品的清单，内容包括维持为社会所公认的最起码的生活水准的必需品的种类和数量，然后根据市场价格来计算拥有这些生活必需品需要多少现金，以此确定的现金金额就是贫困线，亦即最低生活保障线。

生活形态法是指首先从人们的生活方式、消费行为等“生活形态”入手，提出一系列有关家庭生活形态的问题；其次选择若干剥夺指标，即在某种生活形态中舍弃某种生活方式和消费行为，再次根据这些剥夺指标和被调查者的实际生活状况，确定哪些人属于贫困者；最后分析他们被剥夺的需求和消费以及收入，从而计算出贫困线。

恩格尔系数法计算的是食品支出总额占个人消费支出总额的比重。19世纪德国统计学家恩格尔根据统计资料，对消费结构的变化得出一个规律：一个家庭收入越少，家庭收入中（或总支出中）用来购买食物的支出所占的比例就越大，随着家庭收入的增加，家庭收入中（或总支出中）用来购买食物的支出比例则会下降。推而广之，一个国家越穷，每个国民的平均收入中（或平均支出中）用于购买食物的支出所占比例就越大，随着国家的富裕，这个比例就会呈下降趋势。

国际贫困标准法实际上是一种收入比例法。它以相对贫困的概念作为自己的理论基础。经济合作与发展组织在1976年组织了对其成员国的一次大规模调查后提出了一个贫困标准，即以一个国家或地区社会中位收入或平均收入的50%作为这个国家或地区的贫困线，这就是后来被广泛运用的国际贫困标准。

（二）德国新历史学派

19世纪70年代以后，德国产业资本壮大，日渐走向垄断资本主义，其内在矛盾开始显露。1873年的经济危机引起了中产阶级的没落，工人阶级的失业和贫困等社会问题严重。1870年之后，在旧历史学派传统的基础上，在德国形成了以古斯塔夫·冯·施穆勒为首的新历史学派，其主要代表人物有L.布伦塔诺和阿道夫·瓦格纳。新历史学派一方面继承了旧历史学派的理论，另一方面提出了各式各样的社会改良主义。

瓦格纳将国民经济划分为三类组织，即营利性经济组织、慈善性经济组织、强制的共同经济组织。其中，强制的共同经济组织位于个别经济组织之上，它必须保障历史所赋予国家的任务得以完成。他认为，国家经费是生产性的，它将转移到国民每年生产的总值中。他提出累进税制，主张“国家经费膨胀的法则”。他强调国家救助是社会改良的主要支柱。他的国家社会主义排除工人阶级的参加，主张“先上层，后下层”，认为工人阶级是国家社会主义政策的受益者。他认为社会政策只不过是消除分配中的弊端。瓦格纳自认为是洛贝尔图斯-亚格措夫的门徒，是国家社会主义者。

布伦塔诺的根本立场是主张工人阶级的团结自由。他承认劳动力在现代科学中是商品，有它的时代的特殊意义，工会的首要任务在于使工人从不幸的境遇中解放出来，保障最低生活费用的工资水平。他反对“工资基金说”，认为工资的源泉不在于企业家的流动资本，而完全在于消费者的购买力。他认为提高工资、缩短工时，绝不影响工效，反而可以促进企业家采用机器，工资最高的工人反而会成为最廉价的工人。他反对政府的强制保险，主张工人自己管理失业保险。在农业和商业政策方面，他主张自由主义，土地可以自由处理。布伦塔诺主张由下而上地推动社会改良。

施穆勒的主张和瓦格纳、布伦塔诺不同，他要求中间阶层，即处于大资本与工人阶级之间的中小企业、中小商人、自耕农保持独立自主的稳定地位。他要维护的“中间阶层”是由近代大工业的发达所产生的新型的熟练工人、经营辅助人员、经理及工头、职员、白领阶层、公务人员等组成的，他认为要维护资本主义秩序的稳定，必须维护这个“中间阶层”。他所主张的社会改良，主体力量是有机体的国家、道德的国家、“社会的君主制”的普鲁士国王、有能力的公正的官吏，还有所谓的“贫者之君王”。

（三）费边的社会主义

1884年成立于伦敦的费边社，是由少数具有社会理想的青年知识分子所组成的社团组织，其重要的代表人物有：韦伯夫妇、萧伯纳、格雷姆·华莱士、威尔斯与克莱门特·阿特礼等人。他们以古罗马名将费边亚作为学社名称的来源，寓意在于要学习费边亚有名的渐进求胜的策略。

费边社的代表作有《费边宣言》《费边社纲领》《费边论丛》，《费边论丛》为费边主义奠定了基础。费边社会主义的主要观点是：提倡阶级合作、社会和平，反对无产阶级革命和专政；主张通过民主选举建立地方自治市政机关，逐步掌握煤气、电力、自来水等公共事业所有权，运用温和渐进的方法和一点一滴的改良，实现社会主义。费边主义者的基本信念认为由资本主义到社会主义的实现，是一个渐进而必然的转变过程。他们看到英国民主宪政的扩展以及劳工组织的发达，足以促成必要的社会改革，因此排斥马克思阶级斗争及激烈革命的观点，主张研究社会实况，以民主渐进温和的手段，通过选举投票来解决问题。企图以国家作为推动改革的工具，主张废止土地私有制、工业国有化，以及实现各种社会福利。

费边主义者参与协助英国工党的成立，并成为工党中颇具影响力的会员，但其重要的贡献是通过各种活动，包括学术的研究出版、演讲、座谈会以及暑期学校的举办，向社会大众进行社会主义思想的教育与传播，唤起社会良知，鼓吹改革措施，因而对于教师、公务员、工会领袖、国会议员等产生了很大的影响作用。

（四）凯恩斯主义

约翰·梅纳德·凯恩斯生于英国剑桥。他对1929—1933年的资本主义经济危机进行了深入思考，于1936年出版了《就业、利息和货币通论》一书，创立了现代宏观经济学的理论体系，实现了西方经济学演进中的第三次革命。凯恩斯生活在自由放任的私人企业制度向私人垄断过渡的英国。第一次世界大战是英国国运的转折点。由于大战中政府开支剧增，英国被迫中止实行多年的金本位制。在摆脱金锁链之后，出现了迅速的通货膨胀。第一次世界大战之后，英国开始从殖民帝国、世界工厂的峰顶一步步衰退下来。庞大的失业大军造成了一系列社会问题，如何降低失业率便成为英国朝野共同关心的问题，由于金本位制的恢复，很难用扩张性的货币政策来刺激就业，因此从20世纪20年代起，就不断有人提倡以公共工程来减少失业，也就是靠扩张性的财政政策来刺激就业。但是以新古典学派的理论为基调的“财政部观点”反对用公共工程缓和失业，结果英国经济在20世纪20年代的萧条状态一直持续到大危机爆发。1929—1933年资本主义世界大危机是资本主义有史以来最严重的一次危机，这次危机使整个资本主义世界的工业生产倒退到1900—1908年的水平，英国甚至倒退到1897年的水平。凯恩斯就是在这种情况下传播着一个简单的观点：大萧条之所以产生是因为20世纪30年代的时候在生产和投资领域有一股投机的风潮——当时的工厂和运输网络远远超出了个人的支付能力。对“需求不足”的重视和他创造的允许政府能够调控经济中的关键组成部分的形式使当时的众多年轻经济学家接受他的理论和方法。

凯恩斯主义的推演逻辑是从充分就业开始的：以往假设的充分就业均衡建立在萨伊定律基础上，其前提是错误的，因为总供给与总需求函数的分析结果显示，通常情况下的均衡是小于充分就业的均衡；之所以存在非自愿失业和小于充分就业的均衡，其根源在于有效需求不足；因为总供给在短期内不会有大的变化，所以就业量就取决于总需求；有效需求不足的原因在于“三个基本心理因素，即心理上的消费倾向、心理上的灵活偏好，以及心理上的对资本未来收益之预期”；政府不加干预就等于听任有效需求不足继续存在，听任失业与危机继续存在；政府须采取财政政策刺激经济而非货币政策，增加投资，弥补私人市场之有效需求不足。

凯恩斯认为，要解决有效需求不足，不能靠市场经济的自发调节，而必须靠国家的干预，特别是财政税收的干预。他主张不应把年度财政收支平衡作为理财的基本原则，只要能够促成经济的平衡发展，增加就业和国民所得，国家可以用发行公债，实行赤字财政的办法刺激需求，增加政府投资，以弥补私人投资的不足。同时，国家必须用改变租税体系等办法，指导消费倾向，增加消费。凯恩斯认为，收入分配悬殊，会降低消费倾向。因为富人虽然收入很多，但他们只把一小部分用于消费，把大部分储蓄起来；而穷人会把新增收入的绝大部分用于消费，但他们的新增收入却很有限，这是一个矛盾。他主张用收入再分配的办法解决这个矛盾，即把富人收入的一部分用累进税的办法集中于国家手中，再通过政府转移支出的办法分配给穷人，或由政府兴办公共工程，这样既可解决由消费倾向过低造成的消费需求不足，也可增加政府投资，从而达到刺激需求，促使供求平衡和增加就业的目的。

（五）新剑桥学派

第二次世界大战后，在与新古典综合派的论战之中，剑桥大学的琼·罗宾逊、卡尔多、帕西内蒂等学者提出了与新古典综合派相对立的主张，由于他们的理论观点完全背离了以马歇尔为首的老一代剑桥学派的传统理论，因而被称为新剑桥学派。

凯恩斯的经济理论是新剑桥学派的思想基础。例如，新剑桥学派师承凯恩斯的投资-储蓄分析；坚持有效需求原理，强调投资支出对经济活动水平的决定作用。正因如此，他们自命是凯恩斯经济理论的嫡传。他们将凯恩斯《就业、利息和货币通论》第24章中关于社会哲学的思想更加系统化和深入化。他们认为，资本主义社会的财富和收入分配是不均等的，因而是不合理的；资本主义社会存在坐收利息的食利者阶层，只要消灭了这个食利者阶层，资本主义社会就可以改观，走向“文明生活新阶段”。

新剑桥学派承认收入分配不均是资本主义社会的重要弊端，争取一个趋向于均等化的收入分配，是他们主张的一个政策目标。但是他们的收入均等化政策绝不意味着取消利润，因为按照他们的理论，任何一个合理的经济增长率都需要一定的投资，而在私有制社会里，利润是保持不断投资的动力。所以，他们要争取的收入均等化，不过是一种保持企业资本家利润而使收入分配有所改善的改良主义政策。同时，他们认为真正的凯恩斯政策应该既要维持高度的就业水平和增长率，又要考虑就业和经济增长的内容。因此，他们提出要实行凯恩斯提出过的对投资进行社会管制的政策。对于如何制止战后通货膨胀，他们反对以管制工资为主要内容的收入政策，而主张实行某种含有调整收入分配意义的政策。

在税收政策上，新剑桥学派认为在税制的设计方面，应根据不同的行业和纳税人的负担能力，体现公平原则。在所得税制度上，采取累进税率，使高收入者多纳税，低收入者少纳税。在消费税上，对奢侈品征税，对生活必需品则给予减负税。特别主张实行没收性的遗产税，除了给寡妇、孤儿留下适当的终身财产所有权以外，以便消灭私人财产的集中，抑制食利者收入的增长，并把政府通过没收性的遗产税所取得的财产及其收入用于公共目标。事实上，新剑桥学派也同时意识到，政府在制定税收政策时，往往为一些政治因素所左右，从而削弱了税收在缩小贫富分配不均方面的功用。在适用税收杠杆来调节有效需求上，不仅要注重对需求总量的调节和宏观分析，还要做好微观分析，即分析减税的好处由谁获得和增税的负担由谁承受的问题。

三、社会救助社会工作的主要内容

社会救助社会工作的主要内容涉及以反贫困为主的基本生活救助、各类专项救助、灾害救助和流浪乞讨人员救助等。

（一）以反贫困为主的基本生活救助

基本生活救助的主要工作目标是救助城乡贫困的个人、家庭和群体，解决和缓解贫困状况。基本生活救助在城市主要是指城市居民最低生活保障制度，在农村主要是指以五保供养为主的救助形式。

在这个过程中，社会工作者主要是参与社会救助政策的制定、实施与评估和进行社区层面的社会救助。

随着我国贫困人口和贫困问题的不断发展变化，需要对制度和政策进行适时的修订和调整，需要对社会救助没有覆盖的空白进行填补。社会工作的社会责任之一就是参与社会政策的制定，促进社会的公平发展。救助领域的社会工作者熟悉服务对象的生活状况，了解政策对于贫困家庭的影响，清楚贫困群体的需求，是社会政策与救助对象之间的连接纽带。因此社会工作者参与社会救助政策的制定将有利于政策的科学性和公平性，并在更大范围内促进反贫困事业的发展。评估是对救助政策合理性和实施的公平性的检验，是促进政策更加科学和完备的重要手段。我国的社会救助政策正向着综合的、制度化的方向发展，救助政策的目的、手段、救助主体都发生了很大的变化。社会工作者通过对救助政策的评估，可以指出政策制定的不足之处，为政策的修订提供依据和指标体系。

社区是社会救助的主要平台，是困难群体主要生活和赖以生存的场所。许多与困难群体相关联的政策都在社区层面实施，如社会保障的社会化管理、最低生活保证金的申请和发放、针对困难群体的社区服务等。以反贫困为主旨的生活救助在社区层面的实施有两个方面：一是提供物质帮助，给予贫困个人和家庭所需现金和物质援助以及一些服务支援；二是提供就业机会，为贫困家庭的发展创造条件，使其减少并逐步脱离对社会救助的依赖。在社区救助中，要注意整合社区资源，建立邻里支持的网络，共驻共建、资源共享。社会工作者要善于联系各个单位，注重发掘资源，充分调动驻区单位和企业的社会责任感，为社区困难群体的生活改善创造条件。在这个过程中，要积极联合社会组织的力量。社区层面的社会组织比较多，有居民自治组织，有非政府组织，有各个委、办、部、局下属或者联系的组织，有兴趣类组织，有公益组织，还有一些提供专业服务的组织。如果社会工作者能够充分利用这些组织资源，就能够为社区困难群众争取到更多的救助机会。

（二）专项救助

1. 教育救助

对于因为家庭贫困而无法入学的学生进行一定的教育救助是专项救助社会工作的内容之一。在这类救助工作中，社会工作者的工作主要包括：通过参与政策制定，促进政府参与教育救助，加大投资力度；动员社会力量参与教育救助，整合社会资源；针对学生个人需求，分层分类给予救助。

2. 医疗救助

目前，在城乡贫困人口中，有很多是因病致贫、因病返贫。社会工作者主要的工作是寻找医务社会工作者与社会救助的结合点，承担起低收入家庭的患者与医疗机构、救助机构之间的协调和连接作用。此外，还要参与救助政策的制定，促进医疗救助程序的不断优化。医疗救助对于贫困群体维持健康、提高生命质量是非常重要的保障，社会工作者需要积极促进救助政策的制定和完善，规范申请的程序，提高救助的效果。

3. 住房救助

住房救助是由政府直接投资建造或者以一定的优惠政策鼓励投资方建造住房，并以较低的价格向低收入家庭出售或出租的制度。很多低收入者维持生活都存在困难，更没有可能获得住房或者改善自己的住房条件。而通过不同形式的住房救助政策，可以帮助贫困群体在一定程度上缓解和解决这个问题。在这方面，社会工作者可以帮助贫困群体熟悉政策和程序，申请住房救助，还可以参与住房救助的管理和监督，建立有效的退出机制。

（三）灾害救助

自古以来，灾害救助一直是救助工作的主要内容。在灾害救助社会工作中，社会工作者的工作重点是灾害紧急救援和灾区重建。通常，灾害救助包括以下几点。

1. 灾害紧急救援

当发生重大自然灾害，如洪水、地震、山体滑坡、火灾时，社会工作者要紧急救援，转移群众，保护生命，减少人员伤亡和财产损失。灾害伴随正常生活秩序的破坏，受灾人员往往会面临基本的生活困难。社会工作者应当协助政府部门，统筹安排好社会救助生活物资，解决好受灾群众吃饭、穿衣、住宿、饮水、医疗等基本生活问题。此外，因为受到意外的生命或财产损失，受灾群众的精神和心理都承受着巨大的压力，社会工作者应当安抚受灾群众情绪，及时进行心理疏导。

2. 灾区重建

我国的灾后恢复重建工作实行“政府统一领导、部门分工负责、地方分级管理”的方式。在这种管理体制下，社会工作者应采用社会工作的理念和方法，在地方政府统一领导下，组织协调社区人居环境的恢复重建，加快恢复社区正常的社会生活秩序。对于遭到破坏的社区生产、生活等经济系统，社会工作者也要起到协调作用，促进其尽早恢复正常。

（四）流浪乞讨人员救助

2003年，国务院公布实行了《城市生活无着的流浪乞讨人员救助管理办法》，建立了自愿受助、无偿救助的原则。同年，民政部颁布了《城市生活无着的流浪乞讨人员救助管理办法实施细则》，对开展救助进行具体指导。流浪乞讨救助社会工作自此有了明确的法律法规。

在流浪乞讨救助社会工作中，社会工作者的工作内容主要包括以下几点。

1. 救助机构的建立与管理

救助机构是指分布在城市各处的流浪乞讨人员救助站和救助中心等专门的机构和设施。2006年7月民政部印发了《救助管理机构基本规范》和《流浪未成年人救助保护机构基本规范》，明确了救助管理工作中的服务内容、评价指标、工作流程、机构设置、岗位资质等方面的标准。在这类机构中，社会工作者要积极引入专业方法，提高管理效能。

2. 对流浪乞讨人员的个别化服务

社会工作者对流浪乞讨人员的个别化服务包括街头救助和全天候救助。街头救助就是借助救助巡逻车和救助亭对街头的流浪乞讨人员实施救助。全天候救助就是各个城市的救助站24小时开放接待流浪乞讨人员。此外，在救助机构中，除了对流浪乞讨人员给予物质上的救助，还要进行教育，对其行为和思想进行疏导，消除其懒惰和依赖社会的想法，纠正偏差行为，帮助他们走出困境。

3. 对流浪儿童的救助

我们通常将年龄在18岁以下、脱离家庭或其他监护人、在外游荡超过24小时且无可靠生存保障并最终陷入困境的人称为流浪儿童，他们是流浪乞讨人群中的困难群体。针对流浪儿童，社会工作者应该从预防和救助两个方面着手。在预防方面，社会工作者要动员社会力量，预防流浪儿童的出现，要从社会、家庭、个人三个层面分析流浪儿童产生的原因，减少流浪儿童的出现。在救助方面，针对未成年人的特点，建立全方位的救助体系，包括从物质救助到教育救助，从机构救助到逐步回归家庭。对于因暴力和歧视等原因所导致的流浪儿童，社会工作者要跟踪服务，保证未成年人的权益不受到侵害。

四、社会救助社会工作的主要方法

社会救助社会工作的主要方法包括个案工作、小组工作、社区工作以及社会工作行政和社会工作研究等。其中，个案工作与小组工作是直接面对服务对象的工作方法，而后三种是间接的工作方法。在实际工作中，这些方法常常结合使用。

（一）针对困难居民的个案工作

在运用个案工作方法服务于困难居民时，主要有以下几个阶段。

1. 全面接触困难居民，深入了解其问题和需求

这是社会工作者开展工作的第一步。社会工作者要和前来寻求救助的服务对象进行初步接触，询问服务对象的问题和需求，了解服务对象的社会支持和社会资源的拥有情况。在接触的过程中，社会工作者要着力建立与服务对象之间的信任关系，在接触中了解服务对象求助的过程和意愿。服务对象如果积极寻求帮助，对自己的需求比较明确，社会工作者就容易了解更多的信息，有利于建立专业关系。

社会工作者建立与服务对象之间的信任关系，一方面，要尽可能多地了解服务对象的各种背景资料，了解其是否存在特殊困难，如精神或者身体方面是否有残疾，或者服务对象是不是“两劳”释放人员，以及家庭结构是否存在特殊性等。为掌握更多的背景资料，社会工作者要多走访社区以及街道办事处、社区派出所等基层组织和机构，通过居民、工作人员来了解服务对象更多的情况。另一方面，对服务过程要充分准备，并善于同服务对象会谈。社会工作者要善于和服务对象沟通，这对于建立专业的关系是极为重要的。社会工作者要认真听取服务对象对自己状况的表述，并给予恰当的鼓励，使服务对象能更好地倾诉和表达。同时，社会工作者也要敏锐地观察和感受服务对象的反应，并予以积极的、及时的回应。

2. 确定服务对象的需要，研究提供服务的方式

社会工作者要根据服务对象的具体需求来确定服务内容。在这个过程中，首先要确定自己的机构是否能够解决服务对象提出的问题，还要明确对于服务对象的帮助是不是符合现实条件。

3. 考虑工作方法，制订工作方案

社会工作者在明确服务对象的需求后，就要和服务对象一起商讨下一步可以开展的工作，并制订相应的工作方案。在制订方案时，要根据“最容易接触、最容易改变、最容易产生影响”的原则选取恰当的目标。针对这个目标，确定适宜的工作方法，逐步实施规划。

4. 及时评估工作过程和效果

通过评估，可以了解已经进展的程度和决定下一步的工作方法和方向。社会工作者可以通过服务对象的口头报告与对其行为的观察进行评价，也可以使用一些已经成型的比较科学的量表，来测量服务对象对一些问题的看法和状态等。例如，自我概念量表、人际关系量表、婚姻满意度量表、个人问题清单等。还可以进行家庭访问和社区走访，亲自去服务对象家里访问、查看，这样才可能获得最直观的感受和资料。

5. 总结并结束工作

在工作结束的时候，最主要的任务就是处理服务对象的情绪。如果服务对象对社会工作者提供的服务比较满意，需要处理的是正向的情绪，如感激、满意、自信等；相反就是负面的情绪，如悲伤、失落、痛苦等，在行为上表现出对社会工作者的过分依赖，或者过去的毛病又反复出现，或出现新的问题等。

社会工作者要知道结束是一个过程，需要提前有计划地为结束工作进行准备。一是要对已经完成的工作作一个回顾；二是要对服务对象的收获和能力进行总结，让服务对象明白在现实的和将来的生活中，所掌握的方法和技巧对自己是有帮助的，而自己的能力也在这次工作过程中得到了锻炼和提高；三是鼓励服务对象表达开放性的意愿；四是可以帮助服务对象确定自己的、家庭的发展目标，巩固工作成果。

（二）针对困难群体的小组工作

小组工作是社会工作的方法之一，它利用小组来应付和解决个人的社会心理功能性方面存在的问题，预防问题的产生，或者保持一种功能性水平，防止问题的进一步恶化。在救助社会工作中，社会工作者可以为困难群体和低保家庭开展小组活动，组建一些具有发展性、支持性的小组。

在小组工作初期，社会工作者要根据服务对象的需求，考虑小组的目标、规模、性质以及举行的时间、次数、场地等具体的问题，也可以和一些目标成员提前接触，建立专业关系。小组成员进行第一次会谈后，即进入小组聚集期。在这个时期，社会工作者要帮助组员澄清对于小组的期望和小组的目标，及时纠正少数组员的抗拒、疏离、过度依赖等心理。如果小组成员开始和其他人互动、沟通，逐渐建立起良好的人际关系，小组成员在小组活动中的角色出现分化，小组的规范也开始形成，并且朝着小组目标前进，那么这个时期就可视为小组形成期。这个阶段，社会工作者要鼓励成员正视问题，讨论解决问题的方法。经过冲突、协商、整合之后，小组的归属感和凝聚力增强了。在组员可以自己处理问题后，经过社会工作者的评估，就可以结束小组活动。

（三）针对困难群体的社区工作

社会工作者进入贫困社区后，主要的工作内容是为整个社区的居民提供服务，争取居民集体权益，改善社区社会和经济条件，提高居民的整体素质和能力，创造适合居民生活成长的社区环境。

在进行社区工作时，要注重人的发展，包括居民公民意识的提升、参与意识的培养、解决贫困问题能力的提高等。根据社区的实际情况制定救助和发展的目标。社区居民参与社区活动的程度是衡量社区工作成功与否的重要标志，社区居民之间的互助有利于培养居民的凝聚力和归属感。社会工作者要为居民参与创造条件和机会，并倡导居民之间的互助行为。

社区社会救助工作的主要模式有地区发展、社会策划、社会行动、社区照顾等，一般采用多种模式综合运用的方法。地区发展模式以社区为基础，强调居民共同参与，强调有效利用和整合资源，以及以自下而上的民主方式决定社区事务和发展方向；社会策划模式强调解决社区内部的实质性问题，在这种模式中社会工作者对社区问题的认识起到了主导作用；社会行动模式强调社区居民的参与，社区状况的改善是社区居民协同合作的结果。此外，社会工作者还要着眼于大的社会环境的改善、制度和政策的完善，发展社会网络，争取社会资源，提高社区自我发展的能力。

第六节　残疾人社会工作

一、残疾人社会工作概述

（一）残疾人社会工作的含义

残疾人社会工作是针对残疾人和其他身心障碍者开展的社会工作。它不同于一般的残疾人服务，而是社会工作者运用社会工作方法帮助残疾人补偿自身缺陷，克服各种环境障碍，重新回归社会生活的专业活动。残疾人社会工作的主要方法是个案工作、小组工作和社区工作。残疾人社会工作的领域包括许多方面，在医疗、就业、教育、文化体育、维权、社会救助、辅助用品用具等方面都需要社会工作者的专业性服务。

专业的残疾人社会工作具有以下几个特点。

一是无论是在康复医疗机构还是在社区里，残疾病人需要比其他病人更为长期的治疗和护理。残疾人的康复服务应有许多不同的部门参与，包括医院的急诊和门诊部门、全日制医院、社会福利机构、残疾人家庭、社区和社会有关部门、政府机构和非政府组织。康复依赖于许多专业人员的努力，包括医学的、非医学的，如社会工作者、工程技术人员等。这些康复对象难以确定治疗的终点，很少有病人是能治愈的，一些康复病人往往带着严重的残损独立生活许多年甚至终生。

二是提倡助人为乐的奉献精神。助人为乐是社会工作者的基本素质，对残疾人社会工作者来说尤为重要。这是因为残疾人不同于其他困难群体，他们由于身体的残缺而存在交流困难和心理自卑等问题，需要以特别耐心和坚韧的敬业态度开展工作；而社会工作者可以和其他求助者有感同身受的对话，却很难有自身残疾的感受，甚至要克服因与残疾人打交道而产生的心理障碍的负面影响。因此，残疾人社会工作十分强调和提倡助人为乐的奉献精神。

三是充分利用社会支持网络。残疾人由于自身的特殊性，单靠个人的力量很难维持和恢复正常的生活。再加上社会转型和体制变革的冲击，使他们在社会的竞争中处于劣势，进一步加剧了残疾人的身心伤害，妨碍了残疾人享受社会权利与履行社会职责方面的能力。健全的社会支持网络对于残疾人身心功能的康复、正常生活的建立、自立能力的提升以及社会活动的参与甚至自我价值的实现具有重要的意义。残疾人的社会支持网络主要由家庭、邻里、亲友、民间组织、城市社区服务体系、农村合作医疗体系以及政府、志愿者等组成。

四是充分利用现有的各种保障性政策。残疾人社会工作的一个重要内容就是要最大限度地利用社会保障政策。残疾人的各种问题，几乎都涉及社会保障政策的落实。关系到残疾人切身利益的《残疾人教育条例》《农村五保供养工作条例》和按比例就业政策等，都需要社会工作者在为残疾人服务的过程中具体落实。

（二）残疾人面对的主要问题

由于我国的城乡差别，城市残疾人和农村残疾人面临的问题也有一定差异。城镇残疾人所面临的主要困难：一是经济困难。因为残疾人就业比健全人更加困难，家庭的经济收入较少而开支却较多，所以与一般健全人家庭的经济状况比有明显的困难。二是住房困难。残疾人家庭的住房困难在城镇十分突出，这与经济上的困窘有一定关系，因此，残疾人家庭的这种困难在相当长的时间里解决起来比较困难。三是恋爱和婚姻困难。因为自身条件的限制，残疾人在组建家庭的过程中比正常人要困难得多。四是就业难。尽管《中华人民共和国残疾人保障法》中规定，用人单位安排残疾人就业的比例不得低于本单位在职职工总数的1.5%，但残疾人的就业难题依然是个长期的问题。五是社会交往难。残疾人家庭大多数存在社会交往方面的困难。尤其是精神病患者的家庭成员，社会的舆论使他们不愿与社区内的人们来往，因此也增加了生活方面的困难。六是心理障碍。由于上述困难，常常使残疾人及其家庭感到精神压抑。

对于生活在农村的残疾人来说，城镇残疾人家庭的上述问题也普遍存在。但农村的社会经济条件还存在一些特殊的困难：一是交通不便，影响残疾人求学、就医、就业和其他社会交往；二是残疾人无力参加繁重的田间劳动，使很多残疾人家庭困难重重；三是农村缺医少药，给残疾人家庭求医治病造成了比城市更多的困难；四是农村缺乏城市的社区福利服务，有时只能依靠自己、家庭成员或亲属的帮助，生活质量较低。

二、残疾人社会工作的主要内容

残疾人社会工作内容丰富，包括维护残疾人的合法权益，改善残疾人的生活质量，以及帮助残疾人提高他们的社会地位和实现自我价值。

在维护残疾人的合法权利方面，社会工作者要着力做到以下四点。

（一）贯彻落实《中华人民共和国残疾人保障法》

《中华人民共和国残疾人保障法》是我国历史上第一部关于全面保护残疾人的法律。它规定了残疾人在政治、经济、文化、社会和家庭生活等方面享有同其他公民平等的权利，残疾人的公民权利和人格尊严受法律保护，禁止歧视、侮辱和侵害残疾人。还规定国家采取辅助方法扶持措施，对残疾人给予特别扶助，减轻或者消除残疾影响和外界障碍，保障残疾人权利的实现。规定各级人民政府应当将残疾人事业纳入国民经济和社会发展计划，经费列入财政预算，统筹规划，加强领导，综合协调，采取措施，使残疾人事业与经济、社会协调发展。这部法律对残疾人的康复、教育、劳动就业、文化生活、福利、环境及应当承担的法律责任都作出了具体的规定，受到残疾人及其亲属的衷心拥护。

对《中华人民共和国残疾人保障法》的贯彻落实，要依托各种残疾人社会组织。1988年3月11日，在中国残疾人福利基金会、中国盲人聋哑人协会和联合国残疾人十年中国组织委员会秘书处的基础上，健全组织，扩充职能，成立了中国残疾人联合会（以下简称中国残联）。中国残联是中国政府批准的全国性残疾人事业团体，中国残联及其地方组织代表残疾人的共同利益，维护残疾人的合法权益，团结教育残疾人，为残疾人服务。同时，中国残联及其地方组织依照法律、法规、章程或者接受政府委托，开展残疾人工作，动员社会力量，发展残疾人事业。

为更好地反映和研究不同类别残疾人的特殊问题，中国残联内设中国盲人协会、中国聋人协会、中国肢残人协会、中国智残精神病人亲友会等，分别组成各专门协会的委员会，各专门协会的日常工作由中国残联的常设执行机构统一办理。省、市、县各级残疾人联合会，是中国残联的地方组织。街道、乡镇及残疾人比较集中的企业事业单位建立了残疾人基层群众组织。

近年来，很多为残疾人提供各种服务的组织和机构在各地发展很快。有些是挂靠在中国残联康复协会里的各种社会组织，也有一些是由民政、卫生、教育或工商部门主管的残疾人社会组织。在各种社会组织和机构中，民政部门主管的社会福利院历史悠久、经验丰富，残疾老人居家服务和残疾儿童家庭寄养方式正在大力推广，成为社会工作关注的重点领域。

（二）为残疾人及其家属提供政策咨询服务

在机构里和社区中开展政策咨询服务是社会工作者的重要服务内容。社会工作者要熟悉《中华人民共和国残疾人保障法》以及政府制定的有关政策，能够针对因各种意外伤害致残、残疾人劳动就业问题、残疾青少年求学问题提供咨询服务。

在咨询中，首先要熟悉有关残疾人的法律、法规及社会政策，给予求助者尽可能详细的解释。要向残疾人解释社会工作的性质和能够提供的服务范畴。认真做好接待记录，在接待咨询时，要认真查阅和收集求助者的各种信息以及必要的文字、影像等资料，并尽可能加以核实。要能够适时地将当事人的问题转介到其他政府部门、机构、社会组织或社区。在接待工伤、交通事故伤残或其他意外事故致残者时，要强调依法处理。

通过接待咨询与调解来开展残疾人社会工作，可以有效地解决残疾人突出的社会问题，改善残疾人的人际关系，消除社会的不稳定因素，切实保障残疾人的权益。社会工作者在提供这项服务时，既要学习并熟悉相关法律、法规，又要灵活运用政策。

（三）支持对残疾人的法律援助

我国法律援助的对象是中华人民共和国公民和符合一定条件的外国公民。法律援助的条件可分为一般条件和特殊条件。一般条件是对中国公民普遍适用的条件，中国公民只要具备一般条件就可申请法律援助，一般条件主要有两项：一是有充分理由证明为保障自己合法权益需要帮助；二是确因经济困难，无能力或无完全能力支付法律服务费用（公民经济困难标准由各地参照当地政府部门的规定执行）。由于大多数残疾人都是处于经济困难的生活状态中，所以多具备这两项条件。

法律援助的特殊条件包括：盲、聋、哑和未成年人为刑事被告人或犯罪嫌疑人，没有委托辩护律师的，应当获得法律援助；可能被判处死刑的刑事被告人没有委托辩护人，人民法院指定律师辩护的，可以获得法律援助；刑事案件中外籍被告人没有委托辩护人，人民法院指定律师辩护的，可以获得法律援助。可以看出，盲、聋、哑三种残疾人成为刑事被告人或犯罪嫌疑人，自己没有委托辩护律师的，应当获得法律援助，而其他残疾人则是可以获得法律援助的。

目前，各地有各种类型的“残疾人法律服务中心”，它们可以为残疾人提供法律咨询，代写法律文书，起草、审查和公证涉及残疾人的经营合同，调处伤残事件和侵权纠纷，帮助残疾人追还债款等。应各地司法机构和劳动仲裁、公安交通管理、法律援助中心的要求及委托，社会工作者可以在个案工作的基础上，为住院和门诊的残疾人出具康复治疗和残疾用具配置的建议、证明，为各地的法律工作者调查取证提供帮助。

（四）改善残疾人的生活质量

在改善残疾人的生活质量方面，主要包括以下三方面的工作。

1. 推广建设无障碍环境

无障碍环境包括物质环境无障碍、信息和交流无障碍。物质环境无障碍主要是要求城市道路、公共建筑物和居住区的规划、设计、建设应方便残疾人使用和通行，如铺设盲道、坡道，设置交通音响信号装置等；信息和交流无障碍主要是要求公共传播媒介应使听力、语言和视力残疾人无障碍地获得信息，进行交流，包括影视字幕、盲文、手语等。在建筑设施无障碍建设方面，要严格执行《城市道路和建筑物无障碍设计规范》等有关强制性标准中对无障碍设施建设的要求；对已建成的无障碍设施要加强维护和管理，确保正常使用；在信息交流方面，要帮助服务行业人员学习、掌握基本聋人手语；帮助有条件的残疾人学会使用互联网，获取和交流信息；资助贫困残疾人加入社区求助系统，为聋人、盲人设计和安装方便他们使用的声光、信号以及生活用品等。根据因地制宜的原则，社会工作者要努力推动在残疾人的家庭和社区中进行无障碍环境的改造。只有切实保证无障碍环境的普遍性，才能为残疾人打开社会的大门。

2. 保证残疾人特殊用具的配置

要改善和提高残疾人的生活质量，就需要为他们提供必需的用品用具。在康复医疗机构和社区康复工作中，社会工作都包括为残疾人配置适用的用品用具，这项工作必须与康复工程技术人员互相配合。残疾人所用的用品用具，因残疾的类型不同而有较大的区别：视力残疾者在日常生活中需要盲杖、盲表、收录机和一些高科技电子器具；听力语言残疾者需要助听器；肢体残疾者则需要轮椅、假肢、支助具、矫形器或较多的卫生用品。社会工作者在接受残疾人的求助后，应该运用专业方法和工作技巧，为他们合理得到和使用这些用品用具给予支持。

3. 在康复机构建立个案工作机制

目前，全国各地有很多康复中心、康复医院和其他康复医疗机构。这些康复机构主要就是开展对残疾人、老年人和慢性病人的康复医疗和功能训练工作。在康复机构中开展的社会工作是以个案工作为主、小组工作和社区工作为辅的专业社会工作。个案工作是指每一个专业社会工作者负责一个病区、一种疾病或一种伤残类型的康复对象，对服务对象进行一对一的工作，采取调查立案、咨询、会谈和访视等手段，在服务对象的配合下，运用多种治疗模式，帮助其解决在住院期间所面临的社会问题。此外，这种个案工作也可以在社区开展。

三、残疾人社会工作的主要方法

同其他社会工作一样，残疾人社会工作也要利用个案工作、小组工作和社区工作等主要方法，在实践中，主要侧重于以下四种模式。

（一）社区康复模式

社区康复是积极调动和协调城乡社区内有关部门和人员，包括残疾人及其家属，充分开发和利用社区的资源，在医疗、教育、职业和社会等方面，为残疾人及其他康复对象提供有效、可行、经济的全面康复服务，从而促进他们在社会生活及家庭生活中树立自尊、自信、自强、自立的信心，积极参与社会生活。社区康复是在一定地域内使残疾人全面康复的一种形式，它是相对于在康复机构内的康复工作而言的，两者相辅相成；社区康复应由社区的政府组织发动，由政府有关职能部门参与策划，社会企业事业的城乡基层组织积极配合，由残疾人及其家庭或监护人参加。

2000年，民政部、中国残联等十四个部门发布了《关于加强社区残疾人工作的意见》，明确了我国社区残疾人工作的基本原则：坚持以政府为主导，以社区为依托，有关部门密切配合，社会各界共同参与的社会化工作方式；将社区残疾人工作纳入社区建设总体规划，融为一体，同步发展、共建共享；建立以社区居民委员会为核心、社区残疾人组织为纽带、社区服务机构为基础的工作机制，促进残疾人平等参与社会生活。

社会工作者进行社区康复服务，关键是要在社区内形成尊重残疾人、帮助残疾人的社会风气，并在物质上和精神上对他们给予支持。在社区资源的组织、动员方面，重要的是将有利于残疾人生存和发展的自然网络提供的资源、社会机构提供的资源和正式组织（政府）提供的资源结合起来，共同支持残疾人的康复。

目前，符合中国国情的社区康复工作方法，在城市是纳入民政系统的社区服务系列中去，在为残疾人进行各种社会服务中强化全面康复的指导思想；在农村是纳入初级卫生保健网络中去，利用三级卫生网络的医疗保健优势带动残疾人的全面康复工作。社区中有配置较为合理的资源，包括设施、设备、人力资源、服务网络等。在“资源共享”的原则下，残疾人可以获得在医疗、康复、教育、职业以及参与社会生活等方面的物质基础和保障条件，有利于残疾人全面康复目标的实现。

另外，在社区中可因地制宜地为残疾人提供各种康复服务。我国幅员辽阔，各地在经济发展、风俗习惯、资源情况等方面十分不同，加之各地残疾人情况及分布的不同，残疾人对康复的需求也会不同。社区可根据自身的实际条件，以残疾人迫切需要解决的问题为出发点和落脚点，确定服务内容、方式和方法。

现阶段，社区康复的主要内容包括残疾预防、康复服务和康复评定。残疾预防是在发生伤、病、残之前，预防其发生或减轻其功能障碍程度的措施。我国目前采取三级预防的方式：一级预防是预防致残性伤害和残疾的发生，如进行免疫接种、围产期保健、预防性卫生咨询、减少暴力、预防交通意外、加强公共场所的安全等；二级预防是防止伤害后出现残疾，提供残疾早筛查、早发现、早诊断、早治疗，如定期检查身体、控制危险因素、预防并发症等；三级预防是采取相应措施，预防残疾后产生各种障碍，并通过运动治疗、作业治疗、语言治疗、心理治疗等康复功能训练方法改善功能，预防或减轻残疾。

康复服务包括康复护理、康复工程、职业康复和社会康复四种。社会康复和职业康复服务，目前主要由社会工作者承担。其他服务，则需要社会工作者开展个案服务时适当干预或转介。在社区康复中，社会工作者要根据各地实际情况协助建立和健全视力残疾儿童康复、聋儿康复、弱智儿童康复、偏瘫康复、脑瘫康复、精神病康复（包括自闭症）等不同类型和规模的社区康复站，并提供具体的专业服务。

康复评定的方法主要有肌力评定、关节活动度评定、步态分析、运动功能评定、日常生活活动能力评定、肌电生理测定、心肺功能评定、认知功能评定、心理功能评定和职业技能评定等。在社区康复中，要采取客观、准确的方法评定伤、病、残者功能障碍性质、部位、范围、程度、发展趋势、预后和转归。一般来讲，康复评定分为初期、中期和后期三个阶段。初期评定是在患者入院初期完成的，目的是全面了解患者功能状况和障碍程度、致残原因、康复潜力，据此确定康复目标和制订康复治疗计划。中期评定是在康复治疗中期进行的，目的是经过康复治疗后，评定患者总的功能情况，有无康复效果，分析其原因，并据此调整康复治疗计划。中期评定可进行多次。后期评定是在康复治疗结束时进行的，目的是经过康复治疗后，评定患者总的功能状况，评价康复治疗的效果，提出重返家庭和社会或做进一步康复治疗的建议。

（二）社会康复模式

社会康复是指从社会的角度，采取各种有效措施为残疾人创造一种适合其生存、创造、发展、实现自身价值的环境，并使残疾人享受与健全人同等的权利，达到全面参与社会生活的目的。社会康复工作的目标是广泛运用社会工作的专业知识帮助残疾人，使残疾人的功能丧失降低到最低限度；防止残疾人可能增加的损伤；最大限度地提高残疾人的生理功能；增进残疾人对于困难情境的自我处理和自我照顾能力以及向他人倾诉和沟通的能力。与此同时，社会康复工作还要使残疾人获得充分的情绪支持，并培养其社会适应能力；提高残疾人的职业技能，发挥其潜能，增强其社会生活能力，并最终使残疾人也对社会有所贡献。

社区康复和社会康复的根本区别是：社会康复是残疾人康复事业中的一个重要组成部分，是现代康复医学的一个环节，主要是指在康复机构和社区里都应该采取的措施中有关社会生活方面的内容；而社区康复则是残疾人康复工作的一种具体形式和途径，是在一定地域和范围内落实各项康复措施的工作，这些措施中也包含着社会康复的措施。无论是社会康复还是社区康复，都是康复医学和社会康复学理论指导下的康复社会工作模式。

针对残疾人的社会康复方案通常包括：一是协助康复医师正确地诊断、有效地医治，以维持残疾人康复后的健康状况和自我照顾能力。二是要考虑残疾人康复后应有的基本医疗设施，包括地方性的医疗单位、残疾老年人、残疾儿童的疗养所及福利机构的设施。三是家庭照顾方案的实施。康复社会工作者要与康复医师、护士等定期到残疾人家庭探访，提供康复指导。四是要与有关机构协调，开展一切必要的和可能的社会服务项目，促使残疾人有效地利用医疗设施，同时补充医疗服务的不足。五是提供社会工作的专业服务，包括合法权益的维护及提供职业培训和特殊教育的机会与条件，切实解决残疾人的社会适应问题，满足他们的社会福利需求，帮助他们重新参与社会生活。

社会工作者在残疾人的社会康复中，主要的工作措施包括：一是协助政府机构制定法律、法规和各种政策来保护残疾人的合法权益，使其享有同健全人一样的物质生活条件和文化成果。二是保障残疾人生存的权利，使其在住房、食物、婚姻家庭方面得到公平的待遇，有适合其生存的必需条件。三是为残疾人自身的发展提供帮助，使其有接受教育和培训的机会，提高其生活自理能力、就业能力和参与社会的能力。四是消除家庭中、社区里和社会上的物理性障碍，使残疾人获得生活起居的方便，并享受社会的公共设施服务。五是大力提倡和实现人道主义精神，消除社会上对残疾人的歧视和偏见，激励残疾人的自强自立精神，建立和谐的社会生活环境。六是组织残疾人与健全人一起参加社会文化、体育和娱乐活动，支持残疾人自己的社团活动，通过交往，形成全社会理解、尊重、关心和帮助残疾人的良好风尚。七是帮助残疾人实现经济自立，或提高其经济自立能力，保障其在经济生活中不受歧视；对于不能实现经济自立的重度残疾人，帮助他们得到社会给予的经济保障。八是鼓励和促进残疾人参与社会的政治生活，保障其政治权利。

（三）职业康复模式

职业康复是指以职业为中心，通过职业评估、教育、培养、就业安置、咨询等工作，协助残疾人掌握合适的职业适应能力，向残疾人提供参与社会生活的方式。在残疾人的职业康复过程中，社会工作者要做的工作包括：残疾人就业前的咨询和评估；残疾人的治疗和训练；就业后的随访和持续支持。

职业康复方法第一步是职业咨询，其目的是在接案后针对残疾人的特殊情况和与就业相关的问题，进行综合考察，帮助残疾人解决职业中出现的问题。第二步是评估，就是要对残疾人的身体素质、技能素质与可能从事的职业的要求进行比较，看残疾人是否适合这些工作。第三步是适应培训，即一旦确认残疾人适于某项工作，还要对他们进行适应性培训。这不但包括对残疾人的心理训练，也包括技能训练，目的是使其能较为顺利地适应岗位的要求，增强残疾人的工作信心。第四步是跟踪式随访，即当残疾人上岗工作之后，社会工作者还应进行跟踪式随访，及时了解残疾人就业后遇到的问题，并设法解决。这既包括继续对残疾人做发展性工作，也包括帮助他们建立良好的工作环境，还包括解决某些制度上的问题。

（四）教育康复模式

教育康复是指对肢残人进行变通教育，对聋哑人、盲人、智力障碍者进行特殊教育而采取的一切措施。它为残疾者重新参与社会生活提供文化素质方面的条件。对残疾人进行教育工作是社会进步的表现，是衡量一个国家和地区教育发展水平的标志之一。从残障人的角度来看，接受特殊教育是他们应该享有的一项基本权利。通过接受代偿性训练，可以在一定程度上补偿丧失的那部分感官功能，为进一步接受教育创造条件，以便积极参加正常的社会生活。从社会的角度来看，对残疾人进行社会训练，使他们获得基本的生活能力和一定的谋生能力，对社会也是有益的。

残疾人教育工作的内容包括学前教育、基础教育、以康复为目的的行为教育、职业教育及培训等。根据残疾人的特性，其教育康复工作主要采取两种方式：一种是普通教育方式，主要针对具有接受普通教育能力的残疾人实施。通过宣传国家的有关教育政策，对教学课程作出适当的增补和修改，以及提供高质量的教材、经常性的教师培训和辅助教员，可以为有接受普通教育能力的残疾人提供与正常人相同的教育机会。另一种是特殊教育方式，它主要针对不具备接受普通教育能力的残疾人实施，依据残疾人的身心特性和特殊需要实施教育。特殊教育的对象不仅包括有肢体、智力、听力、语言、视力等缺陷的残疾人，而且在年龄上包括从婴幼儿、学龄前到学龄期残疾儿童、青少年，以及部分残疾成年人（还包括老年人）。在特殊教育工作中，社会工作者应该与学校配合，共同创造有利于残疾儿童成长的环境，引导家长和社会人士一同做好特殊教育工作，其中包括教育康复工作、社区资源与学校资源在特殊教育方面的共享。残疾人以及为残疾人服务的人都应接受相关的特殊教育、咨询或辅导等。